BIBLIOTHÈQUE
DES ÉCOLES ET DES FAMILLES

JULES GOURDAULT

PITTORESQUE

PARIS

79, BOULEVARD SAINT-GERMAIN, 79

L'ITALIE

PITTORESQUE

ARC DE TITUS.

BIBLIOTHÈQUE
DES ÉCOLES ET DES FAMILLES

L'ITALIE

PITTORESQUE

PAR

JULES GOURDAULT

DEUXIÈME ÉDITION

PARIS
LIBRAIRIE HACHETTE ET Cie
79, BOULEVARD SAINT-GERMAIN, 79
1886
Droits de propriété et de traduction réservés

L'ITALIE
PITTORESQUE

CHAPITRE PREMIER

LES PASSAGES DES MONTS ET LA RÉGION DES LACS SUBALPINS

I. — PRÉLIMINAIRES HISTORIQUES

L'Italie est, avec la Suisse, le pays d'Europe qui a été le plus exploré et décrit; mais les voyageurs n'en ont pas de tout temps rapporté les mêmes impressions qu'aujourd'hui. Jusqu'au XVIe siècle, la contrée ne fut guère visitée que par un petit nombre d'étrangers, privilégiés du rang et de la fortune. Ce qu'on y allait voir avant tout, c'était Rome et les restes de l'antiquité païenne. La plupart des grandes villes de la péninsule, y compris la cité des Papes (Saint-Pierre ne fut achevé qu'au XVIIe siècle), n'avaient pas encore toute leur splendeur architecturale et décorative. Ce ne fut qu'après que la Renaissance, avec sa glorieuse pléiade d'artistes, eut accompli son œuvre féconde, que l'Italie entra définitivement en possession de tous ses trésors.

La nature elle-même, avant cette époque, n'y était pas absolument telle qu'on l'y voit aujourd'hui. Non seulement ce n'est que plus tard qu'ont été créés la plupart de ces jardins merveilleux, enrichis de grottes, de cascades, de bassins, de statues, qui forment l'entourage des villas italiennes; mais bon nombre de ces végétaux qui nous apparaissent actuellement comme la caractéristique même du sol n'y datent guère que du XVIe siècle et y sont venus d'Amérique : tels ces magnifiques magnolias qui ornent les rives du lac de Côme, ces plants de maïs dont les hauts épis couvrent les plaines de la Lombardie; tels aussi l'aloès, et ces pieds de figuier d'Inde qui croissent par exemple sur les roches de Capri. Si le citronnier, en Italien (*limone*), semble remonter au temps des Croisades, l'oranger, apporté seulement à Lisbonne un peu avant le règne de Sixte-Quint, ne s'est répandu qu'ultérieurement sur les côtes de la Méditerranée, et lorsque le Tasse, à Sorrente, composait sa *Jérusalem délivrée*, la culture du fruit odorant n'y était encore qu'à ses débuts. En revanche, le palmier, dit-on, qui ne se rencontre plus que çà et là sur quelques points du littoral, y était jadis beaucoup plus commun.

Non moins que l'aspect des villes et du paysage, la façon de voyager en Italie s'est modifiée depuis le XVI° siècle. En ce temps-là, à part les aventuriers à la solde des princes et la soldatesque des armées impériales ou françaises, — tous bans de visiteurs plus enclins à la pillerie qu'à l'admiration, — peu de gens pouvaient parcourir à l'aise cette contrée doublement classique. Bien que déjà du temps de Grégoire XIII et de Cosme Ier on y eût établi des routes carrossables, les facilités de locomotion y laissaient fort à désirer. Même au XVII° siècle on n'y voyageait très souvent qu'à cheval. Ce ne fut que plus tard que commença de fonctionner, au profit du touriste, l'étroit et lent véhicule à deux roues, conduit par un *vetturino*, qu'on appelait *sedia*, *sediola*. Quant aux voitures à quatre roues, en 1770 encore elles étaient une rareté.

Les trajets par mer, sur la felouque ou le brigantin, n'offraient pas beaucoup plus d'agrément et rappelaient un peu trop les temps fabuleux de l'Odyssée. Ces petits bâtiments à rames, où il y avait place pour une douzaine de personnes au plus, n'osaient guère s'aventurer au large, par crainte des tempêtes et, plus encore, des pirates barbaresques. A la moindre apparence de péril, on se hâtait de regagner la côte.

Je ne parle pas des affreuses nuitées dans d'abominables bouges où table et lit étaient à l'avenant et les fenêtres dépourvues de carreaux. En cet âge lointain, les gîtes les plus achalandés de la péninsule étaient, paraît-il, avec ceux de Venise, l'hôtellerie du *Cavalier* à Vérone, celle de *la Poste* à Plaisance, l'*albergo* de

Saint-Marc à Bologne, puis, à Rome, l'enseigne de l'*Épée*, près du pont Saint-Ange, et celle de l'*Ours*, dans la rue du même nom. C'est dans cette dernière maison, particulièrement, que descendaient tous les gens de haute volée. Aujourd'hui que des hôtels excellents et luxueux ont remplacé presque partout les mauvaises auberges d'autrefois, l'illustre *osteria dell'Orso* n'est plus qu'un pied-à-terre de rouliers et de petits *mercanti* de banlieue.

Dans la seconde moitié du XVIIe siècle, le renom artistique de l'Italie était cependant consacré en Europe, et il existait dès lors, tant en France qu'en Allemagne, un certain nombre d'ouvrages-guides, où les Bædeker et les Joanne de l'époque indiquaient la manière la plus commode et la plus fructueuse de voyager dans la péninsule, en même temps que les lieux à visiter de préférence. Notons en passant que, des villes d'outre-monts, Venise était réputée la plus sûre pour le touriste, en raison de sa fameuse police. C'était aussi le but d'excursion le plus attrayant, à cause de tous les plaisirs qu'elle offrait et de la splendeur sans pareille de ses fêtes; quiconque se flattait d'avoir couru le monde devait pouvoir se glorifier d'être allé en gondole sur le Grand Canal.

Cette vogue de l'Italie fut encore accrue chez nous, au milieu du siècle suivant, lors de la découverte des villes ensevelies d'Herculanum et de Pompéi, par les *Lettres* si gaies et si spirituelles du président de Brosses, puis, un peu plus tard, par celles d'un autre magistrat, Mercier Dupaty. Arthur Young, de son côté, publiait en Angleterre le récit de ses pérégrinations dans la péninsule, tandis qu'en Allemagne un amant passionné de l'archéologie et des beaux-arts, Jean-Joachim Winckelmann, prêchait le retour aux formes et au goût antiques, et mourait même à la peine, assassiné à Trieste, également pour l'amour de l'art, par l'Italien Archangeli.

A quelques années de là, Gœthe, le « grand païen », comme le surnommèrent ses compatriotes, écrivait à son tour son fameux *Voyage en Italie*.

L'horizon des promeneurs s'était singulièrement élargi. L'art ou l'étude avait été l'objectif principal des premiers touristes; la nature ne leur offrait que peu d'attrait par elle-même, ou du moins ils ne la goûtaient qu'accessoirement, en manière d'appendice, dans le voisinage des endroits où ils s'arrêtaient pour admirer les œuvres humaines. Mais, après que Rousseau, principalement, du fond de sa solitude des Charmettes, eut rouvert une source nouvelle de poésie descriptive, les choses changèrent. On s'avisa de beautés pittoresques autres qu'un mur décoré à fresque, un pilastre sculpté ou une corniche brodée au ciseau. La nature devint en Italie comme ailleurs l'auxiliaire et l'encadrement de l'art. Que dis-je ? On ne se contenta plus des splendides jardins ornés de plantes tropicales et transatlantiques qui environnaient villas et palais; on fouilla les campagnes profondes et solitaires, en quête d'aspects nouveaux, de sites inconnus; on commença dès lors à dépasser Naples, à pousser jusque dans la Calabre, l'Apulie, la Sicile. La joie, l'orgueil des paysagistes fut de déployer leur parasol là où nul voyageur n'avait posé le pied.

On viola, par exemple, et c'est tout dire, le redouté mystère de la *Grotte d'Azur* de Capri. L'heureuse curiosité des touristes mit en déroute les vieilles légendes qui avaient jusqu'alors défendu l'accès de cette caverne. C'était, disait-on, un lieu maudit, tapissé d'ossements, dont l'entrée changeait sept fois par jour, et d'où sortaient des monstres hideux. On y entendait, la nuit, des chants de sirènes mêlés à des gémissements humains. On spécifiait qu'un pêcheur, ayant blessé de son harpon un homme marin qui lui était apparu sous la forme d'un gros poisson, avait été effroyablement desséché, et que son cadavre ressemblait à ces racines qu'on voit en bocal chez les apothicaires. Aujourd'hui la fameuse grotte est visitée par tous ceux qui veulent connaître en détail le golfe de Naples, et chacun sait que les feux diaboliques qui épouvantèrent tant de générations sont tout bonnement le reflet des ondes cérulées du bassin sur la paroi rocheuse de l'antre.

Que d'autres superstitions les chemins de fer ont dissipées et dissiperont au profit de la science! Leur rôle, quoi qu'en disent des esprits chagrins, n'est point de tuer la poésie; c'est de la mettre à la portée du plus grand nombre. Et n'est-ce pas, après tout, une des fins essentielles de la civilisation, qu'on puisse parcourir le monde à son aise, presque sans rompre ses habitudes, et qu'on ait la faculté de choisir sur une terre lointaine tel ou tel but de prédilection, selon le temps et les ressources dont on dispose ?

II — L'HÉMICYCLE ALPESTRE.

Pour qui sait voyager, le vrai chemin de l'Italie, ce sont les Alpes. Cette cuirasse du Piémont, *usbergo del Piemonte*, comme on dit là-bas, n'est pas, Dieu merci, une cuirasse sans défauts. Dans ce sourcilleux relief, la nature a ménagé, à une altitude de 2000 mètres environ, un certain nombre de dépressions ou de *cols* qui se prêtent aux assauts de l'homme.

Et l'homme ne s'est pas fait faute d'escalader ces hautes vallées transversales. C'est par elles que le Midi a tant de fois envahi le Nord, et que le Nord, à son tour, s'est rué furieusement sur le Midi. Ces solitudes retirées du monde ont vu défiler chez elles le monde entier : légions romaines, Africains d'Annibal, hordes gauloises et teutonnes, armées allemandes et françaises. Aujourd'hui, sur bien des points, le chaos alpestre est éclairci et dompté. Non contente d'avoir suspendu à la croupe des monts, par-dessus l'écume des torrents, une demi-douzaine de routes carrossables, la civilisation moderne, qui n'a plus le temps de tourner les obstacles, s'attaque aux entrailles mêmes de la gigantesque muraille, et la perce de part en part.

Trois chemins de fer traversent, on le sait, le massif des grandes Alpes. Le plus rapproché de nous est le railway qui franchit le col de Fréjus, entre le mont Cenis et le mont Thabor, unissant par le tunnel de Modane la vallée savoisienne de l'Arc au val italien de la Doire Ripaire. Le second, achevé récemment, est la gigantesque voie du Gothard, qui se déroule tout entière en terre suisse et aboutit au lac Majeur. Le troisième enfin et le plus ancien, puisqu'il date de 1864, est le chemin ferré du Brenner, qui passe par les Alpes tyroliennes en reliant les vallées de l'Inn et de l'Adige, Innsbruck et Vérone. Celui-là n'a pas eu besoin d'une longue et coûteuse galerie souterraine ; le col qu'il enjambe a pu, en raison de sa topographie, recevoir d'un bout à l'autre deux paires de rails à ciel ouvert reposant sur une suite de rampes et de paliers interrompue seulement çà et là par quelques tunnels de peu d'importance.

En dehors de ces voies de communication, établies en faveur du transit commercial et des voyageurs pressés d'arriver, un certain nombre de chaussées carrossables se faufilent par les seuils les plus accessibles du relief. Ce sont, pour longer d'ouest en est les pans du grand mur qui touchent notre sol, d'abord la route du col de Tende, dont une des amorces est à Nice même, dans la pierreuse vallée du Paillon, et qui va de cette ville à Coni par une série de défilés pittoresques où, en attendant le railway projeté, le trajet se fait en diligence; — c'est ensuite le chemin du mont

MODANE : ENTRÉE DU TUNNEL.

Genèvre, de Briançon à Suse (vallée de la Dora) ou à Fénestrelle; — puis celui qui, partant d'Albertville (Savoie), remonte le cours supérieur de l'Isère, par l'ancienne Tarentaise, passe à Moutiers, chef-lieu du pays, et, au delà de Bourg-Saint-Maurice, franchit le col du Petit Saint-Bernard (2192 mètres).

Quant à la vieille route postale du mont Cenis, il va de soi que, depuis l'ouverture du tunnel international de Modane-Bardonnèche, elle est singulièrement délaissée. Seuls, à présent, l'émigrant besogneux ou le touriste en souliers ferrés, ami quand même des longs circuits, s'aventure par ses lacets solitaires, ses fourrés d'épicéas et de mélèzes, sa haute zone de mornes pâtis, jusqu'aux roches et au lac transis de son point culminant (2098 mètres),

ROUTE DU BRENNER.

pour redescendre, au delà de l'hospice-refuge, vers le val de la Doire.

Également fréquentée, dans la belle saison, est la route helvétique qui, de Martigny (canton du Valais), escalade par les gorges de la Dranse le fameux passage du Grand Saint-Bernard (2500 mètres), et gagne la petite ville d'Aoste; mais ce n'est pas encore cette voie périlleuse, et carrossable en partie seulement, qui voit passer le plus gros des promeneurs à destination de l'Italie. La reine des routes alpestres se trouve à une quinzaine de lieues de là, tout au bout du massif pennin : c'est la magnifique chaussée du Simplon. En attendant le percement sans cesse ajourné du tunnel destiné à relier le railway valaisan à celui d'outre-mont, le service continue de se faire par les diligences de la poste fédérale qui partent de la petite ville de Brieg et vont en une journée à Domo d'Ossola.

Ce chemin, établi par les ordres de Napoléon Ier, de 1800 à 1806, est, on le sait, un chef-d'œuvre de hardiesse et de science. Bâti au bord de torrents et de ravins effroyables, dans des sillons que menace l'avalanche, il a huit mètres de largeur avec une inclinaison de cinq ou six centimètres par mètre dans les parties les plus raides. Sa caractéristique, ce sont ses centaines de ponts et de passerelles, ses terrasses en maçonnerie massive de plusieurs kilomètres de long, ses galeries cimentées ou taillées dans la roche vive, et ses innombrables *refuges*.

Du sommet du col (2200 mètres), on découvre au nord, à l'est et au sud tout un monde de pics et de glaciers. A dix minutes de là s'élève l'hospice, occupé par huit chanoines réguliers de la même communauté que ceux du Grand Saint-Bernard (des moines Augustins), et desservi également en sous-ordre par de gros chiens qui ont pour mission de rechercher les voyageurs en détresse.

La descente sur le versant opposé se fait à pic jusqu'au village de Simplon, qui n'est plus qu' à 1500 mètres environ d'altitude. Il est situé dans une sorte de cirque où se déversent huit glaciers, et sur l'emplacement de l'ancien hameau, détruit il y a deux cents ans, par la chute d'une montagne. De là jusqu'à Domo d'Ossola, c'est un enfantement continu de merveilles. Sans m'arrêter à la nomenclature de tous les ponts qui se rencontrent sur cette section de la route, de tous les torrents qui y dégringolent par les défilés les plus fantastiques, je mentionnerai seulement, pour mémoire, la curiosité principale du parcours, la gorge, puis la galerie de Gondo. La voûte du ciel, en cet endroit, vous apparaît au-dessus d'une paroi ayant

700 mètres d'élévation; la rampe en corniche plane sur un abîme au fond duquel mugit la Doveria, rivière torrentueuse formée de la réunion du Krummbach et de la Laquine.

Ce n'est que bien au delà d'Isella, village où se trouve la douane italienne (*dogana*), que le paysage menaçant et revêche modifie ses aspects. Des jardins en terrasse, des vignes en berceaux, de blanches

LE VILLAGE DE SIMPLON.

constructions se montrent aux flancs des hauteurs voisines. Est-ce enfin la riante Italie? Pas encore. Il vous reste à franchir un dernier défilé morne et glabre, puis la galerie de Crevola; après quoi, suivant le cours de la Tosa, vous arrivez à la petite ville de Domo d'Ossola, qui n'est plus qu'à 306 mètres au-dessus de la mer. Cette fois, c'est bien l'Italie : témoin la flore de ces enclos, le dallage de ces rues, l'aspect de ces maisons à colonnades et à auvents, la physionomie de ces femmes coiffées de la mantille, sans parler de cette odeur d'ail et de macaroni dont l'atmosphère est tout imprégnée.

Le lecteur remarquera, en regardant la carte, le tracé essentiellement capricieux que présente, surtout à partir du val d'Ossola, la frontière nord de l'Italie. De là jusqu'aux confins de l'Istrie, ce n'est qu'une série d'angles rentrants et saillants qui donnent à ce front septentrional du pays la bizarre figure d'un fort étoilé. C'est que la géographie et l'histoire ne s'accordent pas pleinement en ce monde. La Suisse enfonce aux flancs de la Lombardie deux coins massifs et irréguliers dont le premier ne s'arrête qu'au bourg de Chiasso, au sud du lac de Lugano, non sans avoir écorné au passage le bassin nord du lac Majeur, et dont le second, sorte de clou bifide, pénètre d'une part jusqu'à la moitié du val mixte de Bregaglia, et de l'autre, jusque près de Tirano (Valteline), au grand coude décrit par l'Adda.

En revanche, le territoire italien pousse jusqu'à la passe du Splügen, bien au delà du lac de Côme et de la petite ville de Chiavenna, une longue vallée perpendiculaire (celle de San Giacomo) qui mord et entame hardiment le flanc des Grisons. Plus loin, à l'est de l'Engadine, il dessine jusqu'au col du Stelvio une deuxième échancrure profonde, espèce de trapèze irrégulier que délimite au midi la courbe supérieure de la Valteline. Plus à l'est encore, mêmes bizarreries de démarcation, au profit cette fois des contrées allemandes. De même que la Suisse, nous venons de le voir, s'est projetée par-dessus la ligne de faîte entre les lacs Majeur et de Côme, de même, par le Trentino (pays de Trente), rattaché politiquement au Tyrol, bien qu'ayant au sud en l'Adige son principal débouché vers Venise et l'Adriatique, l'Autriche s'étend jusqu'au lac de Garde. Ajoutons enfin que la même puissance, toujours en dépit de la géographie, détient le port de Trieste et l'Istrie, à savoir le côté oriental du golfe dont Venise occupe l'entrée ouest. C'est ce qu'on appelle là-bas *l'Italia irredenta*, l'Italie non encore recouvrée. Pour nous, qui ne faisons point de politique, nous laisserons ces derniers territoires en dehors du cadre de nos descriptions.

II. — LES LACS SUBALPINS.

Qui décidera quel est le plus beau des quatre? Qui dira pour lequel la nature créatrice s'est mise le plus en frais de magie? Est-ce pour la majestueuse cavité au sein de laquelle repose le groupe des îles Borromées? Est-ce plutôt pour l'étang rêveur qu'enserrent les cimes métamorphiques du Generoso et du Salvatore, ou pour le sévère bassin qui embrasse entre ses cornes inférieures le riant jardin de la Brianza, ou bien encore pour la vasque orageuse qui s'étend au sud de l'Agro Trentino?

Nulle part ailleurs que sur ces quatre lacs subalpins le vert des bois et des prés ne se marie plus intimement à l'azur frissonnant des eaux; nulle part ailleurs que dans cet ensemble de nappes liquides qui se développent du Piémont à la Vénétie, ne se montrent une gamme plus harmonieuse de couleurs, une succession mieux graduée d'aspects. Un avant-mont raide et dentelé par-dessus lequel apparaît une rangée de pics chenus, voilà quel est l'horizon au nord. Au-dessous, un pêle-mêle d'entonnoirs et de défilés avec des bouquets de pins sombres; en deçà, des ondulations aux teintes veloutées, un moutonnement de terrasses et de déclivités où se pressent et s'étagent, comme pour monter à l'assaut du ciel, hameaux blancs et villas fleuries.

Le lac Majeur est celui des quatre qui est le plus proche de Domo d'Ossola, où nous avons, s'il vous en souvient, pris pied sur le sol italien. Sans mériter tout à fait son nom de *Maggiore* puisqu'il est surpassé en étendue par le lac de Garde, l'ancien *Verbanus* des Romains est du moins le plus vaste des trois récipients sur lesquels débouchent les vallées helvétiques. Il absorbe toutes les eaux des Alpes, du mont Rose au Bernardino; une rivière, la Tresa, l'unit au lac de Lugano; une autre plus importante, le Tessin, qui s'échappe de sa corne inférieure, le met par le Pô en communication avec l'Adriatique. Les études des géologues ont démontré qu'autrefois le lac Majeur, celui de Lugano, et les petites nappes environnantes, d'Orta, de Varèse et de Commabio, ne formaient qu'une seule et même coupe. La nature, dont le lent travail a vidé les réservoirs intermédiaires, continue du reste son œuvre. Les alluvions des rivières affluentes empiètent sans cesse sur le domaine du *lago Maggiore*, si bien que les ports d'embarquement doivent de temps en temps se déplacer, à la poursuite de la rive qui s'éloigne.

Malgré les hautes montagnes qui encaissent la moitié de son

bassin, c'est sur les bords du lac Majeur que se trouvent les sites le plus favorisés de la haute Italie, au point de vue de l'égalité du climat. Telle est, par exemple, sur la côte ouest, la baie de Pallanza ; telles sont aussi les îles Borromées, situées un peu plus au sud, à la hauteur de Stresa et de Baveno, en face du superbe mont Motterone, du sommet duquel on domine toute la plaine du Pô et la chaîne elliptique des Alpes jusqu'aux glaciers du Tyrol.

Les îles Borromées sont au nombre de quatre ; deux d'entre elles, l'*Isola Superiore* ou *de Pescatori* et l'*Isola San Giovanni* ou *Isolino* ne sont que de pauvres îlots, habités par un menu peuple de pêcheurs. Quelques barques amarrées à de noirs piquets, des rangées de filets qui se gonflent au souffle de la *tramontane*, des enfants nus qui jouent sur le sable de la rive : voilà l'idylle, dans toute sa simplicité.

Tout autres sont l'*Isola Bella* (île Belle) et l'*Isola Madre* (île Mère). La première a, il est vrai, un arrangement un peu théâtral et des effets de beauté par trop mythologiques ; mais elle n'en présente pas moins un grand coup d'œil avec ses dix terrasses voûtées qui s'étagent au-dessus de la nappe d'azur à une hauteur de 32 mètres. Cette architecture de terre et de végétation est l'œuvre du comte Vitaliano Borromeo. C'est lui qui, au dix-septième siècle, a créé sur ce rocher primitivement stérile ces allées ombreuses, ces espaliers, ces fontaines, ces grottes de rocaille et de mosaïque ; c'est lui qui a fait apporter en barque l'humus d'où s'élancent ces bosquets d'orangers, de citronniers, de magnolias, ces buissons de plantes exotiques qu'emplit le chant des oiseaux, ces tapis de verdure immaculée où le paon étale orgueilleusement les splendeurs de sa robe versicolore. Au sommet se trouve un palais, la Rotonde d'Hercule, qui renferme une galerie de tableaux où sont des toiles du Titien, de Lebrun, et du Hollandais Pierre Molyn, connu sous le nom de Tempesta, parce qu'il se plaisait à peindre des tempêtes.

A l'Isola Bella je préfère, pour ma part, l'Isola Madre. Celle-ci est la plus grande du groupe et a vraiment l'air, par sa situation, d'une mère au milieu de ses enfants. Elle a moins que l'autre l'aspect d'un jardin d'Armide. Tout y est solitaire et silencieux ; le palais inhabité ressemble de loin à celui de la Belle au bois dormant ; le gardien qui prend soin de l'enclos règne seul dans ce quadruple parc aux

BAIE DE PALLANZA (LAC MAJEUR)

assises superposées. La végétation de toutes les zones s'y développe sans obstacle : ici, le pin du Nord et le chêne-vert ; là, le palmier, le cèdre, le grenadier ; ailleurs, la canne à sucre, l'arbuste à thé et le figuier d'Inde.

Les rives du lac Majeur sont très peuplées ; partout, au-dessus des palais et des villas, des huttes s'accrochent au revers des rochers. Les localités de son pourtour ont je ne sais quel air antique et rêveur, que fait ressortir à merveille l'encadrement des coteaux herbus, des plaines boisées et des hautes roches aux rugosités grisâtres : petits ports constellés de barques sombres, maisons avec arcades, rues escarpées, et, sur la hauteur, des ruines. De temps à autre, le large quai de pierre s'anime ; c'est à l'heure où arrivent le bateau à vapeur, la diligence ou quelque convoi de *vetturini* aux grelots retentissants. Chacun d'accourir alors vers les étrangers bienvenus, qu'on s'arrange pour garder le plus longtemps possible.

De ces bourgades riveraines, la plus considérable et la plus vivante est, sans contredit, Arona, à l'extrémité sud du lac. Sur une éminence, près de la ville, se dresse l'image colossale de saint Charles Borromée, qui fut archevêque de Milan au XVI° siècle. Le piédestal seul de ce monument a 15 mètres de haut, et, quant à la personne du saint, elle mesure près de 22 mètres. On peut grimper à l'intérieur jusqu'à sa tête nue, s'asseoir dans ses gigantesques narines, et contempler par les ouvertures de ses yeux la nappe lacustre et les montagnes. De loin, cette énorme statue découpe bizarrement son relief sombre sous le ciel bleu, et, de sa main bénissante étendue sur la ville, semble poursuivre le voyageur dans sa marche.

Peut-être le plus poétique des quatre est-il le lac de Lugano, qu'on désigne aussi sous le nom de Ceresio. C'est, assurément, celui où les cimes présentent les déchiquetures les plus hardies, où les baies sont le plus sombres et le plus rocheuses, où le paysage d'en haut conserve le mieux le caractère de l'Alpe allemande sous le ciel italien. A part l'extrémité de sa corne nord-est et une rive de son rameau de Morcote, il appartient tout entier à la Suisse tessinoise.

Ses bords décrivent des sinuosités innombrables. La route qu'on suit, en venant de Milan par Capolago, escalade en spires les promontoires de la rive orientale jusqu'à Bissone ; là, elle franchit le lac par une chaussée de pierre de près de 800 mètres de long, qui rejoint la côte opposée à Mélide, et d'où l'on a une vue magnifique sur les trois golfes.

Quatre sommités dissemblables d'aspect commandent les méandres du Ceresio, qui est moins, du reste, une nappe d'eau proprement dite qu'une réunion de baies très étroites dont chacune a sa physionomie et porte un nom différent : ce sont, d'une part, formant les hauts rebords de la coupe devant Lugano, le mont Brè au cône incliné et le San Salvatore dont les croupes dolomitiques prolongent leurs reliefs boisés jusqu'au fond de la péninsule qui sépare les deux croisillons inégaux du lac. Ce sont, d'autre part, aux deux points extrêmes du golfe oriental, le Monte Caprino, aux racines plongeant à pic dans les flots, et le massif Generoso, ce Rigi trop souvent nuageux, lui aussi, de la Suisse italienne.

Sauf une branche fourchue de moins à l'ouest, le lac de Côme reproduit à peu près, plus en grand, le dessin du Ceresio, son voisin. Il mesure 45 kilomètres de long sur 6 de large. Très étroit à partir de Côme, il s'élargit au promontoire de Geno pour se rétrécir derechef à Torno, et former ensuite une belle anse où l'on aperçoit la villa de Pline, célèbre par sa source intermittente, qui monte et retombe plusieurs fois par jour, comme par l'effet d'un flux et d'un reflux souterrains. Passé Nesso, la côte décrit une nouvelle inflexion, et l'on arrive bientôt à la plus charmante partie du lac, la Tremezzina, comme on la nomme, d'après un village voisin, Tremezzo. Là se trouve la reine des habitations riveraines, la villa Carlotta ou Sommariva, qui rassemble en elle tous les attraits de l'art et de la nature. Presque en face est la pointe de Bellagio, où les deux bras inférieurs du lac se réunissent en un seul. De ce cap à l'extrémité nord du bassin, dont le delta marécageux se prolonge à l'entrée de la Valteline par une nappe d'eau appelée le lac Mezzola, il y a une vingtaine de kilomètres.

Si, de là, nous redescendons la rive orientale jusqu'au fond du rameau solitaire de Lecco, celui où le courant est le plus animé, et d'où sort l'Adda, nous rangeons successivement : Colico, où s'amorce la route du Stelvio, Bellano, où débouche en cascade le beau torrent de la Pioverna, et Varenna, près de laquelle se précipite, d'une hauteur de 300 mètres, le redoutable Fiume di Latte. De Lecco, au pied du Resegone, part le chemin de fer de Bergame. Le fond de l'étroite vallée lacustre, jusqu'à Brivio, est coupé en une série de petites nappes d'eau que l'Adda relie comme autant de chaînons. C'est là que s'ouvre, à gauche, le district le plus ravissant du pays, celui de la Brianza, situé à la base orientale de la péninsule triangulaire dont Bellagio forme le sommet, et qui mérite à coup sûr son nom de « Jardin de la Lombardie ».

Quant à la ville de Côme, où aboutit le mouvement des deux branches du bassin, Sismondi a déjà remarqué qu'elle présente à peu près la forme d'une écrevisse. Le port, au fond du lac, figure la bouche du crustacé; les deux faubourgs de Vico et de Coloniola, qui embrassent les deux rives, en sont les pinces; le corps s'étire dans la plaine, resserré entre trois collines dominées chacune par une citadelle; enfin, un long faubourg extrême, bâti vers le sud, simule la queue de l'animal.

Au bord de sa nappe bleue, entre le bruissement de ses coteaux pleins d'arbres et le murmure de ses ondes qui caressent en remous les pieux de sa noire estacade, Côme semble si bien un séjour de paix et d'innocence qu'on se figurerait volontiers son passé comme une longue idylle uniforme. Il n'en est rien néanmoins. Elle a eu une histoire aussi agitée et aussi tragique que pas une cité de la haute Italie. Au XIIe siècle surtout, elle a vécu toute une épopée. C'était alors une ville libre, qui tint quelque temps sous sa dépendance toutes les riches et puissantes bourgades bâties de ce côté, au revers des Alpes. Cette hégémonie lui porte malheur. En querelle avec Milan, elle eut à soutenir, contre la ligue lombarde, un siège qui dura dix ans, et qui a même été chanté, comme le siège de Troie, par un poète du terroir. Il plut du sang, et, finalement, la victoire resta aux Milanais.

La cathédrale de la ville, bien que d'un style bigarré, est une des plus belles églises de l'Italie. Le portail, très orné, présente, à côté de nombreuses figures de saints, les statues de Pline l'Ancien et de son neveu, nés à Côme l'un et l'autre. Le grand physicien Volta a aussi la sienne sur une place qui porte son nom.

BELLAGIO (LAC DE COME).

Le lac de Garde, le *Benacus* des Anciens, situé à la limite du Trentin, de la Vénétie et de la Lombardie, est le plus spacieux des lacs italiens ; il a 124 kilomètres de pourtour, un tiers de plus que le lac Majeur. C'est, des quatre grandes coupes subalpines, celle qui offre, comme aspects, les diversités les plus étonnantes. Au nord, sur la rive tyrolienne, échancrée par de nombreuses baies, les sites sont d'une sauvagerie achevée ; les lignes rocheuses des monts Baldo et Adamo s'y découpent durement sur le ciel bleu ; puis, à mesure que, de Riva, on descend vers le sud, le tableau change ; les rivages, à droite et à gauche, se reculent ; les roches perpendiculaires font place à des collines aux molles déclivités, qui finissent par disparaître à leur tour. La vague chantante s'étale alors à son aise, et a déjà le charme pénétrant de l'Adriatique. Les îles mêmes qui s'élèvent çà et là, sont exemptes de ces déchiquetures qui indiquent le combat de la terre et de l'eau.

La partie de la rive occidentale qui s'étend de Gargano à Desenzano est spécialement le rendez-vous d'été, le lieu de villégiature de la noblesse de Vérone et de Brescia. Sur la côte opposée, l'endroit le plus remarquable est Torbole, protégé par un petit port autour duquel soufflent et luttent deux vents adverses, le vent du nord (*Sover*), qui vient des Alpes, et celui du sud (*Ora*). Ce sont leurs alternatives de violence et d'accalmie qui donnent au lac de Garde cette inépuisable richesse de teintes où se succèdent et s'entremêlent le bleu foncé, l'acier mat, la couleur de plomb et le vert pâle ; de là aussi les tuméfactions et les murmures de ses ondes, qui ont fait dire à Virgile :

fluctibus et fremitu assurgens, Benace, marino.

Bien des choses ont changé depuis dix-huit siècles, écrivait Gœthe, de Torbole, en septembre 1786, « mais le vent gronde toujours sur le lac. »

Au-dessous de Torbole apparaît Malcesine, avec son château pittoresque, puis Garda, qui a donné son nom au bassin, et où se trouvent encore quelques vieilles tours noyées dans la verdure, les camélias et les lauriers-roses ; ensuite, après maint village en amphithéâtre, qu'on salue au passage, surgit des flots, avec ses splen-

RIVA (LAC DE GARDE).

dides forêts d'oliviers, la péninsule de Sermione, vrai paradis, habité et chanté jadis par le poète Catulle; enfin, sur la rive méridionale, voici Peschiera aux murailles noircies, un des ouvrages du célèbre quadrilatère italien.

C'était là que naguère, ou plutôt jadis, tant les événements se sont pressés depuis lors, la douane autrichienne demandait les passeports. A Peschiera, la Sarca, entrée dans le lac près de Riva, en ressort sous le nom de Mincio. Le poisson abonde dans le courant de cette rivière riche en roseaux, *velatus arundine glauca*, dit encore Virgile. C'est une idylle de pêche que rencontre le dernier regard jeté en arrière par le voyageur; c'est le chant lointain du jeteur de filet que le vent du soir lui apporte à l'oreille, tandis qu'il débarque à regret, le cœur tout plein de la poésie du grand lac.

IV. — VÉRONE, VICENCE ET PADOUE

De Peschiera à Vérone, il n'y a que vingt-trois kilomètres par le chemin de fer. Dès Somma Campagna on aperçoit la ville, et, derrière elle, les collines surmontées de forts qui la dominent.

Ce qui frappe en Vérone, au premier abord, c'est je ne sais quel air de vétusté rongeuse qui ne se trouve au même degré dans aucune autre cité italienne du nord. Ce ne sont pas, du reste, les vicissitudes qui ont manqué à sa fortune : successivement municipe romain, résidence d'Odoacre et de Théodoric, capitale du royaume carlovingien d'Italie, puis république, tour à tour indépendante et esclave, elle a épuisé, de siècle en siècle, les destinées les plus émouvantes et les plus diverses.

L'Adige la sépare en deux parties inégales, dont la plus petite, qui n'est pas la moins curieuse, est située sur la rive gauche et porte le nom de *Véronette*.

Un des points les plus animés de la ville, c'est la *Piazza delle Erbe*, Place aux Herbes. C'était jadis le forum de la république, le rendez-vous des politiqueurs. Sur un des côtés s'élève l'ancienne Maison aux Marchands, *Casa dei Mercanti*, qui date du treizième siècle; de l'autre est le palais des Maffei; au milieu, une fontaine de marbre, ornée d'une statue qui est la personnification de la cité. On y voit, en outre, une colonne monolithe au fût découronné; là trônait autrefois le lion de bronze de Saint-Marc; il en fut enlevé en 1799.

La *Piazza delle Erbe* mérite bien son nom. Elle est comble de légumes et de fruits. Vendeurs et acheteurs s'y pressent et criaillent sous les tentes blanches, pleines de petites tables où abondent, dans des corbeilles, *piselli* (petits pois), *faginolini* (haricots), *fragole* (fraises), *uve* (raisins), *limoni* (citrons); n'oublions pas l'*aglio* et la *cipolla* (l'ail et l'oignon), qui, partout en Italie, répandent à cœur joie leurs âcres senteurs.

Tout autre et plus imposant est l'aspect de la place Victor-Emmanuel (ci-devant *place Brà*), où débouche le grand *Stradone*, qui part de la Porte-Neuve. Là s'élèvent les restes d'un théâtre antique et un cirque romain, l'*Arène*, le mieux conservé qui existe. De forme ovale, comme le Colisée de Rome, ce cirque a un pourtour de 400 mètres et quarante-cinq rangs de gradins en bon état; cinquante mille personnes pouvaient, dit-on, y trouver place. Il est bâti, pour la plus grande partie, d'un marbre rougeâtre, tiré des défilés rocheux qui avoisinent Vérone, mais malheureusement fort sensible aux influences atmosphériques. Aussi est-il l'objet d'une restauration continue, qui lui donne, le jour, un air demi-neuf un peu étrange.

J'ai vu, il y a quelques années, à l'intérieur du fier monument un théâtre de marionnettes (*burattini*); de plus, forgerons, fripiers et marchands de ferraille ont pris possession des vomitoires; où rugissait le lion de Numidie retentit à présent le coup de marteau cadencé de l'artisan.

Si la place Brà représente l'antiquité, la *piazza Dante* ou *dei Signori* respire avant tout le moyen âge. Nous trouvons là, en effet, le Palais du Conseil (*Palazzo del Consiglio*), où ont résidé les Scaliger, dont les tombeaux se peuvent visiter tout à côté, dans l'église *Santa Maria l'Antica*. Au milieu de la place s'élève la statue de Dante Alighieri, lequel, au cours de son exil, fit une assez longue halte auprès des Scaliger.

Ces Scaliger (**Della Scala**), qui furent un moment la plus puissante famille de l'Italie, descendaient d'un simple marchand.

L'ARÈNE A VÉRONE.

A une époque où la bourgeoisie des villes était engagée dans une lutte acharnée contre la noblesse, les services rendus par un homme du tiers état se payaient volontiers au plus haut prix ; le pouvoir allait vite à la considération. C'est ainsi que le peuple de Vérone élut pour podestat, en 1259, Martino della Scala, chef du parti gibelin ; c'est ainsi encore que, trois années plus tard, il le nomma prince à perpétuité. Après qu'il eut été assassiné — ce qui était la fin assez ordinaire des règnes, dans l'Italie de ce temps-là — son frère Alberto, déjà seigneur de Mantoue, lui succéda ; celui-ci eut trois fils, qui gouvernèrent à tour de rôle après lui, et dont le plus célèbre, Can Ier, mort en 1329, reçut le surnom de *Grande*.

Ce fut Can Grande qui commença, dans le Véronais, cette période d'éclat, à la fois militaire et artistique, dont l'histoire a gardé le souvenir. Capitaine général de la ligue lombarde des Gibelins, il mena grand train ses succès guerriers ; il enleva à la république guelfe de Padoue la seigneurie de Vicence, puis Feltre, puis Trévise. Ami de toutes les grandeurs intellectuelles, il fit de sa cour l'asile des poètes et des savants, et couvrit l'art et le génie de sa constante sollicitude.

Cette haute fortune des Scaliger dura peu ; les divisions intestines et les meurtres en accélérèrent la ruine, après Can Grande ; les ambitions voisines à l'affût ne manquèrent pas, au moment propice, la curée : les Visconti de Milan et les Carrare de Padoue se partagèrent les premiers lambeaux de la puissance déchue ; l'âpre Venise eut le reste.

Il y a plus de cinquante églises à Vérone ; la plupart sont de ce style mixte et tâtonnant, intermédiaire entre le roman et le gothique, qu'on appelle le style *lombard*.

La cathédrale (*Santa Maria Matricolare*), bâtie sur l'emplacement et avec les débris d'un ancien temple de Minerve, en présente le type frappant, avec son porche du douzième siècle, derrière les colonnes duquel on voit les statues de Roland et de la reine Berthe, mère de Charlemagne, ses clochetons, ses arceaux brodés et ses ogives entrelacées de feuillages tordus.

Santa Anastasia, dont le clocher principal est environné d'une véritable nichée de cônes de toute taille, a été commencée en 1261 ; elle a une annexe curieuse, la chapelle Pellegrini, chef-d'œuvre de San Micheli, bâtie en *bronzino* des environs de Vérone et décorée de sculptures du quinzième siècle, pleines de grâce et d'originalité, qui représentent les scènes principales de l'Évangile.

Au centre de Véronette s'élève le fameux palais Giusti, dont les jardins étagés sont une véritable merveille de l'art et de la nature réunis.

C'est de la terrasse supérieure de ce charmant Éden, à laquelle on grimpe par un escalier tournant, qu'il vous faut contempler Vérone et ses environs. Admirez d'abord, autour de vous, ce labyrinthe de cyprès énormes, cinq ou six fois centenaires, entremêlés de lauriers-roses, de myrtes, d'oliviers et d'acanthes, qu'ils dominent superbement de leurs cimes aiguës; voyez ce peuple immobile et songeur de statues antiques ou modernes, ces mystérieux réduits, ces grottes rocheuses, cet écheveau de chemins; puis portez vos yeux un peu en avant : voici la ville des Scaliger, avec son jaillissement de tours et de palais à l'architecture multiple, son Vieux-Château au pont si pittoresque, son fouillis de rues et de places. Plus loin encore, regardez cette ceinture de villas, et, au delà, la plaine lombarde, avec ses champs dorés, ses maïs, ses files de mûriers et ses innombrables canaux. Le cercle de l'arrière-plan, par-dessus tout, appelle une longue contemplation : au sud-est, ce sont les collines Euganéennes, avec la petite bourgade d'Arqua, qui vit naître Pétrarque; plus à droite se dessine la coupole de Saint-André, à Mantoue; puis, tout là-bas, la fine chaîne des Apennins. Retournez-vous : voici les Alpes aux flancs noirâtres et au crâne chenu.

J'allais oublier de dire où est, à Vérone, le monument funèbre de Juliette, ou du moins le sarcophage qu'on vous montre comme tel. De la place Brà, prenez au sud la rue Pallone qui descend à l'Adige, et là, entre la rue des Capucins et le fleuve, vous trouverez, dans un jardin qui fut autrefois le cimetière d'un couvent de Franciscains, un tombeau en granit rouge, sans couvercle. Ce couvercle a disparu depuis bien longtemps, et nul ne sait où il est. La pierre, au rebord de laquelle appendent quelques couronnes jaunies, est considérablement ébréchée, car plus d'une main étrangère en a brisé un morceau pour s'en faire une relique. Le tombeau est en forme d'auge, et il a du reste servi un moment d'abreuvoir aux bestiaux et de baquet aux laveuses de salade. Il y a aussi, dans la rue Saint-

CHATEAU DE VILLAFRANCA.

Sébastien, une maison qu'on vous fera voir comme ayant été jadis la demeure des Capulet; passez vite : ce n'est plus aujourd'hui qu'une *osteria* mal famée.

Les environs de Vérone abondent en souvenirs et en beautés naturelles qui méritent l'attention du voyageur. Je citerai seulement, près de la ville, la *Fontaine de fer;* puis, sur la route de Mantoue, le *Château de Villafranca*, bâti par les Scaliger, et dont la tour hardie pyramide de loin dans le ciel bleu. Cette petite ville de Villafranca, où furent signés, dans l'été de 1859, les préliminaires de paix entre les Français et les Autrichiens, était autrefois une des places les mieux fortifiées du Véronais; l'ouvrage le plus remarquable en était la célèbre *muraglia*, élevée au quatorzième siècle, et qui s'étendait, munie de créneaux, de tourelles et de portes, sur une longueur de six kilomètres, vers Valleggio.

Il subsiste encore, non loin de cette dernière localité, une curiosité du même genre : ce sont les ruines d'un pont qui franchissait jadis le Mincio à Borghetto. Cette construction traversait toute la vallée, sur un demi-kilomètre de développement; quatorze tours puissantes défendaient cette gigantesque chaussée, dont les Visconti s'étaient mis en frais pour détourner de Mantoue, leur ennemie, l'eau du fleuve précité. Mais l'excursion la plus intéressante qu'on puisse faire, de Vérone, c'est, au nord de la ville, celle de l'âpre et sauvage fouillis de défilés qu'on appelle les *Sette-Communi* (Sept-Communes). Ce pays, purement pastoral et alpestre, est arrosé par le torrent de la Brenta, et a pour chef-lieu Asiago, d'où une route, si j'ai bonne mémoire, conduit à Feltre et à Bellune, les deux localités les plus importantes des montagnes de la Vénétie, sises l'une et l'autre au val de la Piave, rivière qui est le grand véhicule des bois de la région vers l'Adriatique.

A mi-chemin de Vérone à Venise, par Montebello, on rencontre une chaîne de montagnes volcaniques, les *monts Berici*, au pied septentrional de laquelle se trouve, sur le confluent du Bacchiglione et du Retrone, une ville de quarante mille âmes, ramassée assez à l'étroit, mais curieuse au point de vue artistique : c'est Vicence, la patrie du poète Trissino et du célèbre architecte Palladio, qui eut la gloire de faire école après les Alberti, les Bramante, les San Micheli.

Vicence a de lui de splendides édifices en simples briques recouverts de stuc, mais d'un goût très pur, d'un ordre colossal et d'une variété infinie d'invention. En quelques heures, du reste, on peut voir les principales curiosités de la ville : la Basilique ou maison commune ; la *Loggia del Delegato*, qui lui fait face ; le Dôme ; le Musée Civique ; la Place des Seigneurs avec ses deux colonnes, emblème de la puissance vénitienne, et sa Tour de l'Horloge, de quatre-vingt-deux mètres de hauteur ; le vieux Séminaire, le Théâtre Olympique, commencé par le même Palladio, à l'imitation des théâtres antiques, d'après le *Traité d'architecture* de Vitruve ; enfin, sur une riante colline, à deux kilomètres de la ville, ce bâtiment de *la Rotonde*, que Gœthe nous a décrit en détail.

De Vicence à Padoue, la patrie de Tite-Live, le pays est le plus fertile qu'on puisse voir : plaines immenses, où verdissent à l'envi les fraîches cultures ; ravissants coteaux, où pullulent les arbres

VIEUX SÉMINAIRE A VICENCE.

fruitiers, les plantes exotiques, les villas poétiquement gazées d'un crêpe de feuillage.

Padoue fait tout d'abord l'effet de la plus triste des villes au milieu de l'entourage le plus gai du monde. Cela tient, je crois, à l'aspect vétuste et singulier de ses rues désertes et irrégulières, qu'enserre une vieille enceinte garnie de bastions, à ses sombres rangées de maisons au bord du Bacchiglione, à ses silencieuses arcades, à cet air d'ordonnance et de tranquillité excessive répandu sur toutes choses.

Encore une *Piazza dei Signori* avec sa *Loggia del Consiglio*; puis, de nouveau, une *Piazza delle Erbe*, avec un *Palazzo della Ragione*. Ce dernier édifice renferme une véritable merveille, le *Salone*: c'est une immense salle à peintures murales, au plafond lambrissé, avec galeries extérieures à deux étages et à colonnes, qui passe encore aujourd'hui pour la plus vaste qui soit en Europe. Sa longueur dépasse 80 mètres, et l'aire du sol mesure seize mille cinq cents pieds carrés.

Padoue est, avant tout, la ville de saint Antoine, la ville *du Saint*, comme on appelle ici, par excellence, cet ardent évangéliste venu du Portugal par la France, qui osa reprocher au tyran Ezzelino ses débordements, sa férocité, et tenta même, fort inutilement, de le convertir. Tout, à Padoue, lui est dédié : rues, places, écoles, et particulièrement une colossale église (*Il Santo*), surmontée de sept coupoles, avec deux fins campaniles aux flancs, où se trouve une chapelle qui attire toute la dévotion de la ville et des alentours. Cette chapelle du saint, où l'on conserve ses reliques, est décorée de hauts-reliefs en marbre de Carrare qui représentent les divers miracles accomplis par cet apôtre du treizième siècle, qui poussait, dit-on, la ferveur jusqu'à prêcher les poissons eux-mêmes.

D'autres églises encore, le Dôme, bâti sur les dessins de Michel-Ange; *Santa Maria dell' Arena*, avec ses fresques de Giotto; *Santa Giustina*, avec ses huit dômes, en face du spacieux et riant Prato della Valle; celle des *Eremitani*, avec ses peintures de Mantegna, méritent bien d'être visitées. Parmi les palais, le plus remarquable est le palais *Giustiniani*, dans les splendides jardins duquel se dresse une villa solitaire, de l'aspect le plus enchanteur.

On sait que l'université de Padoue, fondée en 1223, et illustrée par Albert le Grand et Galilée, attira autrefois la jeunesse de toute l'Europe; elle compte encore aujourd'hui près de trois mille étudiants. Le bâtiment (*Il Bo*) est situé au centre de la ville, près de l'immense café Pedrocchi, et séparé de sa bibliothèque, établie à côté du Dôme, dans une salle dite des Géants (*Giganti*), à cause des figures colossales d'empereurs romains qui y ont été peintes à fresque par Campagnola.

PADOUE : L'ÉGLISE SAINT-ANTOINE.

A l'extrémité sud-ouest de la ville est l'Observatoire, installé dans une tour d'un palais d'Ezzelino qui servait de cachot au temps de ce farouche podestat. Du haut de ses terrasses, on jouit d'une vue magnifique sur Padoue et la mer de verdure qui l'environne : par delà, au nord, on distingue la chaîne du Tyrol; vers le nord-ouest, celle du Vicentin; plus au couchant, les montagnes d'Este, et au levant, par un temps clair, le Campanile de la place Saint-Marc à Venise.

CHAPITRE II

VENISE ET SES LAGUNES

I. — COUP D'ŒIL GÉNÉRAL

Je vous conseille d'arriver à Venise le soir et, s'il se peut, par le clair de lune.

Au premier tour de roue de l'express de Mestre sur le grand viaduc qui relie les îlots vénitiens au continent, vous sentez qu'un monde étrange surgit devant vous. Vous regardez par la portière : à droite et à gauche, la terre a disparu, les prairies et les arbres du pays padouan se sont évanouis, la mer seule vous environne. Et quelle mer! Ce n'est pas cet océan du Nord aux vagues grondantes et verdâtres sur lequel nos voisins les Anglais ont jeté leur audacieux chemin de fer du pays de Galles à l'île d'Anglesey; c'est une sorte d'épanchement doux et diaphane, moitié sable et moitié eau, où paraissent tour à tour sommeiller et courir de grandes ombres brunâtres figurées par des bancs de vase ou de gravier plats, plus ou moins submergés, selon la hauteur du flot. Il vous semble que vous glissez sur la surface d'un miroir mal poli et d'inégale transparence : c'est la Lagune.

Cette première vision indécise vous dure huit ou dix minutes, car le gigantesque pont de 222 arches, que franchit le train, a près de quatre kilomètres, et va jusqu'à l'entrée du Grand-Canal. Là vous débarquez, ou plutôt vous vous embarquez. Nul bruit, nulle apparence même de mouvement : la noire gondole vous attend au bas de l'escalier; machinalement vous y prenez place, et vous voilà parti pour l'hôtel San Marco ou l'hôtel Bellevue, par les méandres du *Canale Grande*.

C'est alors que commence véritablement la féerie. Partout ailleurs le voyageur, monté, au sortir d'une gare, dans un de ces paresseux véhicules qu'on appelle fiacres, éprouve une irritante impression de malaise et de lenteur qui ne le porte certes ni au repos ni à la rêverie; jeté au milieu d'une sorte de tohu-bohu, dans le subit grouillement de la foule et des voitures, en proie à d'horribles cahots, il regrette le bercement monotone du wagon qu'il vient de quitter, et n'a qu'un désir, celui d'atteindre le gîte au plus tôt.

Ici, c'est tout autre chose. A demi couché sur les moelleux coussins de la barque à toiture cintrée, vous vous sentez, au bout d'un instant, ravi à vous-même ; vous oubliez d'où vous venez et où vous allez ; il vous semble que vous êtes là de toute éternité. Chaque oscillation imprimée au bateau par le coup de rame du gondolier avive votre songe, loin de le troubler.

Autour de vous, l'eau jaspée, à peine bruissante, renvoie par des myriades de facettes la blanche clarté de la lune ; les palais de marbre se dressent, à droite et à gauche, fantastiques dans le clair-obscur. Tantôt, au-dessus d'un balcon, une demi-vitre ou une ogive apparaît toute rouge-flamboyante ; tantôt, au confluent d'un petit canal, c'est une strie lumineuse qui court, brisée à l'infini, sous la voûte d'un pont ou sur les degrés d'un escalier. L'écheveau sombre des ruelles latérales, où la lune ne pénètre pas, contraste bizarrement avec l'étincelante courbe de la grande voie d'eau où vous voguez. A l'approche de chaque tournant, le gondolier pousse un cri rauque, pour avertir les barques qui viennent en sens inverse ; parfois alors on entend s'ouvrir une fenêtre treillissée sur le canal, ou bien une porte s'entre-bâille au haut d'un perron ; quelqu'un avance la tête et épie, pour voir sans doute si c'est la gondole attendue, puis se renfonce aussitôt dans l'ombre.

Le Grand-Canal, infléchi tout à l'heure de l'ouest à l'est, décrit maintenant une majestueuse courbe vers le sud, et vous passez sous le fameux pont du Rialto ; quelques minutes après, nouvelle courbe de l'ouest à l'est ; puis, tout à coup, la voie s'élargit et débouche dans un vaste bassin qui chatoie à perte de vue. En même temps un roulement sourd vous frappe l'oreille : c'est la haute mer, c'est l'Adriatique, la veuve des doges, qui monte là-bas derrière le Lido et pénètre lentement dans les lagunes. Vous ne la voyez point, mais vous sentez, par tous les pores du corps et de

VENISE: EN GONDOLE.

l'âme, sa puissance fascinatrice. Le flux, en léchant les pieds de la ville reine, vous envoie, à travers l'air, plein de scintillements métalliques, son harmonieux murmure pour salut du soir.

A droite cependant, de grandes îles surmontées de rondeurs et de hérissements vous apparaissent sommeillant dans l'immense lac; devant vous à l'horizon, des mâts de navires, le long du quai des Esclavons; plus loin, à la pointe extrême du rivage troué par de sombres passes, un vague amas de verdure, le Giardino. Vous n'avez que le temps d'embrasser d'un regard circulaire cette mystérieuse perspective; un amoncellement de lumières jaillit à votre gauche, et la gondole atterrit parmi d'innombrables barques, près d'un perron de marbre blanc : c'est l'entrée de la Piazzetta. Voici Saint-Marc, le Campanile, le Palais-Ducal, les sept merveilles réunies. Des centaines de candélabres éclairent cette vision d'Orient toute ruisselante d'or et de mosaïques. L'orchestre vient de jouer son dernier morceau; les deux places sont pleines d'une multitude fourmillante et joyeuse, qui se presse sur les degrés de l'embarcadère, parmi les appels des *facchini* hélant de toutes parts les gondoliers. Tout à l'heure une flottille d'embarcations démarrées frappera l'onde de ses avirons et, pour un instant, répandra la vie dans le réseau des noirs canaux.

Telle est la première impression pour qui arrive le soir à Venise. Vous avez traversé, immobile, un ondoiement de lumière et d'ombre où chaque objet revêtait une forme et des couleurs fantastiques; vous n'avez rien vu, et pourtant vous restez pénétré de tout; vous vous couchez dans une sorte d'extase, tout plein des suaves harmonies de ce silence, tout ébloui des vacillantes clartés de ces ténèbres. Heureux voyageur! vous avez découvert, cette nuit-là, une première Venise; demain, au jour, vous en découvrirez une seconde, dont l'autre n'était que le spectre indécis.

Décrire la ville des Doges est chose impossible. Demandez à tous ceux qui l'ont essayé. On ne peut que mettre bout à bout sur le papier une suite d'impressions où l'on ne sait soi-même ce qui l'emporte, de la réalité ou du rêve, de la fantaisie ou de l'exactitude.

La place Saint-Marc dorée par le beau soleil de l'Adriatique : poème unique! La mer toute bleue aux vagues lustrées et chantantes : coup d'œil sans pareil! Les façades étincelantes des palais,

VENISE : QUAI DES ESCLAVONS.

espèce de végétation magique, issue, dirait-on, de la mer féconde qui fut la nourrice préférée de ce peuple amphibie : quel enivrement ! Par où commencer ? par où finir ?

La place Saint-Marc — à tout seigneur tout honneur — est un grand quadrilatère fermé de trois côtés, presque une cour, qui se prolonge vers le quai ou Môle par la Petite Place ou Piazzetta. L'une et l'autre sont dallées en marbre blanc et bordées d'arcades qui forment une promenade couverte ininterrompue. Sur la première, d'un côté à gauche, s'élèvent les *Procuratie vecchie* (anciennes Procuraties), ainsi nommées parce qu'elles étaient jadis la résidence des Procurateurs de Saint-Marc; de l'autre, au sud, les *Procuratie nuove* (nouvelles Procuraties), d'une architecture plus moderne, aujourd'hui le Palais-Royal. Au nord-est, la Tour de l'Horloge; à côté, la petite Cour des Lions, qui brise l'angle de la place, d'ailleurs complètement dépourvue d'unité et de symétrie; puis la Basilique de Saint-Marc; enfin, au point d'intersection des deux places, le Campanile ou clocher de Saint-Marc, ayant à ses pieds un délicat petit édifice de la Renaissance tout de marbre et de bronze, œuvre de Sansovino, qui servait autrefois de lieu de réunion aux *Nobili* de la République.

Tournez à droite, vous êtes sur la Piazzetta, bordée à l'est par une des façades du Palais-Ducal, à l'ouest par la *Libreria vecchia* (ancienne Bibliothèque), dont les arcades se relient à celles de la place Saint-Marc, et par la *Zecca* (Monnaie). En face de ce fouillis de marbre, de porphyre et de bronze se dressent les deux colonnes de granit surmontées l'une de la statue de saint Georges, un des patrons de Venise, l'autre du Lion ailé de Saint-Marc, où le conseil des Dix faisait accrocher par les pieds les cadavres des criminels d'État. Avancez un peu et tournez l'angle du Palais-Ducal : vous avez devant vous à droite, sur la rive opposée du Grand-Canal ou Canalasso, qui finit en cet endroit, les dômes de Santa Maria della Salute; plus loin, derrière, le vaste bassin, la Giudecca; puis l'île de Saint-Georges et son église; à gauche se déroule la longue courbe du quai des Esclavons et la presqu'île du Giardino, qu'hier, dans les pâleurs de la nuit, vous n'aviez fait qu'entrevoir.

Voulez-vous embrasser d'un seul regard la splendide agglomération de ces trente mille palais bâtis sur cent vingt îlots reliés par quatre cents ponts, et vous rendre compte de l'étonnante situation de Venise, montez au sommet du Campanile qui domine, de sa hauteur de 99 mètres, tous les édifices de la ville. Vous remarquerez que cette « république de castors », comme l'appelle Gœthe, s'élève d'un bassin intérieur de neuf kilomètres à peu près de long sur trois ou quatre de large, protégé du côté de la mer par une langue de terre étroite et longue, le Lido. Cette digue, pourvue à sa partie sud d'un revêtement de murs (*murazzi*), a trois entrées fortifiées, par où le flot pénètre doucement dans les lagunes et qui forment les passes, intermédiaires et plus profondes, affectées à la navigation. Tout le golfe, où se découvrent, à marée basse, une quantité de bancs de sable à moitié immergés, a l'avantage d'être à l'abri non seulement des tempêtes de l'Adriatique, mais encore de la plus légère émotion du flot; les canaux intérieurs conservent toujours leur placidité de miroir poli ; s'il en était autrement, la circulation y deviendrait impossible et Venise cesserait d'être habitable.

Ce qui frappe ensuite du haut du Campanile, c'est l'enchevêtrement inextricable des canaux, des rues et des ponts ; c'est ce pêle-mêle de maisons, d'eau, de navires, de barques et de piétons qui se croisent et se confondent si bien qu'on ne sait plus parfois si ce sont les barques qui circulent dans les rues ou les hommes qui marchent sur l'eau. De ce magnifique observatoire, on aperçoit aussi, à l'ouest, les monts du Padouan et du Vicentin, et, au nord, les pics neigeux de la chaîne alpestre. Seulement, dans cet horizon ainsi élargi, Venise, trop longtemps contemplée, finirait par perdre de sa majesté; il n'est pas bon pour la perspective que les détails s'accusent trop nettement; la topographie générale une fois saisie, redescendez : le charme suprême ici, c'est de cheminer à l'aventure, au travers du double labyrinthe de la terre et de l'eau; l'infinie jouissance tient au hasard de la découverte parmi les spires de la route, à la surprise d'un brusque tournant, au jeu de l'ombre et de la lumière dans un petit espace.

II. — LES CANAUX ET LES ÉDIFICES

La Basilique de Saint-Marc, édifice byzantin à cinq coupoles, fut commencée en l'an 977 par le doge Pietro Orseolo, et enrichie littéralement des dépouilles du monde, car chaque navire de la flotte vénitienne, en parcourant la Méditerranée, reçut l'ordre de rapporter sa pierre à l'édifice sacré, qui devait surpasser en magnificence Sainte-Sophie de Constantinople.

De la Basilique on peut entrer directement dans le Palais-Ducal, construit sous le fameux doge Marino Faliero et qui fait l'effet d'une forteresse reposant sur une fine loggia trilobée.

L'Escalier dit des Géants conduit à une galerie à jour où aboutit la *Scala d'oro* (escalier d'or), entrée des appartements. Voici d'abord l'immense salle du Grand Conseil, aujourd'hui Bibliothèque, où l'illustre pléiade des peintres vénitiens que l'on sait, les Giorgione, les Titien, les Véronèse, les Tintoret, a écrit au pinceau sur les murs et sur les plafonds les fastes de la République.

C'est dans cette salle qu'était la sinistre *bocca di leone* où la haine et l'envie versaient en secret leurs dénonciations; c'est là aussi que, d'une fenêtre à balcon sur la mer, la dogaresse et sa cour regardaient, le jour de l'Ascension, le doge, monté sur le *Bucentaure*, célébrer solennellement ses épousailles avec la mer. Cette même salle communique, par une porte, avec un passage suspendu, de lugubre mémoire, le Pont des Soupirs (*Ponte dei Sospiri*), qui rejoint les prisons par-dessus le *rio di Palazzo*. La salle voisine, où se réunissait le Conseil des Dix, donne dans une autre pièce plus petite, celle des Inquisiteurs d'État, qui mérite bien une mention à part. Là s'ouvre, dans un coin, une sorte d'armoire où apparaît un escalier pratiqué dans l'épaisseur du mur. Cette sombre hélice, par où les condamnés étaient amenés devant les juges, descend jusqu'aux souterrains qu'on appelle Puits (*Pozzi*), et monte jusqu'aux Plombs ou combles (*Piombi*).

Les Puits étaient une suite de cachots au niveau du sol de la cour, où l'air n'arrivait que par un étroit soupirail, et d'où le prisonnier, par un ironique surcroît de souffrance, pouvait entendre tous les bruits joyeux de la place, et les accords de la musique, et le cortège des folles mascarades.

VENISE : PONT DES SOUPIRS.

La chambre des tortures, dallée de pierres polies, pour que le sang s'effaçât plus vite, conserve encore au plafond l'agrafe où l'on accrochait les infortunés. Séjour affreux, s'il en fut jamais, que ces souterrains! Sur un petit banc de pierre, adossé au mur du corridor, le prisonnier se tenait assis, les mains et les pieds attachés par des chaînes. La corde qu'il avait au cou passait par un trou du mur et allait s'enrouler à un tourniquet placé dans le corridor extérieur. On vous laissait là des jours, des mois, des années, puis un matin, au milieu d'une rêverie, d'une prière, vous sentiez votre cravate de chanvre se resserrer soudain : c'était le geôlier qui, sur l'ordre de l'Inquisiteur, avait, en passant dans le corridor, tourné la manivelle, et mis fin du coup à vos peines. Il ne restait plus qu'à transporter votre cadavre par-dessous le Pont de la Paille, de l'autre côté de la Giudecca, vers ce sinistre canal Orfano, dont les eaux muettes et boueuses engloutissaient avidement leur proie. De par la police vénitienne, il était interdit aux pêcheurs « de jeter là leurs filets ». L'endroit était réservé.

Les Plombs et les Puits étaient le *carcere* des condamnés à mort; pour les prisonniers détenus à temps ou à perpétuité, il y avait, sur la rive opposée du petit canal intermédiaire, d'autres cachots dont la porte s'ouvrait sur le Quai des Esclavons, et qui étaient reliés au Palais-Ducal par le Pont des Soupirs précité.

Quittons ces mornes profondeurs; revenons à l'air, au soleil. Salut, douce lumière de la Piazzetta! Arcades joyeuses et bavardes, glaces miroitantes des *giojellieri*, essaims picorants de tourterelles, fillettes rousses à la noire mantille qui filez par la rue de la *Merceria*, tas de lazzarrones déguenillés et superbes qui encombrez l'abord des gondoles, salut à tous et à toutes! Vous êtes la vie, la beauté, le mouvement, et rien que votre aspect nous réchauffe le cœur, ranime le sourire éteint sur nos lèvres.

En attendant l'heure du *fresco*, c'est-à-dire le moment de l'après-dîner où tous les oisifs de Venise s'en vont, comme à Paris l'on va au Bois, prendre le frais en gondole sur le Grand-Canal, jetons un coup d'œil rapide aux palais. Les plus splendides, parmi ces habitations des anciennes familles patriciennes de la République, se trouvent en bordure des deux côtés de ce même *Canalasso*, le plus considérable de beaucoup des quatre cents artères d'eau qui sillonnent la ville. Sa largeur varie de 50 à 70 mètres; il s'étend sur une lieue environ de longueur, de l'île Santa Chiara, près du chemin de fer, jusqu'à l'entrée orientale du canal de la Giudecca.

Voici d'abord, sur le promontoire qui fait face aux escaliers de la Piazzetta, la *Dogana di mare* (Douane de mer), et le Séminaire des Patriarches, dominés l'un et l'autre de haut par la magnifique église *Santa Maria della Salute* (Sainte-Marie de la Santé), érigée au xvii° siècle à la suite d'une peste qui avait fait périr, à Venise, près de cinquante mille personnes. En face, sur la rive droite, nous voyons le palais Giustiniani, aujourd'hui un hôtel; puis le palais Contarini Fasan, avec sa façade à balcons de marbre effilés, et le palais Corner. Nous passons en barque sous un pont de fer, et nous trouvons à gauche l'Académie des Beaux-Arts ou Musée, et le palais Foscari, œuvre de Sansovino, situé à un détour pittoresque.

Va toujours, gondolier! De nouvelles demeures seigneuriales, Balbi, Grimani, Micheli, Mocenigo, Loredan et Manin alignent à droite et à gauche leurs marmoréennes beautés et leurs blancs escaliers ou débarcadères. Bientôt nous avons atteint le pont du Rialto, qui, tel qu'il est, date du xvi° siècle; il fut longtemps l'unique voie de communication entre les deux moitiés de Venise. Quelle animation règne en cet endroit! C'est le centre du petit négoce; là se tient le marché des pêcheurs, la Poissonnerie; là, autrefois, sur une colonne appelée *Gobbo di Rialto*, on promulguait les lois de la République. Sur le pont même, construit d'une seule arche, et soutenu par douze mille pilotis, se trouve une double rangée de menues boutiques ou *botteghe*, bâties en marbre, avec une couverture de plomb.

Tout près du pont, à droite, vous apercevez le *Fondaco dei Tedeschi*, jadis entrepôt du commerce allemand, alors que tout le trafic du Levant avec le Nord passait par Venise et la Hanse. Plus loin, à gauche, est un édifice analogue, le *Fondaco dei Turchi*, qui fut longtemps le rendez-vous des marins et des marchands turcs; puis, du même côté, le marché aux Herbes et la *Pescheria* (ancienne Poissonnerie), et, à droite, le petit palais ogival qu'on nomme la *Ca d'oro* (casa d'oro), à cause des splendides dorures de sa façade. Il a, paraît-il, appartenu à la danseuse Taglioni.

Au lieu de filer directement dans le Grand-Canal depuis le Môle jusqu'aux bouées rouges de Santa Chiara, nous aurions pu, non sans profit, faire une pointe à travers quelques-uns des étroits affluents ou *canaletti* qui s'y embranchent; mais une promenade à pied, par les rues tortueuses et bordées de boutiques, a bien aussi son intérêt. C'est encore de la place Saint-Marc qu'il nous faut partir, en prenant par exemple la Merceria, qui nous conduira, par le raccourci, au Rialto (*rivo alto*) déjà mentionné. Cet îlot du Rialto fut le primitif noyau de la ville, quand, au v° siècle, les gens de Padoue, fuyant successivement devant les barbares d'Alaric et ceux d'Attila, vinrent se cacher parmi les lagunes de l'Adriatique. La nouvelle colonie, après avoir d'abord grandi sous la métropole, ne tarda pas à s'en détacher, et resta libre « entre les Césars dorés de Byzance et les Césars cuirassés d'Aix-la-Chapelle ». Au vi° siècle, l'invasion lombarde y amena un nouveau ban de réfugiés; les îlots, de plus en plus peuplés, se réunirent bientôt sous un chef commun, un *dux* ou doge. Tout en travaillant et en bâtissant, la jeune République acquit la Dalmatie, les royaumes de Chypre et de Candie, s'épandit sur tous les rivages de la Méditerranée, et la bourgade de vendeurs de poisson devint métropole à son tour. Nulle puissance de l'Europe ne réussit à mordre au flanc cette autre Carthage. Au xii° siècle, les négociants du Rialto, de Castello, de San Nicolo mettent en déroute les galères de l'empereur Frédéric Barberousse; au xiv° siècle, ils anéantissent la flotte génoise; au xv°, sous les Foscari, leur prospérité est sans rivale : ils s'emparent d'une portion de la Lombardie, de la Polésine, de Rovigo, et possèdent, épars sur toutes les mers du monde gréco-romain, plus de 3000 navires montés par 40 000 matelots. Bien que ruinée par la découverte des deux Indes, qui détourna, au profit d'États plus occidentaux, presque tout le mouvement maritime de l'Europe vers le cap de Bonne-Espérance et les côtes de l'Amérique, Venise ne s'abandonna pas; elle poussa énergiquement sa fortune du côté de l'Orient, et pendant longtemps elle soutint seule, au nom de la chrétienté, une terrible guerre contre le Croissant; mais ce suprême effort acheva de briser son énergie, et lorsque, en 1797, le *livre d'or*, registre de la vieille oligarchie vénitienne, fut brûlé solennellement, il y avait longtemps que la république de Saint-Marc n'existait plus, pour ainsi dire, que de nom. On sait par combien de retours cruels elle a passé depuis lors, et de quelle façon inespérée elle s'est vue, en 1866, rattachée à la grande patrie italienne.

A présent que le beau palais des Foscari ne sert plus de caserne aux soldats autrichiens, Venise a repris sa gaieté, en attendant qu'elle recouvre peut-être son opulence. De nouveau, l'axe de la grande route commerciale du monde, déplacé une première fois de l'est à l'ouest, au xv° siècle, tend à se reporter vers l'Orient; les rivages méditerranéens redeviennent le vestibule des riches contrées de l'Inde; la cité des Doges se retrouve une des mieux situées sur la vivante diagonale.

En dehors de ses splendeurs officielles, que nul étranger n'omet de visiter, de ses palais, de ses cent églises, toutes remarquables à divers titres, Venise renferme mille beautés moins connues et à demi cachées qu'on ne découvre qu'à la condition de parcourir la cité en tous sens, à pied plutôt qu'en gondole. Il ne faut pas craindre, par exemple, de s'engager à l'aventure dans l'inextricable labyrinthe des rues et des ruelles, ni d'explorer les moindres recoins du *campiello* le plus retiré ou de la *corte* la plus obscure. Chaque maison, outre sa porte d'honneur et son escalier donnant sur le *rio* ou le canal, a, de l'autre côté, sur la *lista* ou la *calle*, une seconde entrée qui conduit au même vestibule. Selon que la voie d'eau ou celle de terre décrit plus ou moins de sinuosités, on peut ainsi, par un itinéraire ou par l'autre, arriver plus ou moins vite à un point désigné de tel *sestiere* ou quartier. De place en place, d'ailleurs, vous rencontrerez un *traghetto*, c'est-à-dire une station de barcarols, qui vous transportent pour quelques centimes d'une rive à une autre; en outre, des raies blanches, tracées sur les dalles des rues principales, vous indiquent au besoin la route à suivre pour vous rendre à coup sûr, soit à la place Saint-Marc, soit au Rialto et au chemin de fer.

Pas un quartier ne ressemble à l'autre; chacun a sa vie, ses habitudes, sa manière d'être à part. Un des plus curieux au point de vue de l'aspect et des mœurs, c'est, à l'ouest, le *sestiere* du *Canareggio*, ainsi appelé du canal principal qui le traverse. C'est le repaire des barcarols noirs, les *Nicolotti*, adversaires traditionnels des barcarols à bonnets et à ceintures rouges, qu'on nomme les *Castellani*, parce qu'ils habitent un autre quartier, celui du *Cas-*

tello. Là aussi est le *Ghetto*, l'ancienne juiverie vénitienne, pays

VENISE : LE GHETTO.

sauvage s'il en fut, mais d'un pittoresque achevé. Il faut le voir surtout quand, au jour des grandes fêtes d'Israël, l'étroite *calle* se transforme en un jardin vert, que d'une fenêtre à l'autre on étend des guirlandes de feuillage, et que de rouges tapis ornent les balcons.

Heureux Shylock! l'astre de la liberté s'est enfin levé pour lui à Venise. Il peut aller et venir à son aise, sans porter, comme jadis, la marque rouge au chapeau; il peut deviser en paix de l'époque lointaine où ses ancêtres n'avaient pas même le droit de hasarder leurs faces maudites hors de l'île de la Giudecca.

Si, sortant du Canareggio, nous suivons les stries de marbre blanc tracées sur les côtés de la *salizada* (c'est le nom qu'on donne à la rue, lorsqu'elle a une certaine largeur), nous atteignons la *Merceria*, qui aboutit à la place Saint-Marc; puis, s'il vous plaît de continuer à pied par la *Bocca di Piazza*, nous jetterons un regard au petit quartier de la *Frezzaria*. Que de victuailles s'y étalent à nos yeux! Quelle rangée de rôtisseries et de charcuteries, qui, toutes ensemble, et chacune à part, exhalent leur odeur *sui generis*!

Ce qui manque, cela va sans dire, dans tous ces *sestieri* du centre, — je ne parle pas de quelques humbles crucifères qui se font péniblement jour entre les pierres, — c'est la campagne, la verdure. Pour la rencontrer, il faut aller, le long de la rive des Esclavons, qui est le port de Venise, jusqu'aux *Giardini* ou jardins publics, créés en 1807 par Napoléon. Chemin faisant, on trouve l'arsenal, dont les énormes murailles, les bastions, les immenses darses, les chantiers couverts, les fonderies donnent une idée frappante de l'antique puissance navale de cette république qui, dès le IXe siècle, c'est-à-dire avant la Hollande elle-même, construisit des navires à trois mâts. Cet établissement n'a pas moins de deux milles de pourtour.

Deux lions de marbre en gardent l'entrée. Ils ont été rapportés d'Athènes au XVIIe siècle par François Morosini, le vainqueur de la Morée.

Quand au Giardino, c'est un magnifique terre-plein où s'élèvent, au milieu de haies verdoyantes et de parterres fleuris, des bouquets de platanes et de chênes qui se mirent fantastiquement dans la mer; de ce frais observatoire, on contemple à l'aise l'horizon d'azur et le semis nacré des grandes îles situées à l'entrée de l'estuaire vénitien.

L'eau potable est plus rare encore, à Venise, que la verdure; les innombrables citernes publiques et particulières de la ville sont surtout alimentées par les conduites établies sur le gigantesque viaduc de Mestre; on va aussi s'approvisionner au moyen de barques aux embouchures des fleuves voisins. La distribution dans les maisons dépourvues de réservoirs se fait par des porteuses d'eau, jeunes va-nu-pieds fort originales, coiffées l'été d'un chapeau de paille, qu'elles échangent l'hiver pour un chapeau de feutre. Elles sont presque toutes originaires du Frioul; on les désigne sous le nom de *Bigolante*.

III. — LA BANLIEUE VÉNITIENNE. — GHIOGGIA

BORDS D'UN RIO A VENISE.

Une grande île, le *Lido*, forme la digue naturelle de tout l'Archipel. Ce n'est autre chose qu'un long banc de sable, où l'on va l'été prendre les bains de mer; il s'y trouve quelques maisons, une église, des jardins. C'est sur cette grève, où s'ouvre une des entrées fortifiées de la baie, qu'il faut venir, le soir, contempler Venise au soleil couchant. Quelle féerie de couleurs présente alors la ville du Titien! Quels flamboiements indescriptibles projette cet entassement de tours, d'églises et de palais, qu'estompent les ombres les plus bizarres! Puis, quelle transition magique du crépuscule rouge à la nuit brune, quand s'éteignent tout à coup les réfractions de l'astre mourant! Les cimes dorées, qui nageaient tout à l'heure dans une moite vapeur, apparaissent soudain immobilisées sous la pure coupole du firmament; les unes s'y découpent en arêtes dures et tranchantes, les autres y enfoncent mollement leurs masses indécises; sur le tout monte une sorte de buée blanche, formée par le rayonnement des lumières au bord des canaux et au front des maisons et des édifices.

De l'autre côté du Lido, au levant, l'impression n'est pas moins grandiose. Là, c'est la vaste mer, avec ses tuméfactions et ses murmures. L'écume des lames déferle contre la dune; le sable crie sous vos pieds; une barque de pêche avec sa voile rousse passe, comme un fantôme, à quelques mètres du rivage, cherchant la passe de San Nicolo. C'est l'heure du flux : la clameur des vagues va grandissant de minute en minute; mais toute cette colère de l'Adriatique se brise dans un assaut impuissant contre le rempart qui protège la cité.

En deçà du Lido, au sud-est de Venise, se trouve l'île de Saint-Lazare; au nord, de l'autre côté de la passe, San Pietro et sa belle église; plus haut, les îles Saint-Michel et Saint-Christophe, qui servent de cimetière, de *Campo Santo*, à Venise, et où le peintre Léopold Robert a son tombeau; puis la populeuse Murano, célèbre par ses fabriques de verroteries, et enfin Torcello, la plus curieuse de toutes, avec sa cathédrale du VII° siècle et son beau temple byzantin de Santa-Fosca.

Mais l'excursion la plus charmante que l'on puisse faire avant de quitter Venise, c'est celle de Chioggia, île située à cinq lieues et demie environ au sud de la ville : deux heures de trajet par le bateau à vapeur qui part du quai des Esclavons. On file d'abord par le canal Orfano, au beau milieu de la *laguna viva*, comme on appelle, par opposition à la lagune côtière ou lagune morte, cette partie plus profonde et plus vive du grand lac vénitien qui avoisine les *lidi*; de là, on entre dans le canal San Spirito, à l'extrémité duquel se trouve l'entrée principale de l'estuaire, celle que prennent les navires d'un fort tonnage, le port de Malamocco. Après cette passe, protégée par une digue qui s'avance à une demi-lieue en mer, s'étend le lido de Pelestrina; là commencent les *Murazzi*, ces massives murailles en pierre d'Istrie, qu'on a établies de chaque côté de la dune pour en prévenir les dégradations et empêcher l'ensablement des chenaux : c'est au bout de ce rempart que se trouve Chioggia, le troisième port de Venise, au-dessous duquel le fleuve principal de la Vénétie, l'Adige, se jette dans l'Adriatique.

Chioggia, divisée en deux parties inégales par un rio qu'on nomme la *Vena*, et séparée du lido de Sotto-Marina par un canal large de plus d'un kilomètre, a été comparée pour la forme à un grand poisson de mer; l'épine dorsale est figurée par la rue ou plutôt par l'avenue centrale qui traverse la ville d'un bout à l'autre; les rues secondaires, à droite et à gauche, en sont les arêtes. Cette cité, qui, à cause de son importance stratégique, a joué un grand rôle dans les fastes militaires de Venise, est peuplée encore de vingt mille pêcheurs ou petits marchands. Elle possède une dizaine d'églises, sans compter la cathédrale, et un théâtre; c'est d'ailleurs le plus grand chantier de constructions navales de toute la côte.

Parti de Venise dans la matinée, vous y rentrez, enchanté de votre promenade, à l'heure où les arcades des Procuraties commencent à regorger de monde, et où la Tour de l'Horloge éclaire son cadran d'azur. Vous vous asseyez devant le café Florian, pour écouter derechef la musique en regardant aller et venir parmi les rangées de chaises les bouquetières et les colporteurs. Si, le lendemain, vous devez reprendre le train de Mestre, je ne sais trop à quel moment vous irez au lit cette nuit-là. Les bans de consommateurs se succéderont d'heure en heure; l'orchestre officiel cédera la place aux musiciens et aux chanteurs ambulants; des groupes sans cesse nouveaux de politiqueurs ou d'oisifs s'installeront sous les galeries; les gondoles disparaîtront l'une après l'autre; les *facchini*, éreintés, se coucheront pêle-mêle dans les encoignures e sous les portiques. Vous, vous serez toujours là, rêveur et charmé parmi la foule bourdonnante, et vous retarderez de minute en minute l'instant abhorré où il vous faudra redescendre enfin le perron luisant de la Piazzetta, pour ne plus, — qui sait? — le remonter peut-être de votre vie.

CHAPITRE III

LA PLAINE DU PO

I. — MILAN

On sait que la plaine lombarde, ancien golfe de l'Adriatique, est un terrain d'alluvion, composé de débris de toute sorte arrachés aux flancs des Alpes par les torrents, les glaciers et les avalanches. Aucune contrée de l'Europe, la Hollande exceptée, n'a été plus que celle-ci pétrie et renouvelée par les eaux. Des lacs qui se forment ou qui se vident, des rivières qui changent de direction, qui se rejoignent, ou qui, de cours d'eau tributaires, deviennent des fleuves indépendants, des alternatives bizarres d'atterrissements qui fécondent et d'inondations qui dévastent, telle est l'histoire physique de la grande vallée qu'arrosent le Pô et ses affluents.

C'est cette abondance d'eaux « intérieures », comme disent les Néerlandais, qui donne à la Lombardie son aspect et son caractère. Chacun des fleuves torrentueux et à rives plates qu'y envoient les inépuisables réservoirs des Alpes a dû être endigué par la main de l'homme, et cet immense système de levées (*argini*), qui embrasse une étendue de 1 200 000 hectares, exige, cela va sans dire, un entretien de tous les instants. Un trou de taupe qu'on néglige de boucher à temps, et voilà des villages entiers menacés de se voir engloutis. A la vérité, les habitants de cet antique estuaire marin, comblé par le colmatage naturel des rivières, sont nés ingénieurs et hydrauliciens, et l'incurie n'est point chez eux un défaut dominant. Ils n'excellent pas seulement à discipliner les cours d'eau, ils savent encore les ramifier à l'infini par un régime de canaux vraiment merveilleux. Dès le moyen âge, alors que le reste de l'Europe était plongé dans une épaisse ignorance des choses de la vie pratique, les Lombards s'occupaient d'assécher leurs plaines basses par des fossés d'écoulement, et de creuser des artères d'irrigation à travers leurs champs fertilisés. Ne sont-ce pas aussi les ingénieurs milanais qui ont inventé, au douzième siècle, l'art de surmonter, au moyen d'écluses, les ressauts du sol?

Aujourd'hui le pays est sillonné en tous sens par un lacis artificiel de cours d'eau et de rigoles auquel il semble impossible de rien ajouter. Le moindre ruisselet issu des montagnes est devenu partie constituante d'un gigantesque outillage agricole; chaque motte de terre susceptible d'arrosement est aménagée de manière à fournir son maximum de rapport; c'est la culture, c'est le jardinage poussés aux dernières limites du perfectionnement. Aussi Arthur Young, qui parcourait l'Italie à la fin du siècle dernier, pouvait-il dire, en parlant du splendide Opéra de Milan : « C'est la charrue qui subvient à tout ce luxe. »

La charrue et la bêche sont en effet les deux instruments magiques qui ont créé cette prospérité de la plaine lombarde, le pays de l'Europe, sans en excepter la France, où la propriété est le plus divisée. Sur cette terre, où une commune servitude a produit de bonne heure une sorte d'égalité, toute richesse sort directement du gras humus où chaque génération a, de bon cœur, enfoui ses capitaux. Les campagnes, coupées d'innombrables clôtures, présentent à l'œil des cultures variées à l'infini : ici, le pâturage alpestre; là, le hêtre et le châtaignier, l'olivier et la vigne; plus loin les céréales du Danube, le lin des Flandres, le maïs du Mississipi, le mûrier de Chine et les grandes rizières. Partout règne un air d'aisance et de contentement; on dirait, à ne prendre, bien entendu, que l'ensemble de ce plaisant « ménage des champs », le rêve idyllique de Sully réalisé au delà des monts. Tout village a pour avenue une belle route ombragée, avec un parapet de pierre le long du canal en bordure. Ajoutez que la Belgique seule présente une plus grande densité de population. Il est vrai que cet entassement d'habitants provient, dans la plaine du Pô, des groupements urbains plus que des campagnes. « La Lombardie, dit M. Élisée Reclus, est la partie de notre continent où les villes sont le plus pressées les unes contre les autres; il faut aller jusque sur les bords du

Gange et dans la *Fleur du Milieu* pour trouver de pareilles agglomérations humaines. »

La cité centrale et maîtresse de cette opulente région, c'est Milan.

De Venise, on y peut revenir par Mantoue, Crémone, Plaisance et Pavie. Mantoue, la ville des Gonzague, ou encore la cité Virgilienne, comme on l'appelait souvent au moyen âge, est, on le sait, la plus forte place du quadrilatère. Bâtie au milieu de lacs artificiels formés par le Mincio, qui la relie à Peschiera, elle n'attire point précisément par les agréments de sa position ; ses environs déploient par trop ce « manteau verdâtre des eaux stagnantes », dont parle Shakespeare en sa langue imagée. En revanche, elle a sa Cathédrale, son Palais-Ducal et surtout son fameux Palais du T, embellis par les splendides compositions de trois grands artistes. André Mantegna, Jules Romain et le Primatice. Crémone a ses violons, et de plus son Torrazzo, campanile haut de 121 mètres. Quant à Pavie, jadis rivale de Milan, aujourd'hui triste et déchue entre toutes les cités lombardes, elle ne doit plus qu'à son université un reste d'animation intermittente. Aux environs, sur la route même de Milan, se trouve la fameuse *Certosa* ou Chartreuse. Construit à la fin du quatorzième siècle, ce monastère passe pour le plus somptueux qui soit en Europe. Sa façade est un prodige de délicatesse sculpturale. Dans les cours intérieures, on remarque le Petit Cloître de la Fontaine, dont les arcades sont supportées par de légères colonnettes en marbre blanc et décorées de fort jolis bas-reliefs en terre cuite. Deux douzaines d'habitations à un étage, chacune avec jardin, règnent autour des portiques du Grand Cloître.

De Pavie on atteint Milan, en une heure environ, par le chemin de fer. Cette ancienne capitale de la Gaule Cisalpine est située au débouché naturel des deux lacs Majeur et de Côme, et compte près de 400 000 habitants, y compris son immense banlieue de faubourgs ou *corpi santi*. Trois canaux alimentent son commerce, qui ne le cède, comme importance, qu'à celui de Gênes ; ce sont : le *Naviglio Grande*, qui y amène par Abbiate les eaux du Tessin ; celui de la Martesana, achevé par Léonard de Vinci, et que l'Adda remplit au sortir du lac de Côme ; puis le canal de Pavie, qui porte au Pô le tribut des deux autres.

Milan est sans contredit la ville italienne qui a le plus travaillé et le plus souffert pour la cause de l'indépendance nationale. Une fable antique dit que le Pò ou Éridan a été formé des pleurs répandus par les sœurs de cet imprudent Phaéton qui paya si cher son apprentissage d'un jour comme automédon ; on pourrait aussi bien prétendre, et l'on resterait plus près de l'histoire, que le « père des fleuves » s'est enflé des larmes et du sang des peuples riverains. Milan a subi, pour sa part, une trentaine de sièges.

L'accroissement de sa puissance date du grand mouvement qui affranchit au XI° siècle les communes d'Italie. Elle prit alors la tête de la Ligue lombarde ; mais que de calamités lui attira son rôle glorieux ! La liberté italienne enfanta de terribles discordes. Ce fut d'abord une lutte à mort contre Pavie, la ville aux cinq cent vingt-cinq tours, qui était alors la plus florissante et la plus ambitieuse des cités du Pò, après Milan. Le moindre prétexte, une contestation sur le cours des eaux d'arrosement, et la guerre fratricide s'allumait. Les villes de la région circonvoisine ne manquaient pas de prendre parti ; Crème, Brescia, Parme, Modène marchaient d'ordinaire avec Milan ; Plaisance, Reggio, Lodi, Crémone, Novare épousaient de préférence la cause de Pavie. Et il fallait voir les brillants faits d'armes des guerriers rassemblés autour de leur *carroccio*. Le malheur était que l'ennemi commun et héréditaire, le chef du Saint-Empire, savait profiter à point de ces divisions.

En 1162, Frédéric Barberousse détruisit Milan, non sans appeler à la curée les cités rivales ; mais quelle revanche pour les Milanais quatorze ans plus tard ! Après sept siècles écoulés, le nom de Legnano sonne encore au delà des monts comme chez nous celui de Bouvines. La grande bataille en commémoration de laquelle les Italiens ont élevé récemment un monument national, fut livrée entre l'Olonne et le Tessin à l'armée impériale, descendue, avec la furie d'un torrent, par l'Engadine et le lac de Còme. Le courage de la « Cohorte de la Mort » et du « Bataillon du Carroccio » eut raison des phalanges tudesques. Pour longtemps, les républiques cisalpines se trouvèrent sauvées de l'étranger ; elles n'étaient pas sauvées d'elles-mêmes.

Des factions implacables surgirent bientôt du sol, tout fumant encore, et de la liberté reconquise. Sous ses tyrans indigènes, Milan

MANTOUE.

devient oppressive à son tour; c'est l'ère des *condottieri*, dont la race va se provignant des rivages tyrrhéniens à ceux de l'Adriatique. Les Visconti succèdent aux Torriani, les Sforza aux Visconti, jusqu'au jour où le Milanais, disputé comme une proie entre Charles-Quint et François Ier, échoit décidément à la maison d'Autriche, qui devait le garder, sauf un intervalle de dix ans (de 1805 à 1815), jusqu'à la paix de Villafranca.

Milan est une cité toute moderne, qui n'offre pas un caractère italien bien tranché; la plupart de ses anciens monuments ont péri en effet dans les guerres incessantes dont la plaine du Pô a été le théâtre. Son édifice le plus fameux, c'est le Dôme ou Cathédrale. Cette merveille de marbre ciselé s'élève sur une place carrée, à peu près au centre de la ville. Elle fut commencée, en 1386, par le premier duc de Milan, Jean-Galéas Visconti. Les riches carrières de Condoglio, près du lac Majeur, en ont fourni, depuis quatre siècles et demi, — car le bâtiment n'est même pas terminé, — les matériaux de granit et de marbre blanc.

On a reproché à cet étrange monument de n'être qu'un gigantesque bijou; on pourrait ajouter que les disparates de style n'y manquent point, et que la grande nef a quelque chose d'écrasé qui cause dès l'abord une impression déplaisante; mais tant de maîtres de l'œuvre, venus de tous les points de l'Europe, ont travaillé à cette masse architecturale, tant de ciseaux divers en ont fouillé successivement les bossages, qu'on n'y peut guère chercher la sévère unité de l'ensemble. Ce qui fait l'incomparable beauté du Dôme, c'est le fini des détails, l'inépuisable richesse de l'ornementation sculpturale, la multitude des terrasses et des escaliers, l'audacieux et svelte élancement de la pyramide centrale, autour de laquelle pointe et s'échelonne une forêt prodigieuse de tourelles, d'aiguilles, avec des statues en telle profusion que c'est par milliers qu'on les compte. Aussi, le soir, l'énorme édifice ressemble-t-il à un minaret.

C'est du haut de la plate-forme qu'il faut voir cet immense festonnement marmoréen, ces reliefs de fleurs entrelacées, ce fouillis de flèches aiguës, ces têtes d'anges, de saints et de dragons qui se détachent de toutes parts; c'est de là aussi que, par une claire journée de soleil, il faut contempler à l'horizon la chaîne des Alpes avec leurs majestueuses déclivités, qui, des cimes rocheuses ou glacées du

MILAN, COURS VICTOR-EMMANUEL.

Viso, du Grand-Paradis, du Mont-Blanc, du Splügen et autres, descendent, de contrefort en contrefort, de gradin en gradin, à travers les forêts de hêtres et de mélèzes, jusqu'à la plaine humide où s'alignent les plants de mûriers, et où étincellent, dans la verdure sombre, les blanches cités transpadanes.

Une autre curiosité de Milan, dans un genre tout différent, c'est la galerie Victor-Emmanuel, qui fait communiquer la place du Dôme avec le théâtre de la Scala, et dont la première pierre a été posée en 1865.

Il n'existe rien d'analogue dans aucune capitale de l'Europe. Qu'on se figure un passage vitré, une véritable rue couverte, avec une coupole médiane de cinquante mètres de haut et deux entrées monumentales à chaque bout. Sa longueur totale est de 200 mètres, sa hauteur minimum de 32.

Ce magnifique promenoir est coupé en croix, comme notre passage des Panoramas à Paris, par des galeries latérales qui aboutissent aux rues adjacentes. A l'octogone du centre sont les statues des Italiens les plus illustres, Raphaël, Dante, Savonarole, Arnauld de Brescia, Machiavel et Cavour, le grand patriote. Quand, le soir, les innombrables becs de gaz de la galerie, allumés instantanément dans la coupole par une petite locomotive circulaire, projettent leurs magiques étincellements sur la gigantesque verrerie des magasins et des cafés, et sur le pavé en mosaïques, on dirait d'un bazar d'Orient, d'une vision des *Mille et une Nuits*. C'est là et sur le cours Victor-Emmanuel, qui va jusqu'à la Porte de Venise, que se rassemblent les Milanais après le travail de la journée; c'est là qu'ils viennent flâner et s'amuser, avec ce mélange de gravité du Nord et de pétulance méridionale qui est surtout sensible chez ces *donne* corpulentes et aux regards noyés, dont la mantille retombe nonchalamment par devant sous la main qui tient l'éventail. C'est là enfin qu'on discute et qu'on politique à perte de vue, parmi la foule des vendeurs de journaux, qui parcourent les groupes animés en criant à tue-tête : *Nazione ! Perseveranza ! Fanfulla ! cinque centesimi !*

A gauche de la galerie, en regardant le nord, se trouve la place des Marchands (*Piazza dei Mercanti*), avec la Tour de l'Horloge; de l'autre côté, la place-square de la Scala, où l'on a érigé en 1872 la statue de Léonard de Vinci, entouré de ses quatre élèves, Marco d'Oggiono, Andrea Salaino, Cesare da Sesto et Beltraffio, dont le groupe représente l'époque la plus brillante de l'école de peinture milanaise. Le théâtre de la Scala, ainsi nommé parce qu'il fut bâti à la fin du siècle dernier, sur l'emplacement de l'ancienne église Santa Maria della Scala, est, on le sait, le plus vaste de la péninsule et offre place à près de quatre mille spectateurs. Les loges y sont disposées de manière qu'on y puisse, suivant l'usage italien, recevoir et causer à son aise comme dans un salon. Outre la Scala, Milan possède encore huit ou dix théâtres.

Quant aux églises, elles sont si nombreuses, qu'un *guide* même n'entreprendrait point de les énumérer. Deux d'entre elles sont à visiter particulièrement. L'une, Saint-Ambroise, fondée au quatrième siècle par le célèbre évêque dont elle a pris le nom, fut la première grande basilique de Milan : c'est là que les rois d'Italie recevaient le diadème ; c'est de son seuil que le prélat repoussa l'empereur Théodose après le massacre de Thessalonique ; c'est dans sa nef, enfin, que saint Augustin abjura ses erreurs. L'autre église, Sainte-Marie-des-Grâces, située vers la porte de Magenta, renferme les ruines d'un chef-d'œuvre, la fameuse *Cène* de Léonard de Vinci. Ajoutons que le *Corso* qui conduit à la *Porta Ticinense*, près du *Naviglio Grande*, offre une curiosité bien plus digne, à mon sens, d'être vue que l'Arc du Simplon ou le Jardin public : c'est la colonnade San Lorenzo, formée de seize piliers corinthiens qui tous proviennent de thermes romains, et dont il est déjà question dans Ausone. Le soir surtout, je ne sais quelle poésie étrange se dégage de ces beaux fûts de marbre, qui se dressent dans leur majesté vénérable à l'extrémité de la ville moderne, et dont l'image ne vous sort plus de l'esprit.

II. — TURIN.

Nous voici revenus, en suivant le Pô, dans le voisinage du mont Cenis, au débouché italien du grand tunnel de Modane-Bardonnèche.

Le Piémont, c'est le nom de ce territoire, où convergent tous les chemins traversiers des Alpes, du Mont-Blanc au premier chaînon des Apennins, appartient encore tout entier, sauf quelques torrents hivernaux, au bassin de l'Adriatique. C'est au milieu d'une vaste plaine, sur la ligne de la Doire Baltée au nord et du Tanaro au midi, que s'élève Turin (*Torino*), la ci-devant capitale du ci-devant royaume de Sardaigne. Centre naturel de commerce, *emporium* tout désigné, surtout à partir du jour où l'on commença de fréquenter régulièrement les nombreux cols qui dépriment l'hémicycle des monts voisins, Turin a fait, sous la branche cadette de Savoie, une fortune brillante et rapide, à laquelle la géographie n'a pas moins aidé que la politique.

La ville est bâtie au confluent de la Doire Ripaire et du Pô, sur un terrain de transport parsemé de fossiles, où se sont épanchés jadis de vastes courants glaciaires dont il subsiste des écroulements de moraines considérables. Annibal la brûla, dit-on, au passage, parce que ses habitants, les Taurini, ne voulurent point s'allier avec lui contre les Romains. Depuis cette époque lointaine jusqu'au moment où elle échut aux princes de Savoie, la vieille cité ne fit pas grand bruit sous le soleil. Elle prit véritablement pied dans l'histoire au moment où ces princes échangèrent leur titre de comtes contre celui de ducs, c'est-à-dire à la fin du quatorzième siècle. Nulle autre ville au monde ne s'est incarnée à ce point dans une dynastie. Longtemps, il est vrai, on ne sut trop de quel côté aurait lieu l'expansion définitive de cette maison de Savoie. Partie des gorges profondes de la Maurienne, elle était descendue des montagnes, le long de l'Isère et du Rhône jusqu'à Vienne et à Lyon, tout en pénétrant, par-dessus Genève, au cœur de l'Helvétie, jusqu'à Fribourg et jusqu'à l'Oberland bernois. Elle ne s'arrêta, sur ce versant des Alpes, que devant la puissance grandissante de la monarchie française et des cantons suisses.

État provisoire, fait et flanqué de pierres d'attente, le Piémont connut de bonne heure le prix du temps et les vertus résolutives de la patience.

Durant quatre siècles, il a couvé l'œuf d'où, avec l'aide des évènements, est sortie enfin la patrie italienne. Il a eu plus d'une fois des lueurs d'avenir aussitôt éteintes qu'allumées. N'était-ce pas à

ROUTE DE LA SUPERGA (TURIN).

lui, par exemple, que devait revenir le Milanais dans le *grand projet* prêté par Sully à Henri IV? A deux cents ans de là, par un singulier retour de fortune, Turin se voyait chef-lieu d'un département français. Depuis lors, quelle succession prodigieuse d'évènements! quel drame aux scènes précipitées que celui dont notre génération a été témoin!

Aux premiers pas qu'on fait à Turin, on se sent dans une ville d'action par excellence. Le peuple y a, comme l'air, quelque chose d'âpre et de vif, qui exclut le rêve au profit du fait. L'effort et le mouvement sont si bien l'essence des Turinois que, pour avoir cessé d'être capitale, leur ville n'a nullement déchu. Le départ de la cour et de tout l'attirail gouvernemental n'y a point laissé de vide sensible; les progrès de l'immigration et ceux du commerce n'y continuent pas moins d'aller leur train. Et pourquoi non? Le cultivateur piémontais élève comme devant ses vers à soie; les vignerons d'Asti, de Casale et d'Alexandrie font nonobstant leurs cuvées, et Gênes a toujours sa marine et ses oliviers.

La ville est neuve, toute neuve, bâtie en briques rouges; les rues se coupent à angle droit avec une régularité monotone; tout est aligné au cordeau; pas la moindre saillie, aucune disparité pittoresque; de ruines, nulle part. Il y avait, paraît-il, autrefois un reste d'amphithéâtre romain du temps d'Auguste; les Français l'ont détruit dès le commencement du seizième siècle, sous le duc de Savoie Charles III.

Si le visiteur, à Turin, ne se perd point au milieu des antiquités, il peut en revanche faire, presque dans chaque rue, un cours instructif d'histoire moderne. Tout ici est plein de la maison nationale de Savoie; partout reviennent les noms d'Amédée, de Philibert, d'Emmanuel, de Charles-Albert; n'oublions pas le comte de Cavour, auquel on a élevé, il y a trois ans, un monument qui le représente debout, avec l'Italie à ses pieds, lui offrant une couronne civique. Le point à peu près central de la ville est la place du Château, où aboutissent les rues les plus importantes, celles du Pô, de Rome, de Dora Grossa. Là se trouve le Palais Madame (l'ancien sénat), en briques tapissées de lierre, avec des jardins magnifiques ouverts à tout venant. Dans le voisinage sont les autres principaux édifices officiels, le Grand-Théâtre et le Jardin-Royal. Trois beaux

MONCALIERI, PRÈS TURIN.

ponts sont jetés sur le Pô, qui longe la ville à l'est, et un sur la Doire, qui la contourne au nord.

Les églises de Turin, bien qu'au nombre de plus de cent, n'offrent pas, à beaucoup près, le même intérêt que celles de la plupart des autres cités de la haute Italie; on peut visiter, si l'on en a le loisir, la Cathédrale, la Consolata, et surtout Madre di Dio, au delà de la rue et du pont du Pô, sur la rive droite; mieux vaut cependant aller tout droit au Palais de l'Académie des sciences voir le Musée égyptien et d'antiquités, un des plus riches qui soient au monde. La Galerie Royale des tableaux est établie dans le même édifice.

Les environs de Turin présentent quelques sites très beaux : tel est, au delà du Clos de la Reine (*villa della Regina*), le mont et l'église des Capucins, où l'on arrive par une route montante, et où est le tombeau du maréchal de Marchin; telle est surtout, à deux lieues environ de la ville, sur la rive droite du Pô, la Superga, véritable bois de Boulogne des Turinois, but ordinaire de promenade pour les cavaliers et les piétons. Là se trouve, à l'extrémité d'une magnifique avenue, un château construit par Valentine de Birague, et, au sommet du mont, d'où l'on jouit d'une vue splendide sur la plaine et les Alpes, un sanctuaire dont les galeries souterraines servent de sépulture aux princes de Savoie. Moncalieri, situé un peu plus au sud, au bord du Pô, sur le chemin de fer de Gênes, est encore un des lieux de villégiature les plus fréquentés de la banlieue turinoise.

CHAPITRE IV

LA COTE LIGURIENNE

1. — LA VILLE DE GÊNES

Des plaines padanes à la rivière ligurienne, on passe d'un monde à l'autre : non pas que la transition ne soit ménagée, et même doucement ménagée, au point de vue des niveaux orographiques, entre le grand hémicycle alpestre et l'arête côtière des Apennins; mais le contraste est complet, quant à l'aspect du pays et à la couleur des horizons. Adieu les plateaux gazonnés, les hautes sapinières, les lacs encadrés de verdure, les belles châtaigneraies et les longues rivières mugissantes! Adieu les épaisses floraisons qu'engendre l'humidité! Passé le col de la Bocchetta, le sol devient sec et pierreux; les angles du paysage s'accentuent. C'est la région préférée de l'oléandre, la terre d'où les grands oliviers tirent leur huile, le pays des âpres ravins, des falaises abruptes que presse, derrière l'étroit littoral, comme pour les jeter à la mer, le relief glabre de l'Apennin.

« Une mer sans poissons, des montagnes sans bois, des hommes sans foi, des femmes *senza vergogna*, voilà Gênes, » répétaient autrefois les ennemis et les envieux de la vieille cité. Dût ce dicton être pris au pied de la lettre, il n'en reste pas moins à la ville des Ligures cent côtés par où elle se sauve. Et d'abord, vu de la mer, le panorama qu'elle présente est d'une grandeur saisissante. Autour de son golfe profond, entaillé de nombreuses déchiquetures, elle étage en amphithéâtre ses hautes maisons et ses palais sur le flanc de collines escarpées, que dominent à l'arrière-plan des crêtes couronnées de forts. Le port, large d'une demi-lieue, est fermé en croissant par deux môles; c'est à la pointe San-Benigno, près du môle Neuf, à l'ouest, que s'élève le fameux phare appelé la Lanterne. Cette énorme colonne blanche est le premier objet que l'on aperçoit, au détour de l'ancienne route postale, en venant de Savone et de Nice. En même temps, les hauteurs voisines prennent ces formes anguleuses auxquelles on reconnaît les travaux du génie. Quelques pas encore, et vous êtes au faubourg Saint-Pierre, sous lequel passe aujourd'hui le tunnel du chemin de fer. Un large quai en demi-cercle s'ouvre à la Porte de la Lanterne; vous rangez les terrasses du Palais Doria, et tout à coup une muraille vous dérobe la vue de la mer; le quai se rétrécit, les maisons vous couvrent de leur ombre, et vous voilà perdu dans un dédale de rues étroites et obscures, où s'agite en tous sens une véritable fourmilière humaine.

Cette muraille de ronde, par-dessus laquelle pointent seulement des sommets de mâts, est formée d'une longue digue, dont la plateforme constitue une magnifique promenade, un peu analogue aux Terrasses de Nice. Les halles voûtées de l'intérieur servent à emmagasiner les marchandises qui arrivent de l'étranger, tant par terre que par mer; plusieurs portes sont percées dans ce rempart, pour l'embarquement et le débarquement des ballots.

L'activité du port de Gênes, bien qu'inférieure à celle des ports de Marseille et de Trieste, n'en représente pas moins près de la moitié du trafic maritime de l'Italie; les grands navires, voiliers et vapeurs, s'y comptent par centaines, et les petites embarcations ou allèges, par milliers. Beaucoup de bâtiments portent patriotiquement à l'éperon l'image de Christophe Colomb ou celle de Garibaldi. Un chemin de fer relié à la gare, que les Génois, plus avisés que les Marseillais, ont établie tout près du quai, entre les deux arsenaux, facilite au fur et à mesure le transport des denrées.

La ville se divise en deux parties, la ville basse et la ville haute. Dans la première, le centre principal des affaires est à la Piazza de' Banchi, où se trouve la fameuse Bourse génoise. C'est de ce poin que l'on a ouvert la belle rue *degli Orefici*. Plus bas, à la place Sarzane et vers le pont de Carignan (*Sotto il Ponte*), le quartier des marins et des pêcheurs a mieux conservé son caractère de laideur pittoresque. Ajoutons que Gênes est peut-être la ville d'Italie où les types populaires et le grouillement des vieilles rues présentent l'imbroglio le plus intéressant et le plus étrange. Rien de

GÊNES : PORTE DE LA LANTERNE.

curieux comme les figures et l'accoutrement de ces portefaix, débardeurs, muletiers, *facchini*, les uns nus jusqu'aux hanches, les autres vêtus seulement d'une chemise de laine bleue avec une ceinture nouée sur la culotte. Et quelles âcres senteurs s'exhalent de la *bettola* ou taverne, à l'heure où tout ce peuple en guenilles, délaissant les longues files assourdissantes de charrettes aux attelages d'ânes et de mulets, s'y enfourne pour déguster philosophiquement le fromage et la polenta. Notez que la plupart des rues de la ville basse, avec leurs maisons à sept et à huit étages, sont de véritables corridors où l'on circule en zigzag, sans presque apercevoir un pan de ciel bleu ; parfois, à l'angle d'une place minuscule ou au débouché de rues adjacentes, s'ouvre une échappée de vue sur la mer ; puis, derechef, la perspective est bouchée ; vous continuez de cheminer, et la rue se change en un escalier ou en une raide montée (*salita*), accessible seulement aux piétons et aux mulets.

Voulez-vous voir maintenant les quartiers de la ville neuve? Suivez, au sortir de la gare, l'enfilade des rues Balbi, Nuovissima et Nuova, qui aboutit à la place des Fontaines amoureuses (*Fontane amorose*), et, plus loin, à celle de Saint-Dominique, où s'élève le beau théâtre Carlo Felice. Là, édifices et population, tout est grandiose et luxueux ; ce n'est plus la démocratie tumultueuse et enfumée de charbon de terre que nous voyions s'agiter tout à l'heure, de la Darse à la place Sarzane, c'est le négoce, passé grand seigneur, qui mire sa gloire historique dans le marbre étincelant des palais.

Et quels palais ! Tous, grands et petits, sont du plus pur style toscan de la Renaissance, et en blocs veinés de Carrare ; tous, avec leurs portails énormes, leurs balcons, leurs balustrades, leurs cours exhaussées au-dessus du sol de la rue, leurs fontaines murmurantes au milieu de bosquets d'orangers fleuris et de superbes oliviers, leurs larges escaliers, leur succession de blancs portiques et le précieux carrelage de leurs galeries intérieures, donnent vraiment l'idée de la ville *superbe*, de la cité de *marbre*. Et tous ou presque tous vous offrent l'entrée libre ; c'est comme un reste du droit d'asile dont plusieurs jouissaient autrefois. Montez donc bravement au premier étage : au coup de sonnette, on vous ouvrira,

GÊNES : LE SOIR PRÈS DU MÔLE.

pour vous conduire dans ces merveilleux musées, qui ne le cèdent en richesses qu'à ceux de Florence et de Rome. Qu'on en a admiré de tableaux de maîtres, lorsqu'on sort de ces résidences quasi royales ! Et dire qu'il faut encore de l'attention de reste pour une douzaine d'églises au moins qui rivalisent de splendeur artistique avec ces palais ! Telles sont, entre autres, l'Annonciade (*Annunziata*), Saint-Ambroise, décorés à fresque par les frères Carlone; Sainte-Marie de Carignan; puis la cathédrale Saint-Laurent, où, soit dit en passant, l'on conserve des reliques, — celles, je crois, de saint Jean-Baptiste, — qui sont l'objet d'une dévotion d'autant plus fervente, que le Génois leur attribuait et leur attribue peut-être encore la vertu d'apaiser les tempêtes causées par le *sirocco*. Il suffit, paraît-il, de promener, à la fin du troisième jour, la châsse vénérée par les rues et autour du port pour que l'ouragan s'apaise dans la nuit : « ce qui, ajoute humoristiquement un voyageur, est un grand bienfait pour Nice, Toulon, Marseille et les autres villes du golfe du Lion, quoique fort éloignées de la paroisse. »

Gênes est, avec Venise, la ville d'Italie où l'on goûte le mieux le charme du soir. A l'heure où le grand phare s'allume, quand l'horizon circulaire des monts éteint ses dernières teintes purpurines et que la mer apprête ses jeux variés de phosphorescence, qu'il fait bon d'errer dans le voisinage du Môle et d'y aspirer les douces brises du ponant ! Quels tableaux ravissants et poétiques s'offrent aux regards du promeneur ! Là-bas, en travers de la baie, se dresse la silhouette fantastique de la Lanterne, qui projette son feu tremblant sur quelque grande voile au vent. La mer, tout à fait sombre dans le lointain, s'éclaire, à mesure qu'elle se rapproche, de longues stries blanchâtres que brisent de mille façons les reflets de la lune naissante. Parfois, sur une assise de rochers chaotiques, s'ébat une famille de pêcheurs, père, mère et enfants. L'homme, culotte retroussée, plonge un des petits dans la vague paisible et nourricière où d'innombrables générations de Génois ont trempé, dès le berceau, leur torse hâlé, tandis qu'un autre émerge de l'onde amie vers la mère assise les cheveux au vent, et qui tend avec un sourire son bras nu au jeune baigneur.

Outre ses môles, la ville ligure possède deux belles promenades intérieures : l'une est l'Acqua Verde, située à la naissance de la rue

Balbi, devant la gare; là s'élève la statue, en marbre blanc, du plus illustre des Génois, celui dont ses compatriotes n'ont pas su deviner à temps le génie : Christophe Colomb. L'autre, l'Acqua Sola, est un haut plateau, orné d'arbres et de fontaines jaillissantes, à l'extrémité opposée du quartier neuf; piétons et voitures y arrivent au moyen d'escaliers et de rampes douces, et, de ce monticule, l'œil plane au loin, par-dessus les toits et les bastions, sur les plaines frissonnantes de la mer Tyrrhénienne.

II. — LA RIVIÈRE DU PONANT

On appelle Rivière du Ponant la partie du littoral méditerranéen qui court de l'est à l'ouest, vers Savone et Nice. C'est par cette côte, en sens inverse, bien entendu, que les voyageurs qui ne veulent ni franchir les cols des Alpes, ni s'engouffrer dans les ténèbres du grand tunnel, doivent aller de France en Italie. C'est par là que, pour la première fois, il y a déjà bien des années, j'ai moi-même touché le sol italien. Est-il au monde une plus belle route que ce chemin en corniche qui tord, abaisse et relève ses spires fantastiques le long de la mer toute bleue, au travers d'une végétation quasi tropicale?

Une légende, qu'on aime fort à raconter sur ces rives bénies, prétend qu'Adam et Ève, sortis tête basse du paradis après leur désobéissance, errèrent longtemps vers le couchant, sans trouver sur la terre déserte aucun endroit qui les invitât à planter leur tente. Enfin, lorsqu'ils eurent atteint l'extrémité occidentale du golfe de Gênes, ils s'arrêtèrent émerveillés, croyant retrouver l'image de l'Éden perdu. On ajoute que notre mère Ève, qui, déjà sujette à récidive, avait dérobé, avant de franchir le seuil du paradis, un magnifique citron, pour le donner au pays du globe qui lui paraîtrait le plus beau, le lança sans hésiter sur une terrasse de Menton. Depuis lors, les fils d'Ève se sont partout multipliés, un peu à tort et à travers, sous la brume comme sous le soleil, au nord non moins qu'au midi; quant aux citronniers, plus difficiles que les hommes, ils n'ont fait souche que là où le sol et le climat leur rappelaient les splendeurs premières du paradis; et il faut croire qu'à ce point de vue le littoral mentonnais n'a point dégénéré depuis six mille ans — date biblique — car sur ce seul point de la côte on récolte tous les douze mois plus de quarante millions de citrons.

Mais laissons la légende, et revenons en deçà du déluge.

Une chose frappe tout d'abord au sortir de Gênes : c'est l'interminable prolongement de ses faubourgs sur la ligne serpentine du golfe. Arrêtée dans son développement en largeur par le rempart escarpé de l'Apennin, la ville s'est effilée comme un mince ruban sur

SCÈNE DE LA RIVIÈRE DE GÊNES.

une étendue de plusieurs kilomètres. Nulle autre au monde ne projette une semblable banlieue côtière de gros bourgs populeux et industriels, alignement unique de maisons, de fabriques, de chantiers maritimes, où vingt et trente navires à la fois sont en construction. Rien ne rompt la continuité de ce quai vivant et bruyant; ses tronçons se rejoignent obstinément, comme ceux d'un reptile, à travers les lits de torrents, les creux de ravins et par-dessus les éperons rocheux des promontoires : San Pier d'Arena, Sestri, Pegli, Voltri sont ainsi reliés entre eux et paraissent presque ne former qu'une seule agglomération finement laminée.

Il fallait voir, il y a quelques années, avant que le chemin de fer de Toulon à Nice eût été poussé jusqu'à Gênes, quelle animation régnait sur cette route de la Corniche. Quel va-et-vient de diligences et de vetturini, quel bruit joyeux de grelots et de coups de fouet! Qu'on se figure les ravissements du voyageur, durant la longue succession des relais, sur ce chemin merveilleux qui se déploie en lacet de golfe en golfe, de cap en cap, variant sans cesse les profils et les couleurs, découvrant à chaque courbe bourgs nouveaux et villas nouvelles, ici juchés au front d'une colline abrupte, là se laissant choir à mi-côte, comme attirés par le miroir scintillant de la baie, ailleurs blottis dans un repli mystérieux du sol, parmi les bouquets d'oliviers, d'aloès et de citronniers!

Il va sans dire que la voie ferrée, qui, en tout pays, n'a guère souci de la perspective, mutile ici singulièrement les aspects. Au moment même où le décor se déroule dans toute sa splendeur, elle vous coupe brusquement l'optique pour plonger dans l'odieuse ornière d'une tranchée ou s'abîmer dans un tunnel; cette mauvaise plaisanterie se répète, de Gênes à Nice, une centaine de fois. Malgré tout, ces brutales transitions, ces alternatives de nuit noire et de paysages ensoleillés ont aussi leur charme. Vous perdez plus ou moins longtemps la suite du panorama, mais quelle revanche pour vos yeux, quand le train, émergeant de la tranchée ou du souterrain, vous restitue tout à coup la vision à peine effleurée! Quelle série de raccords délicieux et inattendus! Si le touriste qui chemine à pied sur la vieille route savoure la jouissance par le menu et se régale analytiquement des beautés environnantes, vous, de la banquette de votre wagon, vous en saisissez tout au moins la fleur, et votre plaisir, plus synthétique, est mêlé d'une certaine fantasmagorie. A tel moment, la voie serre de si près la mer que l'écume du flot a l'air de lécher les roues; à tel autre, elle traverse une crique, et il vous semble, en regardant par les deux portières, que vous courez sur la crête même des vagues azurées; puis, une minute après, la Méditerranée paraît fuir loin de vous, ou s'abaisse comme résorbée par quelque gouffre invisible. Deux ou trois mouvements respiratoires de la mugissante locomotive ont suffi pour produire ces changements à vue.

Passé Albissola, patrie de Jules II, on arrive à Savone, dont on contourne la baie bordée d'une ligne continue de maisons. Cette petite ville, qu'un chemin de fer, celui de Brà, relie directement à

Turin, a menacé jadis de faire concurrence au commerce de Gênes ; celle-ci a coupé le mal dans sa racine en comblant tout simplement le port : c'était au temps où « chacun pour soi » était la maxime de tout bon municipe italien.

Plus loin, voici Albenga, et, en face, au milieu de la mer, un îlot rêveur : c'est Gallinaria ; pas une âme n'y habite, elle a perdu jusqu'à la colonie de poules sauvages qui lui a valu autrefois son nom. Après de nombreux tunnels, le chemin de fer reprend le bord de la plage pour atteindre le bourg pittoresque de Laigueglia, sillonné de ponts aériens. Quelques kilomètres plus loin, la côte, qui depuis Voltri courait au sud, s'infléchit mollement à l'ouest, vers Oneglia et Porto Maurizio, deux villes jumelles, pour ainsi dire : la première fut la patrie d'André Doria, la seconde est surnommée la « Fontaine d'huile ». La partie du littoral qui commence ici fournit, avec Gênes, les meilleurs marins de la Rivière du Ponant. Encore quelques tours de roue, et vous apercevez de gigantesques palmiers : c'est San Remo, dominé par ses trois grandes églises, une des stations d'hivernage les plus fréquentées de la côte. Sa baie profonde, abritée des mauvais vents par deux caps rocheux, est le centre d'un commerce relativement très actif ; la ville basse n'y est qu'une suite de palais et de villas ; aussi n'est-ce point celle-là que le touriste devra visiter, c'est le dédale de ruelles étroites, d'escaliers bizarres et d'arcades volantes de la ville haute ; Gênes et Venise n'ont rien de plus original comme aspect.

Des palmiers, toujours des palmiers ; en voici toute une forêt : on se croirait en Asie ou en Afrique ; on regarde machinalement si l'on ne verra pas quelque file de dromadaires déboucher soudainement d'une oasis. A gauche, le long de la mer, une plaine de sable ; çà et là, un refuge agreste, parmi des buissons d'aloès et de cactus ; à côté, tout à fleur de terre, une *noria* (puits) ; puis des groupes d'enfants déguenillés qui jasent accroupis à l'ombre, car c'est l'heure de la méridienne... A ce moment, la gueule d'un tunnel vous ressaisit corps et âme ; à cinq reprises, coup sur coup, vous êtes happé, inhumé vivant par l'horrible tube. Patience ! La merveille de la Méditerranée, Bordighera, vous attend au sortir du gouffre.

La merveille, ce n'est pas, bien entendu, cette laide et prosaïque rue de la *Marina*, près de laquelle le train s'arrête; non, c'est la colline que l'on aperçoit au-dessus; c'est le labyrinthe de rues escarpées qu'enveloppe une indescriptible floraison de plantes tropicales; c'est surtout ce féerique jardin Moreno, flore unique,

BORDIGHERA.

assemblage sans pareil de végétaux rares, d'arbustes, de bambous et d'arbres, auquel chaque partie du globe a fourni son tribut. Quel prodigieux massif de palmiers, à la svelte tige, élançant leur panache flabelliforme jusqu'à 25 et 30 mètres de hauteur! Une vraie futaie brésilienne des rivages vierges du Madeira.

En avant! Voici le torrent de la Nervia. Dans la vallée qui dessine à droite son sillon il y a encore de petits paradis : Campo Rosso, Dolce Acqua, Isola Buona et Pigna ; mais le moyen de tout voir, si l'on veut tout voir en détail? A Vintimille (*Ventimiglia*), où se trouve la douane, vous commencez de respirer le souffle de France ; puis, au sortir du tunnel des Roches-Rouges où les morsures de la mer ont creusé de bizarres cavités, vous arrivez à Menton, la station hivernale fameuse, derrière laquelle s'avance dans la mer l'État lilliputien de Monaco.

III — LA RIVIÈRE DU LEVANT

Immédiatement au-dessus de Gênes, la chaîne des Apennins présente une dépression — le col de Giovi — par laquelle passe l'unique voie ferrée qui relie directement le grand port ligure à la plaine du Pô. A partir de là, le massif principal des monts s'écarte sensiblement de la mer ; l'écartement, jusqu'à l'endroit où commence l'Apennin toscan, vers Pontremoli, atteint bien une dizaine de lieues ; en revanche, des chaînons secondaires se détachent du grand relief, dans la direction du rivage, et projettent en mourant un certain nombre de promontoires, d'une importance inégale, mais tous admirables d'aspect et de fertilité.

C'est cette irradiation de contreforts qui donne précisément son caractère original à cette partie du littoral génois, qu'on appelle par opposition à l'autre la Rivière ou côte du Levant.

Le chemin de fer de Gênes à Pise n'est, comme celui qui mène à Nice, qu'une pittoresque enfilade de ponts, de viaducs, de tranchées, de tunnels, avec des échappées de vue délicieuses sur la mer et sur les montagnes; c'est la même succession de ravins et de torrents, la même série d'intumescences rocheuses et de molles déclivités couvertes d'une végétation aux couleurs demi-tropicales; le même chapelet de bourgs et de petites villes égrené le long de la rive, et figurant, au sortir de Gênes, sur une étendue de 20 ou 25 kilomètres, un véritable faubourg maritime. Tels sont Albaro, Sturla, Quinto, Nervi; après quoi l'on atteint Rapallo, dont la population (10 000 habitants) se compose en majeure partie de pêcheurs de thon, d'oursin, d'éponge ou de corail, le quadruple élément de récolte marine dans le bassin méditerranéen.

Comme nous passons, de nombreuses barques sillonnent justement la baie. En voici une, tout près du rivage, qui nous livre le secret de sa vie intime. Sous la voilure retombante et toute chiffon-

LA SIESTE A BORD D'UN BATEAU PÊCHEUR.

née, nous apercevons l'équipage entier accroupi ou couché entre les bordages : c'est l'heure de la sieste; on vient d'achever le repas de midi, et l'on se dispose à dormir en rêvant de captures fabuleuses, de scombes à crever les mailles ravaudées de la veille. Bonne chance, pêcheur! Réalité et songe ne sont un, hélas! Puisses-tu du moins jeter longtemps le filet d'une main gaillarde, et te souvenir d'un proverbe du Ponant, qui n'est pas moins vrai aux rives levantines. « Vieillesse vient tard aux gens de petite maison qui vivent en suffisance! »

La voie ferrée, longeant le golfe par une série de tunnels et de viaducs, passe à Chiavari, puis à Lavegna, puis à Sestri di Levante, autre ville de pêcheurs; de là elle décrit une longue courbe pour franchir un chaînon de l'Apennin, et atteint enfin la Spezia.

Tout le monde connaît l'importance géographique de cette admirable baie, assemblage de sept ports, parfaitement à couvert des vents et pouvant contenir des flottes immenses. Ce qui frappe tout d'abord le voyageur, c'est la quantité de forts, d'arsenaux, de chantiers qui bordent le golfe. Le gouvernement italien reprenant, en effet, l'idée de Napoléon Ier, a résolu de faire de la Spezia le grand havre militaire de la Péninsule.

Le golfe découpe une échancrure de plus de deux lieues de profondeur. Une double projection de l'Apennin, courant à peu près parallèlement du nord au sud, en domine l'une et l'autre rive. Aussi la Spezia possède-t-elle un établissement de bains de mer très fréquenté, non seulement par les Italiens, mais encore et surtout par les Anglais. Le beau bassin n'ayant d'ouverture qu'au midi, on s'y trouve, sept mois de l'année, comme dans une sorte de serre naturelle. Rarement la tramontane y pénètre par-dessus la chaîne de l'Apennin. En revanche, le *sirocco* y apporte souvent son souffle redouté.

Sur la plage, à côté de l'hôtel de la *Croce di Malta* (Croix de Malte), là où autrefois poussaient le jonc et d'autres plantes paludéennes, verdoie un jardin (*boschetto*), avec des orangers qui atteignent la hauteur des plus beaux pommiers de Normandie. Le palmier, l'agavé, le figuier d'Inde prospèrent à merveille sur cette côte, qui offre, à certaines places, la couleur et l'aspect d'un paysage africain.

Les environs sont très animés; les villages, aux maisons versicolores, ont cet air de gaieté propre aux campagnes ligures et toscanes. Si le bourgeois de la ville paraît avoir adopté décidément le costume français, le *contadino* (paysan) et le *popolano* (homme du peuple) n'ont pas encore dépouillé toutes les pièces de l'accoutrement national. Ils sont surtout demeurés fidèles au bonnet, généralement de couleur voyante, qu'ils inclinent volontiers sur l'oreille ou vers le nez. Les paysannes, elles, ont par-dessus tout l'amour des fleurs; vieilles et jeunes, laides et belles s'en parent communément les cheveux, et les corolles les plus éclatantes sont l'appendice préféré de leurs chapeaux de paille à forme plate.

Les bêtes elles-mêmes semblent assujetties au port de ce riant signet, et il n'est pas rare de rencontrer, par un sentier de la montagne, toute une file d'ânes et de mulets ou un attelage de bœufs blancs aux cornes noires traînant le rustique chariot du pays, le chef orné d'un diadème naturel ou artificiel, aux pendeloques les plus singulières.

Quant aux femmes de la bourgeoisie et du peuple, elles s'enveloppent d'ordinaire la tête du petit voile noir vénitien ou du grand voile blanc (*mezzaro*) en usage parmi les Génoises.

Le golfe de la Spezia mérite d'être visité dans ses moindres replis. L'une et l'autre rive sont pleines de souvenirs historiques, et aussi de curiosités naturelles. L'extrémité de la rive occidentale, qui s'étend à plus de 10 kilomètres de la Spezia, est formée par le promontoire de Porto Venere, magnifique assise de rocher en marbre noir. Là s'élevais jadis — je parle de plusieurs siècles avant notre ère, — un temple de Vénus. Sur les ruines du sanctuaire païen fut bâtie, au XIIe siècle, une église dédiée à saint Pierre. Le culte du pêcheur galiléen a passé comme celui de l'*alma genitrix;* les ruines des deux édifices gisent aujourd'hui à terre, et leurs débris se confondent si bien, qu'il faut l'œil exercé de l'archéologue pour discerner ce qui appartient à l'antiquité ou au moyen âge, et faire la part de l'une et de l'autre architecture.

Sur le littoral opposé de la baie se trouve la localité la plus importante de tout le pourtour après la Spezia : la ville et le port de Lerici, dont on fait remonter l'existence à l'époque pélasgique. Les nombreuses cavernes que possède le golfe auraient même, suivant la tradition, servi de séjour, durant l'âge de pierre, aux premiers habitants de l'Italie.

De ce côté-ci du bassin, la projection péninsulaire se termine par une masse de roches noires et volcaniques, qui doit son nom bizarre de promontoire de la Lune au souvenir de la ville tyrrhénienne de Luna ou Luni, située jadis à l'embouchure de la Magra, rivière qui sépare ici la Ligurie de l'Étrurie et qui forma même, jusqu'au temps d'Auguste, la limite politique de l'Italie. Autrefois le voyageur franchissait sur cette côte, dans une seule étape, trois territoires, trois États distincts, et se voyait obligé d'exhiber coup sur coup son passe-port à trois bureaux de douane différents : Lucques était terre toscane, Massa-Carrara possession de Parme, la Spezia et Sarzana, pays génois.

C'est là aussi que passait le grand chemin qui conduisait de Rome dans les Gaules, jusqu'à la ville d'Arles : la voie Aurelia.

Les hordes des barbares suivirent naturellement cette route pour envahir l'opulente et douce région qui avait allumé leurs convoitises. La pauvre Luna en pâtit. Déjà détruite une première fois par l'ennemi du sud, le Romain, quand celui-ci eut achevé la soumission des peuples étrusques, elle le fut derechef, et au plus ras de terre, par l'ennemi du nord, sur le passage duquel elle eut le malheur de se trouver.

La cause qui avait fait autrefois la fortune de cette petite ville n'a pourtant point disparu ; Luna était le port d'entrepôt des marbres que les Romains extrayaient des riches carrières du pays. Les montagnes d'alentour ont toujours leurs carrières, que l'homme exploite plus que jamais ; ce qui a tué définitivement Luna, ce qui l'a empêchée de renaître de ses cendres, comme telle autre ville, jadis prospère, de la Péninsule, c'est un fait tout physique : l'embouchure de la Magra s'est ensablée. Cette obstruction est-elle due à un soulèvement de la côte ou aux alluvions du fleuve lui-même ? Peu importe : ce qui est certain, c'est qu'il existe aujourd'hui entre l'ancienne ville et la mer une plage de 1200 mètres au moins d'étendue et tout un barrage de galets. Seules, quelques ruines, entre autres un reste d'amphithéâtre, conservent une trace matérielle de la cité disparue. Celle-ci revit encore, plus idéalement il est vrai, dans ce nom de *Lunigiana* que porte, en mémoire d'elle, la partie inférieure de la vallée de la Magra. En haut de ce défilé se trouve Pontremoli, avec la trouée des Apennins ; en bas, dans un site enchanteur, la petite ville de Sarzane (8000 habitants), entourée de murailles et de bastions. En continuant vers le sud, le long du rempart côtier des Alpes Apuanes, nous entrons dans la province italienne qu'on appelle l'Émilie.

CHAPITRE V

L'ÉMILIE

I. — LA RÉGION DU MARBRE

La province d'Émilie doit son nom à l'ancienne voie Æmilia, qui la traverse diagonalement du nord-ouest au sud-est. Cette route stratégique, construite par le consul Lépide, était autrefois la grande artère de jonction entre l'Italie centrale et la plaine du Pô.

L'Émilie n'a qu'une pure unité administrative. Formée de régions singulièrement diverses, que ni la géographie, ni l'histoire, ni les mœurs, ni les affinités de trafic ne relient entre elles, elle représente un ensemble mille fois plus disparate que ne le serait en France une agrégation composée de morceaux pris à la Bretagne, à la Normandie et à la Touraine.

Au nord, elle est à cheval sur l'Apennin, véritable épine dorsale de la Péninsule, comme l'était lui-même l'ex-duché de Modène, une de ses parties constituantes. Elle comprend en effet, à gauche du col de Pontremoli, le pays de Massa et de Carrara, qui n'est que le prolongement naturel de la Toscane; à droite, elle remonte jusqu'au cours du Pô, englobe en écharpe, des deux côtés du Modénais, les duchés de Parme, de Plaisance, puis Ferrare, Bologne, et finit à l'Adriatique, à l'ancienne ville d'*Ariminum* (Rimini).

Visitons d'abord rapidement la partie de cette bizarre province que j'appellerai la région du marbre.

C'est à trois lieues environ au-dessous de Sarzane, par le chemin de fer, qu'on rencontre la première ville de carrières, Carrara. Elle est située dans le défilé des Alpes Apuanes, au débouché de plusieurs vallons disposés comme les branches divergentes d'un éventail. On devine aisément, à l'approche de cette cité de marbriers, quelle est l'industrie du pays. De toutes parts, sur les routes, on n'aperçoit que lourds véhicules, aux roues basses et massives, attelés d'une ou de plusieurs paires de bœufs, qui charrient en gémissant de gigantesques blocs tabulaires. Ces cubes précieux proviennent des montagnes environnantes. Celles-ci, qui n'ont pas moins de 8 kilomètres d'étendue, sur 700 ou 800 mètres d'altitude, sont exploitées depuis vingt siècles. L'extraction, le transport, le sciage, la taille emploient près de quatre mille ouvriers. Le marbre, brut ou travaillé, est embarqué presque sur place, à la *spiaggia* (plage) d'Avenza, ainsi appelée de la bourgade voisine, Avenza, une des stations de la voie ferrée, reconnaissable à son vieux château fort avec tourelles, construit, au XIVe siècle, par le capitaine lucquois Castruccio Castracani.

A cette *marina* — comme disent les Italiens — aboutit la petite rivière du Carrione, formée par la réunion de plusieurs ruisseaux, tous issus des montagnes de marbre. Les carrières ouvertes sont au nombre de soixante-dix ; de la base au sommet, tout est *marmo*. Les principales sont celles de Ravaccione, Fantiscritti et Colonnata. Michel-Ange avait eu, dit-on, la pensée de tailler je ne sais plus laquelle de ces sommités en forme de phare colossal, pour guider en mer les navigateurs.

Rien de plus étrange, comme aspect, que ces énormes excavations dont les rictus béants s'étagent à toutes les hauteurs. Les susdits chariots à bœufs s'y croisent en files processionnelles. Les gorges retentissent du matin au soir du bruit des coups de marteau ou du grincement des scieries. Toutes les machines sont mues économiquement par l'eau des torrents.

La ville, qui a près de vingt mille habitants, n'est qu'un vaste entrepôt de marbrerie. Édifices publics, théâtres, églises, tout a pour substance le précieux calcaire. Les professeurs de sculpture fourmillent ici, comme ailleurs les *facchini* et les porteurs d'eau. Il y a les cours faits à l'atelier, puis ceux de l'École des beaux-arts, au-dessus de laquelle est l'Académie, qui abonde naturellement en modèles antiques et modernes. L'homme le plus célèbre de Carrare est pourtant un économiste, Rossi.

Chaque maison est un atelier ou quelque chose d'approchant. Voulez-vous des Vénus de Milo ou de Médicis? Choisissez : c'est au

UNE FONTAINE A CARRARE.

juste prix. Aimez-vous mieux une statue de Diane, d'Hercule, de Bacchus, de Mercure? A votre aise. Tout l'Olympe antique est là qui vous sollicite; fixez le geste et l'expression : le magasin contient toutes les nuances, toutes les inflexions de la plastique. Je ne parle pas des objets plus vulgaires : chambranles de cheminée, vasques, baignoires, balustrades, etc.

Quelques kilomètres seulement, toujours par la voie ferrée de Pise, séparent Carrare de Massa. Cette dernière ville, arrosée par le Frigido, que le train franchit sur un pont d'une vingtaine de mètres, ne vit également que de l'exploitation des carrières situées dans les contreforts environnants. Le marbre qu'elle en tire est plus varié de couleur que celui de Carrare; il y a notamment des produits blancs et veinés que l'on prise très haut dans le commerce; mais l'extraction en est moins active et plus malaisée, à cause de l'extrême altitude des excavations et de l'insuffisance des chemins.

Quelques tours de roue encore, et nous touchons à Pietra Santa, puis à Viareggio, dernière étape de notre excursion sur cette partie de la côte tyrrhénienne. A gauche se trouvent les fameuses carrières de l'Altissimo (altitude 1800 mètres), d'où proviennent les colonnes monolithes de la façade du nouvel Opéra de Paris. On peut aller les visiter en voiture de l'une ou de l'autre des stations susnommées. D'ordinaire on se rend, pour cette visite, à Seravezza, au confluent de deux petits ruisseaux qui roulent jusqu'à la mer leurs eaux confondues sous le nom de Versilia.

Je me souviens qu'un soir, après avoir quitté le train qui arrive à Pise vers neuf heures, je fus témoin, sur ce littoral lucquois, d'un spectacle à la fois grandiose et sinistre. Un navire, c'était, je crois, un schooner, flambait sur les flots, non loin de l'embouchure du Serchio. La tour qui s'élève à l'entrée du fleuve était toute frangée d'une vapeur rougeâtre; de temps à autre, sa tête pointait par-dessus cette buée frissonnante, et, comme le vent soufflait de la mer, la fumée s'en allait, en torsades brisées, vers les monts lointains qui dressent leur rempart bleuâtre entre Lucques et Pise. On discernait vaguement sur la nappe liquide un va-et-vient d'embarcations près du bâtiment incendié; parfois même on apercevait des formes humaines qui s'agitaient comme de véritables diables d'enfer autour de la zone d'embrasement. D'autres chaloupes semblaient quitter, à force de rames, le petit port de Forte de' Marmi, où se fait l'embarquement des marbres de la région. Je ne pus voir, pour ma part, la fin du drame, car le conducteur d'un *calessino* que je devais prendre à heure fixe vint interrompre ma contemplation au moment le plus pathétique.

La campagne italienne offre ici une variété d'aspects infinie. La plaine qui avoisine la mer est admirable de végétation et de culture : céréales, vignes, prairies, orangers, oliviers, bois de chênes et de châtaigniers y forment un fouillis étrange, où toutes les couleurs se marient dans un ondoiement qu'on ne peut décrire : « Vous croiriez voir l'Élysée de Virgile, » a dit Michelet. A quelques étages plus haut dans le défilé, on trouve le hêtre; plus haut encore, c'est la mélancolique région où croît la bruyère. Çà et là, aux pentes des monts, s'accrochent les humbles villages où habitent les mineurs. Une dure existence, je vous l'assure, que celle de ces ouvriers de la *cava!* Le voyageur, lui, ne voit ici que les splendeurs d'une nature féconde. Les bruits mêmes du travail, y compris l'affreux grincement des meules tournantes, lui semblent se fondre dans l'immense harmonie de l'air ambiant. Mais que reste-t-il de cette poésie pour l'ilote qui supporte, douze mois durant, le poids du jour dans les âpres crevasses du Giardino ou de la Polla?

II. — LA VOIE ÉMILIENNE

Rétrogradons maintenant au nord, vers un autre district émilien.

De Plaisance à Rimini, c'est-à-dire des bords du Pô médian aux rivages de l'Adriatique, le chemin de fer ne fait que suivre l'ancienne voie Émilienne.

Que de souvenirs se dressent de toutes parts sur cette route ! Que de pages dramatiques l'histoire a gravées là, sur ces dalles, depuis deux mille ans !

Le train parti de Milan vient de dépasser Lodi, la vieille cité boïenne renommée aujourd'hui pour son jaune fromage, et non loin de laquelle fut livrée, en 1796, cette fameuse bataille du pont de l'Adda, entre Français et Autrichiens. Voici Codogno, où descendent de voiture les voyageurs qui se rendent à Crémone ; trois lieues encore, et nous sommes à Plaisance.

Ce n'est pas une chose absolument merveilleuse en soi que d'aller à Plaisance. Plaisance est une ville sur le Pô, qui a un *corso* ou *stradone* — la « grand'rue » de nos villes de province — un palais communal, une cathédrale, et pas mal de mendiants. Le moyen âge l'a vu piller et saccager ni plus ni moins que n'importe quelle autre cité italienne. Aujourd'hui elle ressemble assez à un homme effroyablement amaigri, qui aurait gardé le vêtement qu'il portait aux jours de son embonpoint ; l'enceinte et les rues sont visiblement trop grandes pour le nombre des habitants.

A Plaisance, ou aux environs, est né un petit clerc sonneur de cloches qui, sous le nom de Jules Alberoni, a gouverné tant bien que mal toutes les Espagnes. Un va-nu-pieds qui devient cardinal, un fils de jardinier que la faveur transforme en ministre, cela n'a rien de fort émouvant. Ce qui saisit l'imagination près de Plaisance, c'est la Trébie. Cette petite rivière, descendue de l'Apennin en deçà du col de Giovi, se jette dans le Pô, à trois quarts de lieue environ à l'ouest de la ville. Là s'est accomplie, plus de deux siècles avant notre ère, une des grandes passes du duel le plus opiniâtre que l'histoire ait enregistré.

Après avoir repoussé le premier choc des flottes de Carthage et mis fin à la terrible guerre « inexpiable », Rome venait de franchir le Pô pour la première fois, et de porter, au travers du pays des Insubriens, sa domination jusqu'aux Alpes. Tout à coup, Annibal et ses Africains, après avoir contourné tout le midi de l'Europe, se précipitent comme une avalanche du haut des monts. L'émoi fut grand au Forum. A la première rencontre, sur le Tessin, les légions avaient été mises en déroute. De toutes parts, des « prodiges » avant-coureurs d'une catastrophe se manifestaient ; le feu du ciel avait frappé le temple de l'Espérance ; la statue de Mars avait sué, près de la porte Capène. Les dieux de l'Olympe latino-sabin savent seuls tout ce qu'on immola de victimes, tout ce qu'on fit de purifications, tout ce que l'on promit, par provision, d'offrandes votives. De tout temps, après comme avant le combat de la Trébie, l'humanité a fait grand cas de ces pratiques.

On connaît la suite des évènements : battus près de Placentia, battus derechef sur les bords du lac Trasimène, écrasés à Cannes, menacés d'une jonction de l'armée d'Annibal et de celle de son frère Asdrubal, les Romains ne désespérèrent point du salut de la République, et, finalement, suivant le mot même du grand général punique, la « fortune de l'*Urbs* » l'emporta sur celle de Carthage.

Bien d'autres batailles se sont livrées depuis lors sur ce même pont de la Trébie : régiments russes, français et autrichiens y ont libéralement arrosé de leur sang les gras pâturages artificiels qui produisent le beurre du Lodésan; les prés avides ont tout bu, et les pierres de la grande chaussée Æmilia n'ont pas plus fléchi sous le poids des canons et des lourds affûts que sous le sabot des Cosaques numides du fils d'Amilcar. Quant à l'empire de Carthage, il n'en reste plus maintenant d'autre trace que quelques médailles usées et quelques vers dans Plaute le Comique : le monde sémitique n'est pas heureux dans ses visées sur l'Europe; à quelques siècles de là, les Arabes, son arrière-ban, essayeront de recommencer la grande invasion; ils ne feront qu'entamer l'Occident à sa pointe extrême, sans réussir à y fonder d'établissement solide et durable.

La voie Æmilia va en ligne droite jusqu'à Parme, qu'elle traverse par le milieu, y formant la rue principale, la *strada maestra*, de la porte Santa Croce à la porte San Michele. Située au confluent de deux rivières, la Baganza et la Parma, Parme, la ville du Corrège, est une vieille cité dont l'existence remonte au temps des Étrusques. Ses annales, depuis dix-huit ou dix-neuf cents ans, constituent une page d'histoire suffisamment embrouillée et fastidieuse pour que, sans une absolue nécessité, l'esprit d'analyse n'aille point s'y frotter. Elle a passé tour à tour des Guelfes aux Gibelins, des Visconti aux Scaliger, aux Sforza, aux Farnèse; les papes l'ont eue, les Français l'ont eue, les Espagnols et les Autrichiens l'ont eue plus que tous les autres; depuis 1860, elle se possède enfin elle-même, et Dieu sait si elle porte d'un cœur léger le deuil de ses ducs et de ses duchesses, si elle savoure en paix le bonheur tardif de n'être plus capitale.

Cinquante kilomètres plus loin, voici Modène. Encore une vieille ville étrusque, et une ci-devant capitale. Il n'y a qu'en Allemagne et en Italie qu'on rencontre tant de gloires déchues. Seulement, au lieu des Farnèse, c'est la maison d'Este, *Casa Estense*, qui régnait ici : des Hercule, des Alphonse, des César, des François. Au XVII° siècle, un d'eux épouse une des nièces de Mazarin. Le fameux cardinal en avait sept, fort courues en haut lieu, à commencer par le futur roi-soleil. Un autre abdique et revêt le froc de capucin. Le dernier fut, si je ne me trompe, colonel d'un régiment autrichien. Ce n'était pas un titre suffisant à l'amour du peuple italien : aussi celui-là n'a-t-il point poussé plus avant la lignée ducale ; depuis 1860 Modène n'est plus, ainsi que Parme, qu'une paisible cité provinciale de l'Émilie.

Modène, coupée en deux, comme toutes les autres grandes villes de la région, par l'éternelle voie Émilienne, est unie au Pô, et partant, à l'Adriatique, au moyen d'un canal qui rejoint la rivière du Panaro « aux rives fleuries et aux eaux limpides », dit un poète du cru. Elle a un dôme des XI° et XII° siècles, avec un campanile ou clocher séparé, comme il en existe dans quelques villes de France, notamment à Honfleur. Ce clocher, appelé Ghirlandina, est un des plus élevés de l'Italie du Nord. On y conserve, suspendu à la voûte d'une tour, à l'aide d'une chaîne de fer, une relique d'une espèce toute particulière, et qui n'en fait pas plus mauvaise figure parmi le monde des reliques : c'est le seau de bois ravi à Bologne par les Modénais le 15 novembre 1325. Tassoni a chanté cet exploit, d'une authenticité douteuse, dans son poème héroï-comique, en douze chants, de la *Secchia rapita*.

Le musée de Modène possède une magnifique collection de tableaux des diverses écoles italiennes ; son lot serait bien plus beau encore, si un prince modénais du XVIII° siècle, qui avait besoin de sequins, François III, n'avait vendu à la cour de Dresde une centaine de toiles, parmi lesquelles il y en avait cinq du Corrège. C'est ainsi que, de tout temps, le Nord s'est enrichi des dépouilles du Midi. On dit, en outre, que le dernier duc emporta, en 1859, dans la précipitation de son départ, douze autres tableaux de premier ordre, notamment une Madone de Raphaël et un portrait de femme du Giorgione. Je ne compte pas les médailles d'or et d'argent qu'auraient engouffrées les fourgons ducaux. Au moins les archives secrètes de la maison d'Este n'ont-elles pas suivi la même route.

Au sortir de Modène, le train, longeant toujours la voie Æmilia, franchit le Panaro, qui descend du mont Cimone (Apennin), sur un pont que l'on peut dire historique, en ce sens qu'il formait autrefois frontière entre le duché et les États pontificaux. Quarante minutes après, on est à Bologne.

Cette ancienne cité étrusque, Bologne *la Grasse*, c'est-à-dire la riche, comme on l'appelait jadis, est peut-être la moins déchue et certainement la plus originale de toutes les villes de l'Émilie. La politique a failli la tuer, la géographie l'a sauvée. Située dans un territoire fertile, au point de croisement des quatre grandes voies ferrées de l'Italie du centre, *emporium* obligé entre Venise, Florence et Rome, entre l'Apennin toscan et l'industrieux versant des Alpes, elle a repris un essor relativement considérable du jour où elle a cessé d'être gouvernée par un légat pontifical. A son antique devise, *Libertas*, elle semble en avoir joint une autre, qui est, aujourd'hui plus que jamais, le fondement et la garantie de la première : *Laboremus*. Oui, en dépit de son caractère vétuste, de son air morne et songeur, Bologne est une ville d'action et de travail. Dans ses sombres rues aux lourds portiques, dans ses noires *botteghe*, vit une population sans cesse affairée de 200 000 âmes. La fabrication des étoffes, l'orfèvrerie, les fleurs artificielles sont, pour le moment, en dehors du transit, les trois branches principales de l'industrie et du commerce bolonais.

Par malheur, entre Bologne et Ferrare, les campagnes, fort bien cultivées, n'ont que trop à souffrir des dévastations du Reno, le plus vagabond et le plus agressif des fleuves issus de l'Apennin. Les caprices imprévus de ce cours d'eau, dont le débit varie de 1 à 1400 mètres cubes par seconde, ont déconcerté jusqu'ici tous les ingénieurs hydrographes, dans un pays où les ingénieurs hydrographes ne se laissent pas aisément déconcerter.

Le point central de la ville est l'ancien forum ou Piazza Maggiore, à présent place Victor-Emmanuel. Je ne crois pas qu'il y ait eu en France, à une certaine époque, plus de *places Napoléon* qu'il n'y a aujourd'hui en Italie de *places Victor-Emmanuel*. Autour et aux abords de cette piazza se groupent les principaux monuments de Bologne : la cathédrale, la grande basilique inachevée de San-Petronio, le Palais public, celui du Podestat, le *Foro dei Mercanti* (chambre de commerce). Dans un angle de la place s'élève la statue colossale de Neptune, œuvre d'un sculpteur flamand, Jean Bologne, qui vint vivre en Italie dans la seconde moitié du XVIe siècle.

Non loin de là, au point de convergence des quatre grandes rues San Stefano, Maggiore, San Vitale et San Donato, sont les deux fameuses tours penchées, monuments de briques carrés, qui datent du XIIe siècle. La plus grande, la *Torre degli Asinelli*, ou, plus brièvement, l'*Asinella*, a 89 mètres de haut et penche de $1^m,16$; on y monte par un escalier de 449 marches. L'autre, la *Torre Garisenda*, n'a que 49 mètres d'élévation; mais son inclinaison est de plus de 2 mètres et demi. Cette inclinaison est-elle due à une fantaisie architecturale ou à quelque affaissement de la construction? Il résulte, en tout cas, de mesurages périodiques, qu'elle s'acroît assez sensiblement de siècle en siècle.

Bologne *la Grasse* s'appela aussi, ne l'oublions pas, Bologne *la Docte*. Son université, jadis célèbre par toute l'Europe, est encore très suivie. C'est dans son sein qu'on découvrit le galvanisme et qu'on disséqua, en 1315, le premier cadavre; mais elle brilla surtout par l'enseignement du droit et par le savoir de ses juristes. Plus d'une femme même y a professé, non pas seulement la philosophie et les lettres, mais encore les mathématiques, l'anatomie et la chirurgie.

Une autre gloire de Bologne, c'est sa galerie de tableaux ou Pinacothèque. On sait quel rôle brillant joua l'école de peinture bolonaise, la dernière en date de toutes les écoles de la Péninsule. Les trois Carrache, le Dominiquin, l'Albane, le Guide, le Guerchin éclairèrent ce beau soir de l'art italien. Presque en même temps, la lueur pourprée d'une aurore nouvelle pointait au delà des monts : le grand siècle de la France commençait avec Nicolas Poussin.

De Bologne, avant de poursuivre notre route vers l'Adriatique, faisons un crochet au nord-est, par le chemin de fer de Venise, jusqu'à Ferrare.

Ferrare est une ville triste et déserte, avec de grandes rues, de grandes places et un pourtour de plus de trois lieues et demie. Elle est située sur une branche ensablée du Pô, le Pô di Volano. Non loin de là sont les fameuses lagunes de Comacchio. Cet étang, découpé par de vastes bancs d'alluvion, que les Italiens nomment *valli*, est une pêcherie très riche, grâce aux énormes quantités de

TOURS PENCHÉES DE BOLOGNE.

poisson que l'eau marine charrie par les brèches dans cette impasse limoneuse.

A Ferrare régna cette même famille d'Este, qui plus tard posséda Modène et Reggio. On sait quelle fut la façon de régner de ces tyranneaux italiens du moyen âge : toutes les cruautés, toutes les turpitudes publiques et privées; des fils qui étranglent leurs pères; des oncles qui décapitent leurs neveux, pour éviter que ceux-ci ne les décapitent; des femmes, des princesses, tenaillées au fer rouge; un marché officiel d'esclaves approvisionné par les pirates; une enfilade ininterrompue de conspirations et d'orgies que nulle épithète ne qualificrait : voilà, durant quatre siècles, le bilan historique des nobles seigneurs et protecteurs de Ferrare, Modène, Reggio et lieux adjacents. Un d'eux, Alphonse I*r*, fut le mari, en quatrièmes noces, de la fameuse Lucrèce Borgia, la fille du pape Alexandre VI. Le couple était dûment apparié. Presque tous eurent des titres multiples à rejoindre dans l'enfer de Dante leur aïeul, le marquis Obizzon.

Il y eut pourtant un moment où cette cour de Ferrare apparut dans l'histoire environnée d'une certaine auréole d'art et de poésie. Ce fut au temps de l'Arioste et du Tasse. Il est vrai que le Tasse fut emprisonné par les princes d'Este, et que l'Arioste n'eut pas trop à se louer d'eux. On montre encore au voyageur, dans l'hôpital Sainte-Anne, non loin de la station du chemin de fer, le caveau où l'auteur de la *Jérusalem délivrée* fut enfermé pendant sept ans, de 1579 à 1586. Gœthe est plus que sceptique à l'endroit de « cette charbonnière », comme il l'appelle. Quant à la maison natale de l'Arioste, c'est bien celle qu'on vous fait voir dans la rue Santa Maria delle Bocche. Le monument funèbre et les restes du poète sont dans la bibliothèque du *Studio publico* (Université).

A dix lieues de Bologne, au delà de la petite ville épiscopale d'Imola, se trouve l'embranchement du chemin de fer de Ravenne. La campagne prend ici un autre aspect : l'air s'imprègne de moiteur, les horizons ont quelque chose de plus vague, de plus vaporeux, de plus septentrional; partout des rigoles, des fossés, de longs rideaux de peupliers ondulant au vent, des rangées d'ormes où la vigne enlace ses sarments comme au temps de Virgile. Ces vastes champs cultivés, ces paysages uniformes, mais pleins de fraîcheur, au milieu desquels on court vers l'Adriatique, reposent un moment la vue éblouie de tant de sites aux teintes chaudes et aux vives arêtes.

Dès qu'on entre à Ravenne, une impression de tristesse singulière vous envahit le cœur. En fait de capitales déchues, il y en n'a pas, je pense, dans tout l'Occident, qui étale plus visiblement les moisissures de la déchéance. C'est bien la ville morte entre toutes, plus morte mille fois que Pisa *la morta*, dont les efflorescences mêmes ont une grandeur et un éclat majestueux encore.

Du temps du géographe Strabon, c'est-à-dire il y a bientôt dix-neuf siècles, Ravenne était port de mer, ou, du moins, le flux montait dans les canaux qui la traversaient par une sorte de golfe marin qui la mettait en communication directe avec l'Adriatique. Aujourd'hui, par suite d'atterrissements successifs, elle est à une lieue et demie de l'Adriatique et ne s'y relie plus que par deux *navigli* dont le principal aboutit, au nord-est de la ville, au port artificiel de Corsini.

Au point de vue architectural, Ravenne est une ville à part, une véritable épave de Byzance, oubliée dans un « palus » d'Occident. De ruines romaines, peu ou point. En revanche, elle possède le type le plus complet de l'art byzantin ou grec, inauguré au vi* siècle, sous le règne de Justinien, et dont la coupole constitue l'élément caractéristique : c'est l'église San Vitale, sur le modèle de laquelle a été bâtie la cathédrale d'Aix-la-Chapelle. A un kilomètre de la ville, en sortant par la porta Serrata, se trouve en outre un curieux spécimen de l'art des Goths, le tombeau de Théodoric (Santa Maria della Rotonda). C'est un monument rond, surmonté d'une énorme coupole monolithe. L'eau, dont les infiltrations accomplissent partout, à Ravenne et aux environs, un lent travail de délitescence et accroissent sans cesse le putride empire du marécage, l'eau, dis-je, a forcé l'entrée de la salle intérieure du mausolée ; souvent même le terrain d'alentour est inondé.

Quant à l'ancien palais de Théodoric, il n'en reste qu'un mur et quelques colonnes de marbre, sur le Corso Garibaldi. Non loin de cette ruine, un peu plus à l'ouest, s'élève le tombeau de Dante, mort à Ravenne, le 14 septembre 1312, à l'âge de cinquante-six ans. Pauvre grand poète ! La haine féroce de ses ennemis l'a poursuivi jusque sous le couvercle du cercueil. Pour empêcher que sa dépouille ne fût livrée au feu, il fallut la cacher dans l'épaisseur d'un mur d'église, et c'est de nos jours seulement que le coup de pioche des démolisseurs a rendu par hasard à la lumière les ossements de l'illustre exilé.

Si vous en avez le temps, allez voir encore, au sud de la ville, à une demi-lieue de la porta Nuova, Sant'Apollinare in Classe, ainsi nommée de l'ancienne *Classis*, qui était un des trois districts de Ravenne et le lieu de station de la flotte romaine. Avec une colonne de marbre, la *Crocetta*, qu'on rencontre en chemin, cette basilique, splendide échantillon de l'art chrétien des premiers siècles, est tout ce qui reste de ladite Classis, détruite, je crois, par les Lombards.

Goths et Lombards ne furent, au fond, que deux faces successives d'une même barbarie. La vieille église est gardée par deux moines, dont les méditations ne peuvent manquer d'être en harmonie avec la mélancolique nature des environs. Des eaux saumâtres, ayant à peine assez de pente pour couler; des herbages et de monotones rizières conquises sur le marais : voilà l'aspect du pays. Le canal qui emporte à la mer les flots réunis du Ronco et du Montone anime seul d'un bruissement de vie cette morne campagne, où le soir, dans l'atmosphère opaque, résonnent avec une étrange gravité les tintements lointains des cloches de Ravenne.

Cette côte plate, sableuse, vouée aux fièvres estivales, où errent lourdement, dans l'herbe et la ronce, de sauvages troupeaux de bœufs blancs, possède pourtant quelque chose qui lui donne un cachet de poésie originale. C'est la *Pineta*, une ténébreuse et solitaire forêt de pins, qui s'étend, le long de l'Adriatique, sur une longueur de huit lieues et une largeur qui atteint quatre kilomètres. Depuis Cervia, au midi, jusqu'aux lagunes de Comacchio, situées au nord de Ravenne, toute la rive a pour bordure cet épais cordon de troncs gigantesques qui s'élancent jusqu'à une hauteur de vingt-cinq mètres. De loin, au crépuscule du soir, il s'en dégage comme une frissonnante horreur de bois sacré. Les vipères y abondent, dit-on. Que de fois Dante, revenu du sombre enfer, a dû promener ses rêves fantastiques sous le dôme non moins sombre de ces pinastres! Là, cinq siècles plus tard, un autre poète, un autre rêveur

SAINT-MARIN.

de génie, lord Byron, aimait à s'égarer à cheval; là, enfin, en 1849, le dernier preux de l'Italie, Giuseppe Garibaldi, fuyant de Rome, poursuivi par la cavalerie autrichienne, chercha un refuge dans le fouillis des noirs conifères.

Au sortir de ce grand village de Ravenne, plutôt hollandais qu'italien, le touriste, qui reprend tout songeur la route, déjà parcourue, de Castel Bolognese, jette un dernier regard en arrière sur ce tombeau de Théodoric, où Théodoric, par parenthèse, ne repose même plus, et dont le dôme écrasé se dessine là-bas dans la verdure des peupliers. Il lui reste ensuite à traverser, toujours le long de la voie Émilienne, l'angle méridional de la Romagne, jusqu'au point extrême où le chemin de fer de Milan, serré à droite par les contreforts subapennins, ne fait plus que suivre désormais, comme un long ourlet littoral, les plaines bleues de l'Adriatique.

Trois petites cités saluent le voyageur au passage : Faenza (*Faventia*), sur le Lamone, célèbre par sa poterie, dite chez nous terre de faïence, parce que c'est de cette ville qu'elle nous est venue. Les Italiens, eux, appellent cette fine vaisselle *maiolica*, du nom de l'île de Majorque, où s'en faisait autrefois la principale fabrication; — Forli (*Forum Livii*), trois lieues plus loin, dominée par le haut clocher d'une église romaine du XIIe siècle; enfin Cesena, centre agricole, comme les deux autres, ayant, ma foi, fort bon air avec sa grande rue à portiques.

Ensuite, le train, presque coup sur coup, franchit quatre riviérettes ou ruisseaux; parmi eux est le fameux Rubicon, et nous voici, de ce pas, sortant de l'ancienne Gaule Cisalpine pour entrer dans l'Italie proprement dite. Dix kilomètres seulement nous séparent de Rimini, où nous pénétrons par un magnifique pont-viaduc construit sur la Marecchia. Ce *pont d'Auguste*, achevé par Tibère, forme la jonction de la voie Æmilia et d'une autre route antique, la voie Flaminia, qui se dirige vers Rome par Spolète.

Rimini, où régnèrent pendant trois cents ans les Malatesta, est surtout peuplée de pêcheurs. Ici encore l'Adriatique a opéré un sensible mouvement de recul, et l'ancien port s'est trouvé comblé par une série d'atterrissements. La ville offre un aspect assez avenant, avec ses belles fontaines et son église San Francesco. La maison de Françoise de Rimini, dont les vers de Dante ont immortalisé l'infortune, était située, dit-on, sur l'emplacement du palais Ruffi actuel. Toute cette côte est décidément pleine du souvenir de l'illustre poète.

C'est à 18 kilomètres de Rimini, dans la montagne, que se trouve la fameuse et indestructible *republichetta* de San Marino (Saint-Marin). Trois villages et quelques hameaux, renfermant en tout huit mille âmes, composent ce petit État, haut perché sur la crête extrême du mont Titan, un des points culminants de l'Apennin. On y arrive par une route sauvage et abrupte, qui, par un beau temps, ménage au voyageur les échappées de vue les plus larges sur toute la Romagne et, au delà de l'Adriatique, jusqu'à la crête des Alpes Illyriennes.

Saint-Marin fut fondé, dit-on, à la fin du III° siècle, par un maçon dalmate, qui se fit ermite sur cette montagne, et embauma bientôt tout le pays de sa sainteté. De son aire de vautour, la minuscule cité semble défier l'univers entier. Fière, mais sans ambition, elle trouve sans doute, selon le mot de Bossuet, « sa sérénité dans sa hauteur ». Les orages de la politique, les fracas de la guerre, qui, de temps à autre, bouleversent le monde autour d'elle, expirent inoffensivement au pied de son rocher. Son armée se compose de quarante hommes, dont vingt-huit musiciens. Sainte Cécile, on le voit, ne manque pas d'adeptes à Saint-Marin. Il est vrai que voisinage oblige; n'est-ce pas à Pesaro, tout près de là, qu'est né Rossini?

En 1797, Bonaparte, qui déjà faisait et défaisait à son gré les républiques, non content d'offrir son amitié au peuple de San Marino, lui proposa, en outre, un agrandissement de territoire. « Nous acceptons l'amitié du consul, répondit, à la façon des vieux Romains, le grand conseil du mont Titan, mais nous n'avons que faire de ses dons. » Sage politique, dont l'observance eût évité maint déboire à plus d'un État mieux outillé en canons et en régiments!

CHAPITRE VI

A TRAVERS LA TOSCANE

I. — LE CHEMIN DE FER DE PRACCHIA

C'est vers la fin de septembre, par une claire journée, avec un souffle de brise tyrrhénienne, *bene ventilata*, disent les Italiens, qu'il convient de partir de Bologne pour traverser l'Apennin toscan. L'air limpide vous livrera dans toute leur netteté des aspects que, malgré vos précédentes pérégrinations dans la Péninsule, vous n'avez pas encore appris à connaître. La caresse du doux vent marin, contre lequel vous voyagerez, tempèrera juste à point pour vous les brûlants effluves de la fameuse « chaleur de Florence », et vous laissera ce libre jeu du poumon hors duquel l'admiration demeure gâtée par la maussaderie.

L'Apennin toscan porte aussi le nom plus relevé d'Alpes Apennines. Nous en avons déjà, si vous vous souvenez, contemplé les crêtes initiales, en parcourant la corniche du Levant jusqu'à la région du marbre, dans le défilé des Alpes Apuanes. Ce premier massif, qui part des frontières de la Ligurie, et dont le prolongement s'écarte de plus en plus de la côte occidentale, pour couper de biais le centre de la Péninsule vers l'Adriatique, ne présente pas une muraille unique, à l'assaut de laquelle on grimperait par les brèches de petits contreforts latéraux; c'est un système orographique double et triple. Il est double, au mont Succiso, qui fait face aux cimes de la Lunigiana et aux susdites Alpes Apuanes. Il est double encore, un peu plus bas, au mont Cimone, qui court parallèlement aux monts Cattini et Albano. Il est triple, enfin, au-dessous du col de Futa, grâce aux lignes du Prato Magno et des Alpes de Catenaja, qui enferment le cours supérieur de l'Arno. Au sud de la dépression suivie par ce fleuve, et en deçà du fameux val de Chiana, se dresse un autre enchevêtrement de hauteurs, dont, pour le moment, nous n'avons pas à nous occuper, non plus que des plaines littorales, et qui forment le massif appelé « subapennin ».

C'est à la partie à peu près médiane de ce rempart sinueux et complexe, entre le Cimone et le Futa, que nous allons passer de nouveau d'un versant à l'autre.

Le chemin de fer traversier, que le gouvernement autrichien a construit ici, avant 1859, dans une vue surtout stratégique, est, à coup sûr, un des plus curieux et des plus hardis qui soient en Europe.

Au sortir même de Bologne, il entame le combat civilisateur. Son premier exploit consiste à remonter la vallée du Reno, ce fougueux affluent du Pô dont j'ai déjà mentionné les crues meurtrières. A peine si le talus riverain y offre une marge d'appui suffisante. Sans cesse battu, ameubli par les eaux, le terrain se dérobe et s'égrène, à la façon de ces neiges alpestres que le moindre choc, le plus petit son, le pied léger d'un oiseau, fait choir soudain en avalanches. Aussi les constructeurs ont-ils envahi d'emblée le domaine de l'ennemi : la plus grande partie de la voie a été établie par eux dans le lit même du torrent, à peu près à sec durant l'été, mais que des pluies d'orage peuvent grossir jusqu'à la hauteur de cinq mètres au-dessus de l'étiage. Des digues puissantes, protégées elles-mêmes par de forts remblais et d'autres ouvrages de défense, assurent au mieux l'inviolabilité du railway. Encore la recherche d'un sol consistant, d'un bon *statumen*, comme disaient les Romains en parlant de l'assise de leurs grandes chaussées, oblige-t-elle la route à franchir fréquemment le fleuve, au moyen de ponts obliques, qui forment lacet d'une rive à l'autre. L'ascension commence à Sasso, c'est-à-dire à cinq lieues de Bologne environ. De là jusqu'au point culminant du col, on traverse le Reno une vingtaine de fois. Les galeries sont en nombre égal, sinon supérieur. La plus longue, de trois kilomètres à peu près, est creusée sur la rive droite du torrent, et aboutit à la station thermale de la Porretta, surnommée le Barèges de l'Italie.

La montagne voisine, le Sasso Cardo, présente un curieux phénomène. Sur sa cime escarpée, on voit, à la nuit, briller des feux jaunâtres, dont les jets, hauts de trente à quarante centimètres, ondulent fantastiquement au souffle du vent. Les flammes, plus ou moins vives, selon l'état de l'atmosphère, sont dues à des émanation de gaz hydrogène carburé qui s'échappent spontanément par les fissures du sol rocheux et stérile. Ces « terrains ardents » ne sont pas rares dans l'Apennin toscan. On en rencontre un semblable par la route carrossable de Modène à Florence, non loin du village de Barigazzo; là, au sommet d'un col qui débouche également vers Pistoie, il existe en outre de véritables fontaines ardentes, de petites mares d'eau stagnante d'où se dégagent des myriades de bulles qui s'embrasent à l'approche d'une lumière.

Le plus intéressant, toutefois, et le plus connu de ces *monts de feu*, c'est celui de Pietramala. Demandez plutôt aux vieux touristes qui sont allés de Bologne à Florence par l'ancienne route de voitures (vallée de la Savena), bien délaissée, cela se conçoit, depuis l'ouverture du chemin de fer de Pracchia. Ah! les rudes montées pour les voiturins! Les pauvres nuitées pour les voyageurs! Mais où les chevaux étaient à merci, les bœufs venaient à la rescousse. Ces grands bœufs, à la robe grisâtre, accoutumés à trotter en compagnie des attelages chevalins, étaient une des joies du touriste, et une des poésies du trajet. Le vent, qui presque toujours soufflait à les décorner, dans le critique défilé frontière de Filigare, était encore une des voluptés *sui generis* de la route; mais aussi de quelles narines dilatées on humait de loin les âcres senteurs de la maison de poste! L'auberge était atroce; en revanche, l'aubergiste, dit-on, était fort avenant. Au matin, s'il faisait beau, on avait une vue sans pareille sur l'écheveau bien emmêlé des Alpes Apennines. Les bêtes remises au trait, on gravissait une autre montée, qui était celle de Pietramala. — *I fuochi!* les feux! allons voir les feux. — Et l'on allait voir les feux. Les savants de la caravane expliquaient disertement le phénomène au novice, lui faisaient presque toucher du doigt le travail mystérieux du laboratoire souterrain. Il apprenait, s'il ne le savait déjà, que Volta, le grand physicien, était venu en 1780 étudier sur place ces émanations gazeuses, et qu'il en attribuait l'origine à la décomposition de matières animales et végétales enfouies jadis dans le sol par des éboulements de l'Apennin : texte fécond d'entretien pour des gens qui avaient à franchir sans dé-

PISTOIE, VUE DE L'APENNIN.

brider le terrible col du Futa, situé juste à la crête du mont, à près de 1000 mètres au-dessus de la mer!

Mais revenons au chemin de fer de Pracchia. Passé la Porretta, on se retrouve sur la rive gauche du Reno. Celui-ci, qui à mesure qu'on approche de sa source, apparaît naturellement avec des allures de plus en plus volontaires et sauvages, se fraye un chemin au travers d'une gorge bordée de formidables murailles rocheuses. La voie ferrée n'est plus ici qu'une enfilade saccadée de tunnels, de viaducs, de ponts; il s'agit d'atteindre, coûte que coûte, le sommet du col, c'est-à-dire la station de Pracchia. Altitude, 617 mètres seulement. C'est peu de chose, comparé à l'effort d'escalade accompli, un peu plus au nord, dans la même chaîne, par le chemin de voitures de Modène à Pistoie, lequel franchit le Cimone à près de 2000 mètres; mais ce qui fait l'originalité du railway que nous suivons, c'est la disposition presque à pic du versant toscan par lequel on descend. De Pracchia à Pistoie, il n'y a pas plus de six lieues. Aussi l'ingénieur n'a-t-il pu obtenir un développement de pentes normales qu'en multipliant dans des proportions vraiment effrayantes les courbes, les lacets et les rebroussements; chacun de ces tronçons aux brusques torsades se complique d'ailleurs de tunnels, de viaducs et de divers ouvrages, qui ne sont pas moins remarquables par la puissance de la construction que par la hauteur et l'inclinaison.

Quel coup d'œil pour le voyageur, quand, au sortir de ce prodigieux réseau de galeries et de ponts aériens, parvenu enfin dans la splendide vallée de l'Ombrone, il met la tête à la portière du wagon et contemple en arrière les gigantesques brisures de ce railway qui tantôt serpente capricieusement sur le flanc du mont, tantôt se laisse choir, comme à l'aventure, sur ses âpres déclivités! A peine s'explique-t-on qu'une locomotive ait pu exécuter saine et sauve cette dégringolade insensée. Et pourquoi non? Ces vaillantes machines en font bien d'autres, et, si aujourd'hui le roi Astolphe, chanté par l'Arioste, revenait au monde, il trouverait, j'en suis sûr, qu'auprès de ce monstre d'un nouveau genre, son hippogriffe n'était qu'un bidet fourbu.

Respirons un peu, je vous prie. Nous sommes à Pistoie, à l'entrée de la plaine toscane. A l'horreur des grands défilés nus vont succéder les riants aspects du champ cultivé; aux profils fantastiques des hautes roches calcaires et fendues, les frais et charmants tableaux de genre, les églogues vertes, animées de *contadini* à l'air placide et heureux. Au lieu de ruisseler avec fracas, parmi les galets blancs, dans un labyrinthe de gorges abruptes, ou sous le fourré de grands bois noirâtres, l'eau murmurera doucement le long des terrasses, au travers de petites rigoles artificielles dont les conduits de bois la distribuent équitablement par vaux et mamelons. De toutes parts déjà, voici que les sources bruissent, les fontaines chantent, les oliviers poudroient au soleil, les villas et les fermes s'étagent gracieusement d'un gradin à l'autre.

De Pistoie à Florence, il n'y a qu'une seule station importante : c'est Prato, ville d'une quarantaine de mille âmes, située au point le plus large de la vallée de l'Arno. Ce n'est pas seulement un centre agricole, c'est aussi une cité riche en usines métallurgiques. Une montagne voisine, le Monteferrato, fournit ce superbe silicate de magnésie, veiné de vert (*verde di Prato*), qu'on appelle serpentine, et qui a servi à l'ornementation des plus beaux édifices de la Toscane, et notamment de la cathédrale de Prato elle-même.

Une dernière fois le train a repris son vol : la campagne apparaît de plus en plus soignée; chaque culture porte la trace d'une main intelligente, d'une main d'artiste, qui excelle à tourner l'utile vers le beau. Le sol, dans ses moindres aménagements, présente je ne sais quoi d'architectural et de modelé qui surprend et charme le voyageur. On sent que tout ici obéit aux lois de l'harmonie et de la proportion. La nature et l'homme s'entendent à demi-mot; l'une se prête volontiers au goût de l'autre, et le second n'a garde de gâter, par de barbares caprices, la symétrique et sobre ordonnance de la première. Les jardins eux-mêmes, qui mêlent leurs groupements artificiels, leurs annexes de vasques, de statues, de balustres sculptés, à cet ensemble plein de richesse et de tempérance, n'offrent point de détails criards ni de fioritures détonnantes.

Après avoir bien admiré à droite et à gauche, vous regardez à l'horizon, sur la mer d'azur et de soleil, et vous apercevez, au-dessus d'un fouillis de tours et d'édifices, une immense croupe surmontée d'une lanterne : c'est la coupole de Brunelleschi sur le dôme d'Arnolfo; c'est la cathédrale de Florence.

II. — FLORENCE

On raconte qu'au mois d'avril 1859, le dernier grand-duc de Toscane ayant ordonné au commandant de la forteresse du Belvédère de bombarder Florence, celui-ci répondit laconiquement : « On tire sur le monde entier, on ne tire pas sur Florence. » Ce commandant-là n'était pas de la famille des Mummius.

Les impériaux du XIX° siècle eussent-ils vraiment osé renouveler sur la ville des Médicis le crime des impériaux du XVI° siècle sur la ville des Papes? Qui sait? L'esprit de barbarie a d'étranges retours, et les plus féroces « saccageurs » n'ont pas toujours été ceux que nous appelons des « barbares ». Alaric était Visigoth, Genséric était un Vandale; mais le *condottiere* Charles de Montpensier, qui lança en 1527 au pillage de Rome ses bandes espagnoles et tudesques, n'était pas seulement connétable de France et duc de Bourbon, c'était de plus, — *proh pudor!* — le fils d'une Gonzague, un demi-frère des Italiens.

Quant à l'officier de Léopold II, de son campement de la rive gauche de l'Arno, en vue du palais Pitti et des Offices, il avait senti, comme Sylla sous les murs d'Athènes, qu'il y a des cités glorieuses, rayonnantes citadelles de l'art et de la beauté, qu'on n'offense point d'un glaive brutal, sans offenser l'humanité même dans ce qu'elle a de plus noble et de plus sacré.

A part l'Athénien, nul peuple au monde n'a eu au même degré que le Florentin le sentiment et le culte du beau. Le Florentin est fier de sa ville, il l'admire, la vénère. Il admire et vénère en elle le haut goût et le sens artistique de ses aïeux, ces hommes de fine race, dont il se flatte de n'avoir pas trop dégénéré. Tous les écarts de la politique, toutes les lubies de la sophistique, tous les excès de l'épicuréisme ont pu se donner librement carrière à Florence; le chaud bouillonnement des cervelles a pu y produire, à certaines époques, une étrange buée d'évaporation : l'intelligence, la gaieté n'y ont jamais perdu leurs droits. L'air et l'esprit ont gardé leur fluidité, et ce ne sera jamais sur ce sol aux vitales saveurs que pourra croître et se provigner l'épais chardon de la sottise.

Aux premiers pas qu'on fait dans cette ville privilégiée, on respire je ne sais quelle sérénité douce qui est comme une exhalaison naturelle des hommes et des choses. Le caractère de cette foule bariolée, qui aime la vie en plein vent des républiques antiques, est une grâce simple, héritage physique et moral transmis de génération en génération, une expansion contenue qui trahit une force d'imagination très heureusement accommodée au menu train de la réalité. On s'amuse ici sans désordre, avec une aimable sobriété. Rien de brutal; tout pour les yeux et l'entendement. Les plus infimes aiment mieux le théâtre, les farces bouffonnes du *stenterello*, que la table; au plaisir bestial ou mélancolique du cabaret, on préfère les promenades au dehors, les longues prises d'air qui vivifient le cœur et les poumons. Le « voyou » du Nord n'existe pas à Florence.

Toute cette pure gaieté apparaît en quelque sorte résumée et comme condensée dans l'ensemble panoramique de la cité, si on la regarde, par exemple, des hauteurs de San Miniato, au sud-est. Le fond, c'est-à-dire le val de l'Arno, fait l'effet d'une belle coupe dorée ou vermeille dont les bords vont en s'évidant; après avoir empli le creux de la dépression, la ville monte en s'étalant sur des pentes couvertes d'oliviers. Ses campaniles, ses dômes, ses tours figurent de grandioses reliefs parmi cet amoncellement de maisons et de palais, qui se serrent les uns contre les autres, comme pour se pousser mutuellement en hauteur. A l'arrière-plan, du côté du nord, se dresse, à 1000 mètres environ d'altitude, le mont Morello, point central de cette chaîne des Alpes Apennines dont les rameaux détachés viennent former les coteaux riverains de l'Arno.

La majeure partie de Florence, y compris la vieille ville et le plus grand nombre des édifices, est située sur la rive droite de l'Arno. Des ponts qui traversent le fleuve, le plus beau est celui de la Trinité; il est formé de trois arches dont l'élancement est plein de grâce et de hardiesse. Tout autre est le Pont-Vieux (*Ponte-Vecchio*), qui date du xiv° siècle. Celui-là, bordé entièrement de maisons et de boutiques, comme l'étaient jadis certains ponts de Paris, est un des points les plus commerçants de la populeuse cité. Il est le seul qui ait résisté aux crues de l'Arno; tous les autres ont été détruits à plusieurs reprises par les gonflements impétueux de la rivière.

Jetons un premier regard, en passant, à cette double et magnifique rangée de quais (*lungarno*, le long de l'Arno) récemment prolongés vers l'ouest, puis enfonçons-nous, par la rue Por San Maria, dans les quartiers de la rive droite.

Voici, à deux pas du fleuve, la place centrale, la *Piazza della Signoria*. Là s'élève un édifice sévère et massif, une sorte de forteresse quadrangulaire, dominée par un campanile, qui rappelle les temps les plus orageux de la liberté florentine : c'est le *Palazzo Vecchio* ou Palais-Vieux, jadis le siège du gouvernement. Que de fois la cloche de son haut beffroi a convoqué le peuple en assemblée tumultuaire ! Au premier étage se trouve la salle du Grand Conseil, dont le plafond est orné de trente-quatre peintures à l'huile, œuvre de Vasari, représentant les principaux faits de l'histoire de Florence et des Médicis.

Nul palais italien, à part le palais romain du Quirinal, à Monte-Cavallo, n'a connu de plus près l'instabilité des choses humaines. Après avoir été tour à tour la résidence de ces *prieurs* de la République dont je dirai quelques mots plus loin, puis celle de ces « consuls sans faisceaux », de ces « rois sans titre », qu'on appelait les Médicis, après avoir hébergé ensuite les princes d'Autriche-Lorraine — je ne parle pas de l'éphémère grande-duchesse Élisa Bonaparte — le vénérable monument s'est vu tout à coup, il y a quelques années, le siège, ou plutôt le point de relais forcé du nouveau parlement italien. Aujourd'hui que le gouvernement a fourni sa dernière étape, la vieille demeure est sortie définitivement du grand stade politique pour se renfermer dans son rôle plus modeste d'Hôtel de ville florentin.

Au nord du Palazzo Vecchio est une Fontaine de Neptune, avec des Tritons et des Néréides ; elle date du XVIe siècle ; à côté, la statue équestre de Cosme Ier, par ce Flamand italianisé, Jean Bologne, dont j'ai déjà parlé plus haut ; en face, la Loggia dei Lanzi, désignée originairement sous le nom de Portique des Prieurs, et qui ne reçut sa nouvelle appellation que le jour où elle devint un corps de garde des lansquenets (*lanzichennechi*) des Médicis. C'était la *ringhiera* ou tribune aux harangues de Florence ; non

FLORENCE : LE PONT-VIEUX.

loin de là enfin, le Palais des Offices (*Uffizi*), qui renferme les célèbres musées florentins. Le nom bizarre de cet édifice lui vient de ce que Cosme I*ᵉʳ*, en le faisant construire par Vasari, songeait à y rassembler les diverses magistratures de l'État.

Une galerie de près de cinq cents mètres de long le relie, pardessus l'Arno, au palais Pitti.

Tout le quartier qui s'étend de la place de la Seigneurie à celle du Dôme, puis, au delà, jusqu'à San Lorenzo, et que traverse la rue si vivante des *Calzajuoli* ou bonnetiers, est par excellence la région historique de la cité. Cette partie de Florence n'a guère changé depuis six ou sept cents ans. Voici les mêmes rues longues, étroites et tortueuses, du temps des gonfaloniers. Voici encore le Marché-Vieux (*Mercato Vecchio*), avec sa même exhibition de viande, de poisson et de légumes. Tout au plus un étal par-ci par-là a-t-il été renouvelé. Aujourd'hui comme jadis, les maraîchers de Fiesole et les éleveurs des Maremmes apportent là leurs denrées; comme jadis, les paysans de la banlieue s'y donnent rendez-vous pour traiter d'affaires et y vendre la paille tressée dont on fabrique ces jolis chapeaux renommés par l'Europe entière. C'est encore là que l'étranger doit aller entendre le dialecte florentin dans toute sa pureté gutturale.

Ce marché aux âcres parfums n'est qu'un vaste refuge couvert, une enfilade de bazars mobiles, de *botteghe* ambulantes, qui n'ont guère souci de notre moderne élégance. Tel qu'il est, cependant, il mérite cent fois mieux le nom de marché que le *Mercato Nuovo* ou Marché-Neuf, qui dresse fastueusement dans le voisinage sa superbe halle de la Renaissance et sa fontaine du Sanglier. Celui-ci, à coup sûr, par son galbe architectural et soigné, enjolive comme il faut la rue de la Porte-Rouge; mais l'autre est plus animé, plus original; il vous arrête tout de suite au passage, comme un aïeul au chef branlant, pour vous faire de longs récits des siècles passés et vous montrer, sous ses ais vermoulus, l'endroit où l'on remisait jadis le fameux *caroccio*.

En ce temps-là, Florence était devenue, de par le travail et l'intelligence, — deux leviers tout-puissants qui hissent doucement jusqu'à la richesse, — non seulement la première ville de la péninsule italienne, mais encore la plus brillante cité de l'Europe. Les mines, les forges, les manufactures et la banque avaient créé cette prospérité sans pareille, dont les xiii˚ et xiv˚ siècles virent le complet épanouissement. La République était alors, comme ses voisines Pise et Gênes, gouvernée par un podestat, que le peuple nommait tous les ans. Les corps de métiers étaient divisés en Arts majeurs et en Arts mineurs. Les premiers, au nombre de sept, comprenaient les professions les plus relevées : notaires, marchands, banquiers, médecins, et autres gros bourgeois ou *popolani grassi;* dans les seconds étaient les bouchers, maçons, forgerons, etc. Tout cet ensemble formait ce qu'on appelait, depuis les querelles de la Papauté et de l'Empire, le parti *guelfe.* En face de ce parti, défenseur juré de la cour de Rome et de la liberté, se dressait la faction des nobles, des *Gibelins,* qui voulaient aussi la liberté, mais qui la voulaient sous la haute tutelle des empereurs d'Allemagne.

Au bas étage de cette organisation sociale s'agitait un tiers élément avec lequel il fallait également compter, et qui, plus d'une fois, n'étant pas admis au festin, renversa la nappe sur les convives : c'était le menu peuple, le *popolo minuto* ou *magro.* Celui-là constituait le parti, redoutable par tout pays, des porte-besace, des efflanqués et des meurt-de-faim.

Chacun des Arts, qui, réunis, formaient un collège gouverné par des consuls et des magistrats, avait sa bannière ou *gonfalone,* sous laquelle on se rassemblait au premier son de tocsin parti du palais du podestat. Deux prud'hommes ou prieurs élus — les premiers (*priori*) de la corporation — veillaient à la stricte observance des statuts, tranchaient les litiges et les différends.

Pour occuper une fonction publique, il fallait, de toute nécessité, appartenir à un des corps de métiers, et nous savons que Dante, qui fut prieur de la République et ambassadeur à Rome, s'était fait inscrire dans l'ordre majeur des pharmaciens. En revanche, tout gibelin qui entrait dans un « Art » renonçait, par le fait même, à sa noblesse.

La préparation de la laine, des draps et de la soie, les affaires de change et de banque avaient pris à Florence, dès le xii˚ siècle, un essor prodigieux. Certaines rues encore existantes, celles *de' Cimatori* ou des tondeurs de draps, *de' Tintori* ou des teinturiers, *de' Velluti* ou des velours, *della Seta* ou de la soie, avec leurs

UNE FONTAINE A FLORENCE.

boutiques vieilles de plusieurs siècles, attestent l'ancienne activité de ces diverses branches de travail. Chaque compagnie de marchands avait son grand magasin, que l'on appelait *fondaco*. Tout un quartier était occupé par l'industrie de la soie.

Quant à la banque et au change, ils se faisaient en plein air. C'était fort simple d'attirail : le banquier ou *cambiatore* avait devant lui sa petite table, son comptoir garni d'un tapis vert, avec le sac aux écus bien ventru, et aussi l'indispensable livre de comptes, car l'ordre est frère de l'opulence. Que d'harmonieux tintements ont repercutés les bavards échos de la *via* ou du *vicolo*, dans ces primitifs quartiers pris à bail par le dieu Plutus !

Une de ces galeries couvertes, à fleur de terre ou surexhaussées, que les Italiens appellent *loges*, régnait autour de la demeure des principaux négociants : une sorte de Bourse à côté des bureaux. C'était là qu'on se réunissait pour discuter les questions de trafic et d'intérêt, pour fixer le prix des denrées et celui du change; c'était là que se rendaient les courriers, porteurs de nouvelles impatiemment attendues, et les agents divers des compagnies.

Les maisons habitées par ces chefs de la puissante roture florentine, les Peruzzi, les Albizzi, les Greci, les Cherchi, n'étaient rien moins que de splendides palais (*palazzi*) à la structure tout originale. Figurez-vous de véritables forteresses, aux fondations énormes, aux fenêtres rares et cintrées, aux murs extraordinairement massifs, avec des bossages de pierres gigantesques, et, pour accès, un majestueux escalier : le castel féodal du moyen âge, ou le vieil édifice étrusque transformé par l'art italien en un monument à la fois exquis et grandiose. D'une telle demeure, on pouvait braver l'attaque de l'ennemi et la torche de l'incendiaire. On sait de reste que plus d'un de ces *palazzi* a eu à soutenir des sièges en règle.

Outre leur palais et leur loge, les grandes familles avaient, comme emblème d'antique noblesse ou d'illustration reconnue, leur *torre* ou tour. C'était, comme en témoignent les nombreux spécimens qui en restent au centre de la ville, un édifice rectangulaire, étroit, tout crénelé, avec une fenêtre unique à chaque étage, et des murailles dont l'épaisseur allait souvent jusqu'à deux mètres. Bon poste, et meilleur encore que le *palazzo*, pour surveiller les mouvements équivoques de la rue. Le créneau carré indiquait la demeure d'un Guelfe; le créneau dentelé à double pointe, celle d'un Gibelin.

L'élévation de ces tours était énorme : 30, 40 et 50 mètres; aussi le premier soin des Médicis, lorsqu'ils eurent passé un beau collier d'or au cou assoupli de la République, fut-il de faire étêter correctement, pour les mettre à hauteur de vasselage, ces orgueilleuses et gênantes vigies.

La prépondérance de la bourgeoisie guelfe, qui fut aussi (1252-1373) l'époque la plus florissante de la République et du commerce à Florence, n'excluait pas les rivalités et les troubles. Les Gibelins, battus, mais non abattus, essayaient sans cesse de ressaisir le pouvoir. Ces tiraillements politiques et sociaux se compliquaient de mille éléments étrangers et des divisions intestines de la classe victorieuse ; car les Guelfes eux-mêmes s'étaient partagés en deux factions, l'aristocratique et la populaire, qui travaillaient à se détruire mutuellement. Une querelle particulière, née à Pistoie, vers la fin du treizième siècle, enfanta encore de nouveaux partis, les *noirs* et les *blancs*, qui aggravèrent d'autant les levains de discorde au sein de la République. Ce fut en cette occasion que la maison de Dante fut pillée, et que le grand poète, qui n'était pas encore devenu Gibelin, fut proscrit.

Parmi ces crises répétées, qui minaient insensiblement les bases de l'État, mais qui trempaient les caractères et stimulaient toutes les facultés individuelles, l'art n'était pas oublié. Loin de là : c'est le moment de la première renaissance italienne. Le génie florentin s'épanouit tout à son aise au milieu de la foudre et des éclairs : Brunetto Latini, Dante, Dino Compagni, Villani, mettent fin au règne exclusif de la langue latine en fixant l'idiome national dans leurs écrits. Cimabue et Giotto dégagent la peinture du stérile formalisme byzantin. Enfin, les architectes et les sculpteurs Arnolfo di Lapo, Jean, Nicolas et André de Pise frayent glorieusement la voie aux chefs-d'œuvre qui vont éclore.

En ce temps-là, Florence avec sa banlieue immédiate comptait plus de 200 000 habitants. Elle occupait Arezzo, Colle, Pistoie; tout le Lucquois était couvert de ses châteaux forts, et elle s'apprêtait à conquérir Pise. Les maisons de banque de la ville étaient au nombre de quatre-vingts. Par son *arte del cambio* (commerce de l'argent), elle tenait sous sa domination une partie du trafic européen. Sa force militaire était respectable : elle pouvait mettre sur pied 25 000 hommes, dont 1500 nobles inscrits aux registres des Arts majeurs.

Comment s'écroula ce puissant édifice démocratique et mercantile? Les causes de sa chute furent multiples et s'accumulèrent rapidement.

Le roi d'Angleterre Édouard III, pressé du besoin d'argent dans sa lutte contre la France, s'adresse aux banquiers florentins, qui lui prêtent des sommes considérables. A l'échéance, le monarque ne peut satisfaire à ses engagements : toute la finance de la République est atteinte du coup. Pour comble, un aventurier français venu de Naples, le duc d'Athènes, s'empare du gouvernement, soutenu par le *popolo minuto* en haine des *grassi*, c'est-à-dire des riches, et se fait nommer à vie seigneur de Florence. Par ses excès et ses cruautés, il ne tarde pas, il est vrai, à s'aliéner tout le monde, et on le chasse (1343).

Deux ans après a lieu la grande faillite des banquiers florentins. Ce fut comme un abatis de capucins de cartes. Le roi de Sicile avait emprunté, lui aussi, aux opulents *cambiatori;* il fit comme le roi d'Angleterre : il ne paya pas. Circonstance curieuse à noter : la Grande-Bretagne n'a jamais renié sa dette, aujourd'hui vieille de plus de cinq cents ans; mais la liquidation est encore à venir.

Trois ans plus tard éclata la fameuse peste dite de Florence, qui extermina dans cette seule ville plus de 50 000 personnes, et qui fit le tour de l'Europe. Boccace, qui avait alors vingt-cinq ans, a décrit le lamentable fléau dans la préface de son *Décaméron*, et constaté en même temps l'incroyable et funeste relâchement de mœurs qui s'ensuivit.

Un coup non moins terrible fut, en 1378, la révolution des *Ciompi* (compères), partie des plus bas fonds de la société. Ces hommes, qui appartenaient pour la plupart à des métiers n'ayant point d'existence politique, et que l'Art de la laine tenait sous sa dépendance, réussirent à s'emparer du pouvoir; leur triomphe ne fut, il est vrai, que de courte durée; mais la liberté et, avec elle, la prospérité de la République avaient été frappées au cœur. Dans ce mouvement des cardeurs de laine, on avait vu apparaître une famille plébéienne, destinée à remplir bientôt à elle seule toute la scène politique : la famille des Médicis.

Cette compagnie de banquiers, demeurée d'abord au second plan, allait prendre peu à peu, par sa richesse, la place de ces autres chefs du même ordre dont le blason commercial n'était plus fait d'un nombre de « balles d'or » suffisant. Ni la mesure ni l'habileté ne lui manquèrent : elle se trouva là, tout à point, comme un attelage frais, pour fournir le relais du char de l'État. Dès 1421, avec Jean, elle arrive à la charge de gonfalonier; avec Cosme, fils de Jean, elle semble d'abord subir un recul : la démocratie florentine, très envieuse de sa nature, n'avait jamais aimé le faste chez les riches; Cosme eut l'imprudence d'afficher un luxe princier. On l'exile, puis on le rappelle; bien plus, on lui décerne le titre de « père de la patrie », et pendant trente ans il administre presque sans contrôle la République. Que dis-je? Ce n'est même plus le gouvernement d'une République que cet usurpateur sans violence transmet à son frère Pierre, puis à son fils Laurent : c'est déjà une sorte de monarchie déguisée. Laurent est fastueux, lui aussi; mais, — voyez comme les mœurs changent en quelques années, — au lieu de l'exiler pour son faste, on consacre officiellement ce faste par le surnom de *Magnifique*. Et le même Laurent n'est plus un simple gonfalonier, comme son aïeul, c'est un *principe del Stato*.

C'en est fait. Malgré le complot des *Pazzi*, malgré Charles VIII et François Ier, malgré l'éloquence de Savonarole, le moine-tribun, et les soubresauts d'une démocratie qui s'obstine à ne point mourir, les Médicis, à la longue, ont raison de la liberté florentine. Après chaque chute, leur fortune se relève, plus brillante qu'auparavant. L'heureuse famille ceint de bonne heure la tiare avec Léon X et Clément VII. Charles-Quint lui-même se remue pour elle, et, en 1530, envoie une armée assiéger Florence. Celle-ci, défendue par l'ingénieur Michel-Ange, qui a fortifié les hauteurs de San Miniato, résiste longtemps, puis capitule : ce jour-là fut celui de l'asservissement définitif pour la ville de Dante.

Restons sur ce feuillet d'histoire politique : le reste nous importe peu. Le principat des Médicis, inauguré au xv° siècle, durera jusqu'au milieu du xviii°; entre temps, l'Art de la laine passera en d'autres mains; la découverte du cap de Bonne-Espérance et des deux Amériques tracera au commerce des routes nouvelles.

A Florence, on ne songera plus qu'à vivre et à jouir. La tyrannie y est si douce, si exempte de préjugés; elle s'accommode et donne, au besoin, l'exemple d'une si aimable facilité de mœurs! Ajoutez la protection accordée aux lettres et aux arts, l'immunité relative laissée à l'esprit de raillerie et de satire, puis ce triomphe platonique, tout de dilettantisme, qu'obtiennent après coup les idées de la démocratie à la cour même des princes, et vous aurez une image de cette nouvelle société florentine des xvi° et xvii° siècles, dont on retrouve de toutes parts les traces à travers la ville des Médicis.

Si, de la place de la Seigneurie, on suit jusqu'au bout la rue, déjà mentionnée, des Cazaljuoli, on arrive à ce fameux Dôme, dont l'année 1298 vit commencer l'érection. Florence était alors dans toute la chaleur et l'orgueil de ses sentiments civiques et républicains : aussi le décret qui appelait le « maître-architecte de la commune », Arnolfo di Cambio, à fournir le plan d'une cathédrale, lui enjoignait-il « de faire le modèle ou dessin de la rénovation de Santa Reparata (c'était le nom de l'église qui occupait primitivement la place du Dôme), avec la plus haute et la plus somptueuse magnificence, de sorte que l'industrie et la puissance des hommes ne pussent rien inventer de plus vaste et de plus beau. »

Quatre ans après, le constructeur se mit à l'œuvre. La dépense était énorme ; tous les « Arts » et le menu peuple lui-même y contribuèrent. Arnolfo mourut (1310) sans avoir achevé l'édifice, auquel on travailla, du reste, d'une manière ininterrompue pendant plus d'un siècle et demi. Deux grands architectes, qui étaient en même temps de grands peintres, Giotto et Andréa Orcagna, continuèrent successivement l'entreprise ; mais l'immense vaisseau n'avait toujours pas son couronnement. L'homme qui devait le lui donner ne naquit que dans l'année qui suivit la mort d'Orcagna (1377) : c'était Brunelleschi.

Brunelleschi commença par être orfèvre, comme bon nombre de grands artistes de son époque; il se tourna ensuite vers la sculpture, et se présenta même au concours ouvert pour la construction des fameuses portes du Baptistère, puis il se retira de la lice en faveur de Lorenzo Ghiberti, qui, on le verra tout à l'heure, ne lui rendit pas, à l'occasion, générosité pour générosité.

De bonne heure, Rome l'avait attiré. Accompagné de son ami

le sculpteur Donatello, plus jeune que lui d'une dizaine d'années, il se mit en route vers la ville antique et mystérieuse. « Voyage périlleux alors, dit Michelet. La campagne romaine était déjà horriblement sauvage, courue des bandits. Chaque jour, en ce désert, l'homme perdait, le buffle sauvage devenait le roi de la solitude. Elle continuait dans Rome. Les rues étaient pleines d'herbe, entre les vieux monuments devenus des forteresses, défigurés et crénelés.

» De statues, on n'en voyait guère ; elles dormaient encore sous le sol ; mais des bains immenses restaient, onze temples, presque tous disparus maintenant, des substructions profondes, des égouts monumentaux, où auraient pu passer les triomphes de César : toutes les merveilles de *Roma sotterranea*.

» Pétrarque avait désigné Rome oubliée à la religion du monde. Brunelleschi la retrouva, la recomposa en esprit. Presque tout était enfoui. En creusant bien loin dans la terre, on trouvait le faîte d'un temple debout. Pour atteindre cette étrange Rome, il fallait y suivre les chèvres aux plus hasardeuses corniches, ou, le flambeau à la main, se plonger aux détours obscurs des abîmes inconnus. »

Brunelleschi, mathématicien, dessinateur, géomètre, — car ces génies de la première renaissance italienne étaient des hommes universels, — ne se contenta pas d'observer les lignes et les aspects. Il se prit à la substance même et à la matière de l'art antique. Il étudia, dans l'ombre et le silence, la nature des matériaux et celle des ciments, le calibre des pierres et les puissantes agglutinations qui les reliaient l'une à l'autre. Il mesura et il calcula. Ce vieux sol, avare jusque-là de ses trésors, lui ouvrit son sein, ses secrets ; et devant le regard de ce chercheur, habile à fouiller tous les recoins, sous la main de cet initié, qui palpait et retournait opiniâtrément les cadavres de terre et de pierre, jaillit une lueur grandiose de renouvellement.

Il partit de Rome, emportant l'idée d'une architecture que le moyen âge n'avait pas connue, d'une architecture innommée encore, où le beau et le vrai, la logique et l'art, la simplicité inouïe et la hardiesse déconcertante, devaient s'unir et s'étayer dans une gigantesque création.

De retour à Florence, — il avait alors quarante-quatre ans, — il se proposa pour achever la cathédrale d'Arnolfo. Le problème semblait presque insoluble : ce n'était rien moins qu'un second temple aérien à jeter d'aplomb sur les pans droits du premier. Un congrès d'architectes fut convoqué (1420); les artistes les plus renommés accoururent de tous les pays de l'Europe, et particulièrement de l'Allemagne. Les Titans jadis n'avaient pas autant discuté sur les moyens d'escalader le ciel. Et qu'était-ce en effet que d'entasser « Pélion sur Ossa », auprès de cette laborieuse conquête à faire sur l'espace ouvert, sur le vide, par un élancement de courbe est de voussures?

Les illustrations routinières du congrès mirent au jour toutes sortes d'idées sublimes. Ils parlaient de placer comme étais à l'intérieur de gigantesques piliers sur lesquels porterait la coupole; ils parlaient aussi de crampons de fer à dissimuler habilement. Les plus ingénieux proposaient de donner comme soutènement à la voûte « une montagne de terre où l'on jetterait des pièces de monnaie, afin que la multitude se chargeât plus tard de la déblayer », bref, ce n'étaient, dans tous leurs discours, qu'échafaudages, échalas, bâtons et béquilles.

Brunelleschi exposa son plan à son tour. Il dit que, sans arcs-boutants, sans contreforts, sans armatures, sans charpentes, il inscrirait l'une dans l'autre deux coupoles ayant ensemble plus de 43 mètres de diamètre, et que, « sur les voûtes énormes des Tarquins, il enlèverait le Panthéon à 300 pieds dans les airs. » A cette colossale lubie, un rire homérique vola par toute l'assemblée. Après qu'on eut ri, on se fâcha; on mit à la porte ce plaisant, que plusieurs avaient bonne envie de jeter par la fenêtre. L'histoire s'en répandit par la ville et par la campagne, et quand le pauvre grand homme passait dans la rue, les gens se le montraient du doigt, en disant : « C'est ce fou de Brunelleschi! »

Lui cependant ne se tenait pas pour battu. Il avait fait de son plan un modèle en relief qu'il cachait soigneusement, ce qui ne manquait pas, quelles que fussent les défiances, d'exciter la curiosité. Enfin, de guerre lasse, les autres architectes demeurant toujours en proie à leurs laborieuses incubations, on autorisa Brunelleschi, ne fût-ce que pour le confondre, à essayer l'érection de son œuvre jusqu'à sept mètres de hauteur; seulement ses adversaires lui firent adjoindre comme collègue, et en quelque sorte comme surveillant, Ghiberti, qui fit bon marché de la reconnaissance en cette occasion. Pour le coup, Brunelleschi, découragé, écœuré, faillit renoncer à la lutte ; il parlait de brûler tous ses dessins et de quitter pour jamais la cité ingrate. Ses amis le retinrent, lui rendirent l'énergie. Voyant qu'il fallait ruser encore une fois, il feignit d'être malade et laissa Ghiberti à ses propres forces. Celui-ci était certes un sculpteur hors ligne, mais ce n'était pas un architecte de premier ordre. D'ailleurs il n'avait pas conçu le plan. Devant sa notoire incapacité, il fallut bien revenir à Brunelleschi, le nommer directeur unique des travaux. Dès lors le grand modèle fut exposé en public, et tout le monde y put suivre par le menu les phases diverses de la construction.

L'artiste dut, à vrai dire, former entièrement tous ses ouvriers, ne les pas quitter un moment de l'œil, enfanter à la fois l'ensemble et les détails. Enfin, l'œuvre monta superbement dans l'espace, réunissant, à l'effroi de tous, sans la moindre cerclure de fer, les quatre nefs de Sainte-Marie. C'est ainsi que le dôme d'Arnolfo fut achevé, moins toutefois la lanterne terminale, que Brunelleschi n'eut pas le temps de poser. Le « puissant chapeau », comme il l'appelait, fut ajouté ultérieurement, mais non pas d'après le modèle qu'il en avait fait.

Ce sublime ordonnateur de la pierre et du marbre, dont Cosme de Médicis disait qu'il serait « capable de retourner le monde », ce dont lui-même ne disconvenait pas, « pourvu, ajoutait-il en riant, qu'on lui donnât un point d'appui, » mourut en 1444, âgé de soixante-neuf ans. Son plus bel éloge a été fait en une phrase par Michel-Ange, dont le génie devait, au siècle suivant, accomplir à Rome un semblable coup d'audace architecturale. — « Où voulez-vous être enterré, demandait-on à Buonarotti, comme il venait de bâtir Saint-Pierre ? — Je veux l'être, répliqua-t-il, à une place d'où je puisse contempler éternellement l'œuvre de Brunelleschi. »

Vis-à-vis du Dôme est le Baptistère (ex-église Saint-Jean-Baptiste), édifice octogone, dont on connaît les merveilleuses portes de bronze, puis, sur l'un des côtés, le Campanile, à la plate-forme supérieure duquel conduit un superbe escalier de 463 marches. Ce beau clocher que Charles-Quint aurait voulu couvrir d'un étui, estimant que c'était un péché de le laisser voir tous les jours et à tout venant, est revêtu entièrement, du haut en bas, de compartiments en marbres noirs, rouges et blancs.

Ici nous apparaît le grand artiste à la fois peintre, architecte et sculpteur, duquel date en réalité l'ère de la renaissance italienne. Vasari rapporte que Cimabue, allant un jour de Florence à Vespignano, rencontra près de ce village un jeune pâtre d'une dizaine d'années qui, tout en gardant son troupeau, dessinait d'instinct, sur une pierre polie, toutes sortes de figures d'animaux. Cimabue, ravi, l'emmena avec lui. C'était Giotto. Par lui, la peinture fit un pas immense; elle s'affranchit définitivement de la façon grecque et de la raideur liturgique, pour devenir l'expression plus vivante du génie individuel. Ce mouvement révolutionnaire s'étendit rapidement sur toute l'Italie. Les cinquante-quatre bas-reliefs exécutés par Giotto sur le Campanile retracent les principaux faits de la civilisation humaine, telle qu'on la concevait au XIIIe siècle : traditions juives et grecques, navigation, labourage, domestication du cheval, arts, sciences, philosophie, tout y est, sans excepter la théologie. Les statues sont dues aux ciseaux de Donatello, d'André de Pise, et de ce Lucca della Robbia, leur contemporain, qui a laissé de si beaux ouvrages en terre cuite vernissée.

Sans vouloir récrire ici une histoire abrégée de l'art italien, il nous faut bien ordonner un peu nos idées et ressaisir le fil chronologique susceptible de relier nos contemplations. Dans le domaine de la peinture, après Cimabue et Giotto, les deux grands précurseurs du XIIIe siècle, nous avons, au XIVe siècle, Andrea Orcagna, que le Campo Santo de Pise nous montre dans toute sa gloire; au XVe siècle, Masaccio, Filippo Lippi et son fils Filippino, avec lesquelles l'inspiration, quittant les sphères purement idéales, descend dans la réalité, dans la vie vivante et passionnée de la cité; nous avons aussi Ghirlandajo, qui eut Michel-Ange pour élève, et Verocchio. Je mets à part ce rêveur céleste qui a nom Fra Angelico, cet enlumineur candide des choses paradisiaques, dont le couvent de San Marco vit naître et grandir la gloire.

Au XVIe siècle enfin, période épique et païenne de l'art italien, nous avons Léonard de Vinci, qui émigre ensuite à Milan, Michel-Ange, qui se partage entre Rome et la Toscane, Raphaël, qui est surtout romain, et André del Sarto, le Raphaël de l'école florentine, qui, comme Vinci et le Rosso (maître Roux), vécut longtemps auprès de François Iᵉʳ, à Fontainebleau et à Paris.

Le nom de Raphaël m'amène à parler d'une des découvertes les plus étranges et les plus précieuses à la fois qui aient été faites, dans ces derniers temps, en Italie. Voici en abrégé l'aventure.

En l'été de 1843, un carrossier prit à louage, dans un bâtiment de la rue Faenza, au nord de San Lorenzo, un vaste rez-de-chaussée voûté, aux murs épais, et n'ayant pas moins de trois ou quatre cents ans d'âge. C'était le réfectoire d'un ancien couvent de nobles religieuses, nommé San Onofrio. Le bâtiment était devenu, au cours du XIXᵉ siècle, une filature de soie, et Dieu sait quel enduit de noir de fumée les vomissements de la chaudière à cocons avaient incrustés sur la pierre. Le nouveau locataire, qui n'avait que faire de ces couches de suie superposées, commença par ordonner qu'on badigeonnât les murailles. Comme on procédait à ce nettoyage, on crut découvrir sous la croûte écaillée du noir vernis quelques traces de couleur. Le carrossier n'était pas un vulgaire fumiste : il flaira une trouvaille et fit immédiatement cesser le badigeonnage. Puis lui-même se mit à décrasser plus délicatement une portion du mur. Ce qui apparut sous l'éponge lui fit l'effet d'une peinture tout simplement magistrale. Il prévint le propriétaire de l'immeuble, qui effleura la chose de l'œil, et n'en fut pas autrement ému. Une fresque de plus ou de moins, peu importait : à ce compte, disait-il, il faudrait opérer le débarbouillage de tous les greniers et de tous les corridors de Florence, car il n'y avait pas un pan de muraille qui ne gardât au front quelque éclaboussure de pinceau.

Le carrossier, qui n'avait pas une foi très robuste en ses propres notions esthétiques, négligea de pousser plus avant ses investigations, et n'eût plus d'autre souci que de faire au mieux son métier. Ce *statu quo* durait depuis deux années environ, lorsqu'un jour, un client de l'atelier, M. Zotti, s'arrêta rue Faenza pour s'enquérir d'une voiture. Tout en lorgnant tilburys et victorias, il jeta un regard sur le mur. S'approcher dudit mur, donner le coup d'ongle et deviner ce qu'il en était, fut pour lui l'affaire d'un instant. Sous l'épais tégument de fumée et de vapeur étincelait une composition dont le sujet était une sainte Cène. L'économie de l'ensemble se laissait aisément saisir; le groupement des personnages était plein de grandeur et de vérité, les figures, les poses, les draperies, tout était d'une noblesse et d'une expression remarquables.

M. Zotti fit venir un de ses amis, qui avait comme lui le sens artistique. Plus de doute : ces pierres mal ramonées cachaient une merveille. On demanda l'autorisation d'effectuer un lavage complet. Ce ne fut pas une mince besogne. La fresque ne mesurait pas moins de vingt-six pieds de largeur. On s'y prit avec tout le soin que comportait un pareil travail de rénovation, et, lorsque les profanes pellicules de suie furent tombées, on se trouva en présence d'une peinture murale absolument fraîche et intacte.

Restait à savoir quel était l'auteur du chef-d'œuvre. Dès l'abord, on avait cru reconnaître la même main qui avait fait la fresque des Camaldules de San Severo, à Pérouse, c'est-à-dire la main de Raphaël ; mais nombre de gens autorisés contestèrent l'attribution. Une longue polémique s'engagea ; de part et d'autre on accumula des montagnes d'arguments ; la controverse durerait peut-être encore aujourd'hui, si une autre découverte, celle d'un carton dont l'ordonnance et les détails se rapportaient précisément à cette fresque, ne fût venue établir, d'une façon irréfragable, que les peintures de l'ex-réfectoire de San Onofrio étaient bien l'œuvre de Raphaël.

D'où je tire une double conclusion : premièrement, que les vieux murs noirs en Italie, et à Florence en particulier, doivent toujours être traités doucement, aussi bien par les carrossiers que par les autres industriels ; secondement, que les cartons d'un artiste de génie lui servent, non pas seulement à faire ses peintures, mais encore à en revendiquer, au besoin, la propriété et l'honneur par-devant les arrière-neveux.

J'allais oublier d'ajouter que, depuis cette merveilleuse découverte, on ne construit plus de voitures au numéro 58 de la rue Faenza : la maison de la fresque a été transformée en un musée où l'on a réuni les antiquités égyptiennes et étrangères, qui étaient auparavant dispersées dans différentes galeries de la ville.

Et maintenant, lecteur, si vous le voulez bien, traversons l'Arno par le Pont-Vieux, pour aller voir sur la rive gauche un prodige d'architecture tel que l'Europe n'en possède pas un second.

J'ai dit ce que sont en général les palais florentins. Ces sévères demeures, véritables forteresses par le pied, n'aspirent réellement l'air que par leur front, orné d'une *loggia*, d'un auvent en saillie ou d'une gigantesque corniche. J'ai dit aussi que c'est dans la partie centrale de la ville qu'on trouve les spécimens les plus originaux de ces édifices. Tel est, par exemple, le palais Strozzi, avec ses trois façades si imposantes ; tel aussi le palais Riccardi, situé un peu plus au nord (via Cavour) et qui mériterait une mention à part, rien que pour avoir été la première demeure des Médicis. Au point de vue des bossages, c'est peut-être le plus réussi de tous ; mais la merveille du genre est, sans contredit, le palais Pitti.

Construit en 1440, sur le dessin de Brunelleschi, pour un simple marchand florentin, dont il a conservé le nom, il fut acquis, un siècle plus tard, par les Médicis, qui le firent achever et l'habitèrent. Fort heureusement, en l'achevant, on n'altéra point le colossal caractère du plan primitif. Cet édifice, rendu plus imposant encore par sa position surexhaussée, a l'air d'une véritable gageure. Il est en blocs énormes, en quartiers de roche à peine dégrossis, dont les emmanchements laissent passer de gigantesques bossages. Les Étrusques seuls ont su empiler jadis des masses aussi formidables et aussi anguleuses. La façade a 200 mètres de long. Les deux étages posés sur l'assise géante du monument montent en se rétrécissant vers le ciel bleu ; aux deux échines, une puissante terrasse transversale ajoute encore à la structure trapue de l'ensemble. Point d'ornement extérieur, car on ne saurait attribuer le caractère décoratif à la longue balustrade qui couronne chaque étage, non plus qu'aux lourdes arcades dont le cintre enferme les fenêtres. Le monstre est tout de pierre nue.

L'aspect de la cour carrée intérieure n'est pas moins fruste, malgré ses trois lignes de colonnes superposées. Le dallage même sur lequel on y marche est parfaitement en harmonie avec la rudesse sombre de l'édifice. Mais entrez dans cette enfilade de salons, où les Médicis, ces « connaisseurs » sans pareils, ont rassemblé, en fait de tableaux, de statues, d'argenteries, de meubles somptueux, d'ivoires et de mosaïques, tout ce que la puissance servie par la richesse peut accumuler de chefs-d'œuvre : quelle surprise ! quel éblouissement !

Une cité qui avait déjà les Offices, et qui, pour surcroît, se voit doter des merveilles du palais Pitti! Quelle compensation à la servitude, si la servitude pouvait jamais être compensée! Presque toutes

FLORENCE : JARDINS BOBOLI.

les œuvres de cette galerie sont hors ligne; trois toiles, hors ligne parmi toutes les autres, la Vierge à la Chaise, la Madone du grand-duc, la **Vision** d'Ezéchiel, **y** proclament la gloire et le génie de Raphaël.

Au palais Pitti attiennent les jardins Boboli, commencés au xvie siècle, sous Cosmo, le premier grand-duc de Toscane. Qu'il est doux, au sortir de la célèbre galerie, la tête encore pleine de tant de visions peintes et sculptées, d'aller s'asseoir un instant au *Coffee house* et de contempler du haut des terrasses les dômes scintillants de Florence, de l'autre côté des quais de l'Arno! Puis, quand vous êtes un peu reposé, — car rien ne fatigue comme l'admiration à jet continu, — vous descendez la superbe avenue qui conduit à l'Isoletto, vers ce grand bassin au milieu duquel, d'une vasque ruisselante, se dresse la statue de Neptune par Jean Bologne. Le jardin Boboli, que la fastueuse royauté de Louis XIV a depuis imité et surpassé à Versailles, forme, du côté sud, la limite de la ville. Il s'étend depuis la forteresse du Belvédère, dont j'ai parlé au début de cette description de Florence, jusqu'à la Porta Romana. De là une route mène, à droite, vers la colline de Bellevue, une autre, à gauche, vers la villa dite le Coteau impérial (*Poggio imperiale*), puis, plus loin, à la Torre del Gallo, qui servit d'observatoire à l'illustre Galilée, avant qu'un Médicis ne l'eût livré à l'Inquisition.

Une autre promenade, bien plus fréquentée, et qui est comme le bois de Boulogne des Florentins, ce sont les Cascine (laiteries). On y va en voiture, à cheval, à pied, et même, au besoin, à dos de chameau, car le chameau ne vous en déplaise, est à peu près acclimaté en Toscane. La futaie est superbe, les haies verdoient à droite et à gauche; l'Arno coule doucement le long de ses rives teintées de couleurs charmantes. Dans le lointain se dressent les cimes bleuâtres des monts.

Vous regardez, à l'heure du *fresco*, défiler, là devant vous, les cavaliers et les équipages; pour mieux voir, vous vous asseyez au Piazzone. Chaque Florentine qui passe et repasse, fût-ce une simple fleuriste coiffée de son chapeau de paille, vaut à elle seule un poème. Vous ai-je dit que la Florentine, si elle n'a point les formes pleines, les traits réguliers de la Milanaise ou de la Romaine, exhale, en revanche, de toute sa personne, je ne sais quelle grâce originale que ni la Romaine ni la Milanaise ne sauraient jamais acquérir? C'est visiblement affaire de terroir. La femme de Florence a pour elle une exquise distinction de traits et de tournure. Il ne s'y mêle point cet attrait caressant et voluptueux de la Vénitienne ; mais la physionomie est fine et intelligente ; l'abord respire une familiarité pleine à la fois d'aisance et de réserve. Je ne sais quel rayon de flamme intérieure éclaire la figure enjouée. Rien de cette sentimentalité légèrement morbide que l'on trouve plus au nord. La passion que fait naître la Florentine a besoin de paraître toujours un peu contenue : excellent moyen, vous le savez, pour rendre une passion incurable, pour la maçonner au cœur du patient, et lui donner les solides attaches d'une des ossatures marmoréennes du palais Pitti.

Quant au Florentin, même le descendant le plus authentique d'un *minuto* du XIVe siècle, ce ne sera jamais l'image d'un balourd. Sismondi nous le peint, au beau temps des gonfaloniers, comme un homme reconnu pour avoir l'esprit le plus délié parmi tous les peuples d'Italie ; railleur en société et saisissant avec vivacité le ridicule ; dans les affaires, découvrant avant les autres, par sa perspicacité, la voie la plus courte pour arriver à son but. Avec cela, un caractère ferme et une conduite plus mesurée qu'une telle vivacité d'esprit n'aurait pu le faire supposer. En littérature, unissant toutes les prestesses de la pensée à la force du raisonnement, la gaieté à la philosophie, et la plaisanterie aux plus hautes méditations. L'original d'aujourd'hui se reconnaît encore assez dans ce portrait.

Florence possède à elle seule une douzaine d'académies, dont la plus célèbre est celle de la *Crusca*, qui date de 1582. A cette époque, les Florentins avaient déjà créé de toutes pièces ce beau dialecte qui était digne de devenir la langue de la péninsule entière. On sait que ce fut Dante qui le dégagea en quelque sorte des langes, et lui livra le champ littéraire, occupé jusqu'alors exclusivement par le latin. Sans doute, aujourd'hui encore, les divers patois italiens sont loin d'être réduits à l'état d'idiomes morts ou même mourants ; ce sont eux qui défrayent presque partout le théâtre et la littérature populaires, et ce n'est pas là, soit dit en passant, un médiocre embarras pour le voyageur qui n'a puisé qu'à une source unique et épurée les connaissances linguistiques dont il se sert au delà des monts ; mais on a entamé depuis quelques années, en Italie, une campagne suivie, pour achever le plus vite possible l'unification nationale par la vulgarisation d'un idiome unique; en tous cas, nous sommes loin du temps où l'on pouvait compter par centaines les sous-dialectes en vigueur dans la Péninsule, et où un «cicéronien» soutenait, en présence du pape Clément VII, un Médicis, s'il vous plaît, que l'italien n'était pas une langue et méritait tout au plus d'être abandonné, comme « patois », aux gens de la classe infime.

Il est vrai que d'autres cicéroniens, Bembo entre autres, contribuèrent à établir la grammaire et à fixer l'orthographe de la langue nouvelle. Quant à l'Académie de la Crusca, son rôle fut celui de toutes les académies. Elle épura, éplucha, émonda, souvent à tort et à travers. Les *Cruscantes* n'étaient pas infaillibles, et leur juridiction rencontrait d'ailleurs plus d'une résistance. On sait que le mot *Crusca* signifie *son;* la tâche première de la compagnie fut en effet de séparer le bon grain de l'ivraie. Dante, Pétrarque et Boccace furent reconnus de bonne mouture. Tasse, en revanche, n'eut pas cette fortune. Son œuvre fut censurée, tout comme le *Cid* de Corneille le fut par d'autres Cruscantes qui n'étaient pas des Toscans. On trouva que la *Jérusalem délivrée* contenait plus de son que de farine; on la rejeta, en avertissant charitablement les gens de goût que le grain en était si mauvais, que ni le tamis ni la meule n'y pouvaient rien, et qu'il n'y avait pas lieu d'admettre au grenier des saines récoltes un poème dont l'ordonnance était indigente et froide « comme un dortoir de moines ». La satire était, on le voit, à double tranchant, et daubait l'ascétisme du cloître sur le dos de la poésie!

A six kilomètres au nord de Florence, se trouve l'antique cité de Fiesole, qui fut le centre le plus important de toute la contrée au temps des Romains. Ce n'est plus aujourd'hui qu'un spectre de ville, un entassement quasi funéraire de ruines étrusques et de masures, au milieu desquelles se dresse une cathédrale du onzième siècle, en forme de basilique. De nombreuses villas modernes se sont néanmoins accrochées ici aux pentes des collines, car le site est des plus pittoresques, et l'on y jouit d'une vue magnifique sur la riche plaine de l'Arno et sur tout le relief des montagnes jusqu'aux cimes lointaines du défilé de Massa-Carrara.

En obliquant de là vers la route carrossable de l'Apennin, on arrive à la villa Pratolino, qui abrita jadis les amours romanesques du duc François et de la fameuse Vénitienne Bianca Capello. Celle-ci, une véritable « Vénus du Titien », finit par devenir grande-duchesse de Toscane. En revanche, la fille du grand-duc François devint reine de France sous le nom de Marie de Médicis. Cette ancienne résidence princière, dont les historiens racontent des merveilles, n'est plus qu'une morne solitude où nichent à l'aise les oiseaux; le palais a été rasé; avec lui se sont évanouies les féeries d'hydraulique que l'architecte avait inventées pour charmer les regards de la belle châtelaine aux cheveux d'or. Le parc n'a conservé, de toutes ses constructions étranges ou hardies, qu'une statue colossale de l'Apennin, haute de 20 mètres, qui fut sculptée sous la direction de Jean Bologne.

Mais la partie la plus ravissante, et, à bon droit, la plus renommée, de ce versant des Apennins, c'est la zone de grands bois ombreux, entremêlés de ruisseaux jaseurs et de frais pâturages, où s'élèvent l'ex-abbaye de Vallombreuse et les couvents de la Verna et des Camaldules. L'Arioste et Milton ont célébré tour à tour la poésie mélancolique de ces hauts vallons, vrai paradis toscan, jeté sur le triangle des monts Falterona, Prato-Magno et Catejana, c'est-à-dire dans la région où l'Arno et le Tibre ont leurs sources.

III. — DES BORDS DU SERCHIO AUX RIVAGES DU LATIUM

L'ancienne Étrurie est arrosée par une demi-douzaine de fleuves, d'importance inégale, qui sortent de l'Apennin ou de ses diverses ramifications. Le plus septentrional, le Serchio, qu'alimentent les neiges de la Garfagnana et des Alpes Apuanes, traverse le Lucquois et va se jeter dans la mer, à six kilomètres seulement au nord de l'embouchure de l'Arno, avec lequel il a dû avoir autrefois un lit inférieur commun. L'Arno, qui a sa source dans une direction diamétralement opposée, au mont Falterona, décrit une ligne des plus singulières. Après avoir coulé d'abord parallèlement au Tibre, il rebrousse chemin tout à coup, un peu au-dessus d'Arezzo, et, laissant son frère jumeau continuer sa route vers Pérouse, il contourne mollement la chaîne du Prato-Magno pour gagner Florence et obliquer de là, presque en ligne droite, jusqu'à Pise.

Les autres fleuves, du nord au sud, sont : la Cecina, née du massif subapennin que domine le mont Catini, renommé pour ses eaux thermales et médicinales; la Cornia, qui sort du demi-cercle de hauteurs dont les monts Calvi et Monticri figurent les deux grandes échines, et qui se termine à la mer par l'étang de Piombino; l'Ombrone, qui descend des environs de Sienne et traverse la maremme de Grosseto; l'Albegna, qui aboutit à la racine du promontoire d'Orbetello; enfin la Fiora, qui a sa source dans les réservoirs du gigantesque Amiata, et forme la limite méridionale de la Toscane.

Le versant toscan des Apennins offre un aspect beaucoup plus riant que celui qui va, de l'autre côté, vers le Parmesan et la Modénais. La différence n'est pas aussi tranchée qu'entre la pente française et la pente espagnole des Pyrénées; mais elle est néanmoins sensible à première vue. Dans le bassin de la mer Tyrrhénienne, les pâtis sont d'une couleur plus vive, les plateaux et les vallons plus peuplés. L'ensemble a un caractère de fécondité et de bien-être, qui tient surtout à ce que le sol, de même que dans le Milanais, y est divisé à l'infini.

Le précepte du poète latin : *exiguum colito* — cultivez en petit, — y était appliqué déjà du temps de Sismondi, qui vante les excellents résultats de ce morcellement agricole. Tout le pays comprend au reste trois régions bien distinctes, dont le voyageur saisit aisément la succession, sans même descendre de wagon. Au nord et à l'est, c'est la grande intumescence alpestre, une série de hautes cimes que la neige blanchit pendant plusieurs mois de l'année : là, tout l'écroulement plus ou moins abrupt des déclivités apennines présente, suivant le degré d'altitude, des massifs de pins, de sapins, de mélèzes, des agglomérations de trembles, de hêtres, de châtaigniers. Au-dessous, c'est-à-dire dans la partie centrale du pays, en deçà du relief subapennin, se déroule un écheveau de collines boisées, aux vallées étroites, toutes plus fertiles les unes que les autres. Enfin, à l'extrême ouest et au sud, se trouve la zone des grandes plaines et des marécages.

Avant de m'occuper de cette dernière, qui demande une description tout à fait à part, je ne veux voir en ce moment que la riche région, en quelque sorte circulaire, dont Florence et le cours de l'Arno occupent le milieu, et où s'élèvent les quatre cités, fameuses à divers titres, de Lucques, Pise, Livourne et Sienne.

Plus on avance vers le réseau central des fleuves et des rivières, reliés encore par un lacis presque inextricable de ruisselets, plus on voit que la propriété va se divisant. Ce sont des myriades de petites closeries, de compartiments couverts d'oliviers, et séparés les uns des autres par des haies épaisses de mûriers et des rangées de peupliers auxquels se marient, non moins volontiers qu'à l'ormeau, les tendres sarments de la vigne. Huile, vin, froment, légumes croissent côte à côte sur le même enclos. Seulement, la plupart de ces domaines sont des métairies; peu de paysans sont propriétaires; les capitaux enfouis dans ce sol viennent presque tous de la ville; car, si le Florentin n'aime pas la campagne et ne la visite guère qu'au temps des récoltes, le rêve du moindre boutiquier ou de l'artisan un peu aisé n'en est pas moins d'épargner de quoi acquérir un petit domaine rural, quitte à le faire exploiter par un métayer.

Les plus prisées et les plus charmantes de ces métairies sont celles qui couronnent le sommet d'un *poggio* ou petit coteau. L'aspect en est simple, mais avenant, et ne jure pas trop à côté de la somptueuse villa à façade de marbre. C'est d'ordinaire une maisonnette en briques ou en pierres calcaires, blanchie à la chaux, avec un étage ou deux, un toit de tuiles, et un colombier turriforme ou quadrangulaire : le *capoccio*, ou chef de l'exploitation, y demeure avec toute sa famille. Il a ses *pigionali*, ouvriers ruraux à louage, pour l'aider dans sa besogne. Un ou deux attelages de bœufs, une *treggia* (traîneau) pour parcourir la montagne, un *carro* (charrette), souvent de forme si primitive, que ce n'est autre chose qu'un filet de cordes suspendu dans un cadre de bois entre deux roues hautes : tel est l'outillage le plus important du *podere*.

Pour en revenir aux cités toscanes, c'est cet incessant travail de culture qui a donné au bassin fluvial au milieu duquel se trouve Lucques, sa splendeur extraordinaire. Jadis, une grande partie des campagnes de la rive gauche étaient inondées, à certaines époques, par les grossissements du lac Bientina. Aujourd'hui, le trop-plein de la cavité s'écoule par un canal souterrain, et le sol a été au mieux assaini par les maraîchers.

Lucques *l'Industrieuse*, comme on l'appelle, compte près de 100 000 habitants. Elle a eu autrefois, sous son célèbre capitaine Gastruccio Castracani, un court moment de prospérité, qu'elle a payé ensuite d'un long et dur esclavage, à peine interrompu par quelques fugitives reprises d'haleine. J'imagine qu'après avoir

CHARIOT TOSCAN.

obéi à tant de maîtres de provenance diverse, elle a dû saluer, elle aussi, d'un soupir sorti du fond de ses entrailles, l'enfantement définitif de la patrie italienne.

Les remparts qui entourent Lucques sont les plus beaux qu'on puisse voir. Il est vrai que cette enceinte, percée seulement de quatre portes, n'est autre chose qu'une ligne continue de boulevards avec des rangées d'arbres gigantesques, platanes, trembles et acacias. La ville est littéralement noyée dans cet océan de verdure, d'où émerge seul aux regards le clocher carré de sa cathé-

OSTERIA A LUCQUES.

drale. Ce dôme, consacré à saint Martin, deux autres églises, San Frediano et San Romano, un reste d'amphithéâtre antique, quelques palais, voilà les principales curiosités qu'elle offre au touriste.

Dans une fraîche vallée des environs se trouve l'établissement thermal connu sous le nom de Bains de Lucques (*Bagni di Lucca*); il ne compte pas moins de dix-huit sources, excellentes contre nombre de maladies, dont je n'aurai garde de faire la nomenclature.

De Lucques à Pise, le trajet n'est que d'une demi-heure par le chemin de fer.

Pise, cette ancienne rivale de Gênes, comptait jadis 150 000 habitants; il lui en reste à peine la moitié aujourd'hui. Elle n'a pas été tuée seulement par la victorieuse concurrence du grand port ligure, ni par cette terrible bataille de Meloria (1284), qui anéantit presque d'un coup sa marine; la nature elle-même s'est chargée de tarir ses sources de prospérité et de vie. L'Arno, par ses alluvions, a complètement obstrué l'ancien *porto Pisano*, où atterrissaient les flottes de la fière république. La ville, qui du temps de Strabon était à moins d'une lieue de la mer, en est aujourd'hui à une distance trois fois plus considérable. Au XIIe siècle, la *Cascina di San Rossore* se trouvait sur la plage même; elle en est à présent à cinq kilomètres, et des adjonctions successives faites au continent il s'est formé là de vastes plaines sableuses, entrecoupées de pâturages et de bois de pins, où errent des milliers de chevaux et de bœufs à demi sauvages, sans compter les chameaux, que les éleveurs ont acclimatés dans ces parages, et qui se prélassent, dans la bonne ferme de San Rossore, au nombre d'une quarantaine.

Pise *la Morte* a pris philosophiquement son parti de sa décadence. « Triste ville, dit M. Taine, négligée, inerte, qui rappelle une de nos villes tombées ou laissées de côté par la civilisation qui se déplace, Aix, Poitiers, Rennes. » Pour qui a vu Pise l'hiver, cette peinture n'est plus vraie. Sans se transformer du tout au tout, ainsi que Nice, par un coup de baguette magique, Pise, dans la saison froide, devient en partie méconnaissable. La douceur de son climat, due surtout au rempart septentrional de ces monts, « qui empêchent les Pisans de voir Lucques », écrit Dante dans sa *Divine Comédie*, y attire alors une foule d'étrangers. La population indigène elle-même n'est pas ennemie d'une douce gaieté. Une florissante université contribue à maintenir une animation intermittente dans ces vieilles rues bien bâties, quoique de couleur un peu terne; puis la classe populaire y a, comme à Florence, un air avenant et

PISE : PLACE DU DOME.

souriant, qui plaît aux regards du voyageur. Gros marché, du reste, centre agricole, où affluent les céréales de toute la contrée.

Fût-elle trois fois plus déchue encore, Pise se sauverait toujours par un petit coin à part, où se groupent, vestiges glorieux d'un passé que l'art évoque jusque dans sa tombe, quatre monuments incomparables : le Dôme, le Baptistère, la Tour penchée et le Campo Santo.

Le Dôme fut construit, vers le XII° siècle, par un artiste toscan dont on ne sait rien, si ce n'est qu'il s'appelait Buschetto. C'était au temps où les Pisans étaient maîtres de la Sardaigne et de la Corse, où leurs navires s'en allaient au loin, vers Byzance, vers l'Orient, battant sur la route les écumeurs sarrasins. La jeune république, fière de sa force et de ses succès, préluda de bonne heure à la grande Renaissance par un premier épanouissement architectural. Comme Venise, elle ramassa de toutes parts, dans ses fructueuses expéditions, de quoi orner ses palais et ses édifices. Ses trois grands sculpteurs, Nicolas, Jean et André de Pise, secouèrent hardiment le joug de la routine et de la tradition.

Résultat : le Dôme, avec son Campanile latéral, ou Tour penchée, dont l'inclinaison, soit dit en passant, ne paraît tenir qu'à un accident ; le sol se serait affaissé sous le poids de la construction, avant même qu'elle fût terminée ; — le Baptistère, avec sa fameuse chaire de Nicolas de Pise ; — enfin le Campo Santo, œuvre de Jean, son fils. On sait d'où vient ce nom de *Campo Santo* (Champ sacré). Vers 1228, une cinquantaine de galères pisanes qui étaient allées au secours de Frédéric Barberousse embarquèrent comme lest, en quittant la Palestine, de la terre enlevée aux lieux occupés par le Saint-Sépulcre. La quantité qui en fut déchargée à Pise couvrit l'espace actuel du Campo Santo sur une profondeur d'environ neuf pieds. Cette terre avait la propriété de consumer les corps en vingt-quatre heures ; il lui faut aujourd'hui un temps plus que double, sans doute par suite de l'évaporation d'une partie des sels dont elle était imprégnée.

Ce cimetière forme un parallélogramme de 130 mètres de long sur 45 de large ; à l'intérieur, entre les quatre pans de marbre, règne une galerie carrée qui s'ouvre, par soixante-deux arcades à fenêtres ogivales, sur une cour déserte où l'herbe pousse à son gré. Nul édifice au monde n'est plus simple ni plus grandiose d'ordonnance.

Sarcophages, tombeaux, bustes, statues, tout un monde de chefs-d'œuvre peuple ce promenoir austère et sonore. Des fresques en ornent le pourtour. Et quelles fresques! Une série de scènes de l'histoire sacrée, par Gozzoli, l'élève du pieux moine Fra Angelico : l'*Ivresse de Noé* (la Vergognosa) la *Tour de Babel*, la *Chute de Jéricho, Salomon et la Reine de Saba;* puis les deux toiles fameuses d'Andrea Orcagna, le *Triomphe de la mort* et le *Jugement dernier*. La première surtout est pleine d'une sombre éloquence. Jamais danse macabre ne figura satire plus terrible et d'un effet plus saisissant. Une troupe de boiteux, de manchots, d'aveugles et de faméliques appellent la mort, la supplient de mettre un terme à leurs souffrances : « *O morte! medicina d'ogni pena, deh! vieni...;* » mais la camarde à l'œil cave n'a point affilé sa faux pour cette besogne; elle se détourne des infirmes, et passe... Dans un bosquet voisin, de beaux cavaliers et de jeunes dames, retour de la chasse, se livrent aux douceurs du repos, en écoutant la tendre chanson d'un ménestrel; au-dessus d'eux voltigent des amours. La mort fauche sans pitié toute la cavalcade. Elle a déjà fauché, mis en tas par terre des porte-couronne et des porte-mitre, des moines et des religieuses, des guerriers et des papes : tous gisent pêle-mêle, corps inertes qui vomissent leurs âmes sous la forme d'enfants nus. Comptez celles de ces âmes que recueillent les anges, et celles qui vont d'emblée aux griffes des démons, dont l'escadron hideux et grotesque grouille autour du noble charnier, prêt à emporter son butin de damnés à la fournaise que l'autre Orcagna, Bernardo, a préparée non loin de là.

Bon moyen âge, bon xiv° siècle! Avec quelle verve railleuse et naïve tu sais déployer les imaginations de ton mysticisme! A quelle sublime parade arrive ta satire! Ce n'était pas assez de l'*Enfer* de Dante, avec ses horribles puanteurs, ses lèpres multiples, sa poix bouillante, ses lacs glacés, ses soifs inextinguibles, ses damnés à la face tournée vers les reins ou au dos courbé sous une chape de plomb : voici, de plus, la *mort* faucheuse et la grande cuve tortionnaire des Orcagna. Quelle revanche, avec ou sans commentaire à la marge, pour les faibles contre les forts, pour les déguenillés contre les *grassi!* Quels épouvantements d'imagerie consolatrice! Quel rétablissement de l'équilibre humain... en peinture!

Pise possède quelques palais remarquables, entre autres le palais Lanfranchi, où a demeuré lord Byron, sur le quai de l'Arno; celui de Carovana, sur la Piazza dei Cavalieri. Là était autrefois la fameuse Tour, où l'archevêque Ruggieri laissa périr d'inanition, avec ses enfants, le comte Ugolin de la Gherardesca, gouverneur de Pise. « A cause de moi, on appelle cette tour la *Tour de la faim*, dit le pécheur du neuvième cercle, dans l'*Enfer* de Dante, avant de reprendre, en roulant les yeux, le misérable crâne, où ses dents, comme celles d'un chien furieux, entrèrent jusqu'à l'os. » Et le poète de s'écrier : « Ah ! Pise, la honte des nations du beau pays où le *si* résonne, puisque tes voisins sont lents à te punir, que Capraja et Gorgona s'ébranlent et fassent une digue à l'embouchure de l'Arno, pour qu'il engloutisse tous tes habitants ! » Les îles de Caprée et de Gorgone n'ont pas eu besoin de s'ébranler pour murer la bouche de l'Arno; on a vu que l'Arno lui-même s'est chargé de combler son estuaire et de ruiner les Pisans. La vengeance des « voisins » ne s'est point non plus trop fait attendre : Lucques d'abord, pour un temps, puis Florence, définitivement, imposèrent leur joug à la fière république, qui put alors se souvenir avec amertume de son vieux surnom romain d'*obsequens*, — l'obéissante, la soumise, — et qui eut tout le temps de connaître à fond, durant de longs siècles de servitude, cet autre supplice dantesque : « les pleurs répandus empêchent les autres de couler, et la douleur, trouvant un obstacle dans les yeux, se refoule au dedans et accroît l'angoisse. »

Qui a hérité de la fortune commerciale de Pise? Une pauvre escale des frontières des Maremmes, qui n'était encore au treizième siècle qu'un village de quelques centaines d'habitants. Ce petit havre de Livourne (*Livorno*), où n'entraient originairement que des tartanes, des lougres, des goélettes, a dû son premier agrandissement aux Médicis : Grecs, Juifs, Maltais s'y sont réfugiés et en ont vite accru l'importance. Aujourd'hui, c'est un des trois grands ports italiens, le plus actif entrepôt de grains de la Péninsule, un des points habituels de relâche des paquebots et des navires de grand cabotage entre l'Occident et le Levant.

Cette foule affairée qui y roule ses vagues dans la via Fernandina représente avant tout le labeur moderne, l'esprit de spéculation et de mercantilisme; tournés uniquement vers l'avenir, les Livournais, ces parvenus du travail, n'ont point le temps de rêver aux choses du passé. Leur ville si prospère, il leur a fallu la créer de toutes pièces. Comme les Havrais, ils ont dû consolider le sol marécageux où la cité est assise, creuser les bassins qui donnent accès aux navires, découper artificiellement la série de canaux au moyen desquels les denrées se peuvent débarquer à l'entrée même des magasins. Aussi tout un quartier septentrional, fendillé en îlots, porte-t-il le nom significatif de Nouvelle-Venise.

De Florence ou de Pise, un chemin de fer, — l'une des trois grandes voies ferrées qui relient la Toscane à Rome, — conduit à Sienne par Empoli. Ce gros bourg d'Empoli, où l'on est souvent obligé d'attendre le train pendant plusieurs heures, était autrefois le grenier principal de toute la région; l'histoire nous apprend qu'au treizième siècle les Gibelins toscans, après leur victoire de Monte-Aperto sur les Guelfes, agitèrent la question de détruire Florence et de la rebâtir à Empoli, comme les Romains autrefois avaient délibéré un moment sur le transfert de Rome à Véies. Deux églises, la Collégiale (*Collegiata*) et San Stefano, puis le palais public, méritent d'être vus.

C'est à quelques kilomètres plus loin, à la station de Certaldo, que descendent d'ordinaire les voyageurs qui veulent pousser une excursion jusqu'au vieil *oppidum* féodal de San Giminiano, le « Pompéi du moyen âge », comme l'appelle un écrivain italien. Cette petite ville, jadis république indépendante, a pris son honnête part des querelles politiques de la Toscane. Je ne sais même pas si, toutes proportions gardées, elle n'a pas droit à la page d'honneur dans l'interminable chronique des bouleversements guelfes et gibelins. Triomphes d'un jour, défaites aussitôt réparées que subies : quel étrange va-et-vient de vainqueurs et de vaincus! Pendant des siècles, des flots de bannis sortent par une porte pour rentrer par l'autre. Notez que la ville et son territoire ne comptaient pas douze mille habitants. Ces tempêtes dans un verre d'eau se grossissaient du reste de mille souffles étrangers partis de Florence, de Sienne ou d'ailleurs. Même après la grande peste de 1348, qui rafla les deux tiers des Sangéminiens, les luttes continuèrent de plus belle; il restait juste assez de monde pour que le combat ne finît point faute de combattants. Nul arbitrage n'y put rien : les puissantes familles du petit bourg, flanquées de leur clientèle respective, devaient se colleter littéralement jusqu'à extinction. Or il paraît que, vers le milieu du xvie siècle, à l'époque où Florence elle-même succombait définitivement, cette extinction était aux trois quarts un fait accompli, car nous voyons qu'alors la population de San Giminiano était réduite presque à rien : trois mille habitants environ. Cette fois enfin, la solitude fit la paix.

Aujourd'hui, les murailles à créneaux, les donjons épais, les poternes, les mâchicoulis de la petite nécropole, jasent encore à l'envi de ce passé plein d'orages. Il n'y a point, à coup sûr, dans toute l'Italie, il n'y a peut-être pas au monde un aspect de ville aussi étrange que celui de cette ex-commune souveraine. Du plus loin qu'on l'aperçoit, on se frotte les yeux comme devant une vision fantastique. Qu'est-ce ? Le train de Pise nous a-t-il conduits en Orient ? Mais non, ces bizarres silhouettes, qui menacent le ciel de toutes parts, ne ressemblent pas, à bien regarder, aux élancements des minarets byzantins. Ces tours carrées ont, dans leur hauteur, quelque chose de trapu, de sévère et de résistant, qui nous ramène en plein Occident, aux *palazzi* du moyen âge. Suivant les jeux de l'optique, ces tours nous apparaissent tantôt collées en faisceau, tantôt espacées et distinctes, comme ces géants des forêts qui dressent leurs fûts solitaires au-dessus de la menue végétation des taillis. Que ce hérissement ne vous fasse pas peur. Franchissez les remparts extérieurs jusqu'à la grande place de la Citerne, l'ex-forum de la république. Vous les voyez de près, ces tours rébarbatives. Celle-ci entre autres, dont l'élévation dépasse 50 mètres, c'est la *Rognosa;* elle forme l'appendice de l'ancienne résidence des podestats; mais les podestats ont disparu, il y a beau temps; les petits-fils des belliqueux Giminianesi ne songent plus qu'à vendre au meilleur prix leurs fromages et leurs laines, et vous, paisible amateur d'antiquités et de sites curieux, vous dégustez votre café dans une maison à *loggia* et à fenêtres ogivales, qui n'a guère envie, je le jurerais, de jouer désormais à la forteresse.

De la bourgade de San Giminiano à l'ex-grande ville de Sienne, nous pouvons passer de plain-pied. Même histoire, mêmes souvenirs

SAN GIMINIANO.

et même décadence. Plus profonde encore, vu le niveau relatif des grandeurs, a été la chute de cette ancienne dominatrice des hautes vallées qu'enferment l'Ombrone et l'Arno.

Tout à Sienne, aujourd'hui, vous parle grâce et douceur. Beau langage, beau climat; bon vin, bon air et bon cœur : rien n'y manque. Du haut de la colline où la ville est juchée, l'œil plane de toutes parts sur un paysage magnifiquement accidenté. Au nord, le mont Cimone, au midi l'Amiata, la riche et majestueuse montagne d'où se tire la célèbre *terre* dite *de Sienne*.

La ville, sorte d'étoile à trois pointes, a pour centre la Piazza del Campo, d'où rayonnent les rues principales. Ses murs du XIIIe siècle flottent comme une ceinture trop lâche autour de son corps, car des cent mille habitants d'autrefois il lui en reste à peine vingt-cinq mille, et les constructions survivantes n'emplissent plus, tant s'en faut, l'étendue de son périmètre. Ses grandes voies, aussi bien que ses ruelles grimpantes, ses pittoresques *costarelles* (petites côtes), sont le plus souvent désertes; mais qu'importe! Sienne déchue est restée, comme Pise, tout un monde; dans cet écrin de figure bizarre se sont conservés des joyaux d'art admirables.

La Piazza del Campo, en forme de coquille renversée, — tout, à Sienne, est original, — présente dans son pourtour une suite d'édifices exclusivement guelfes : le palais Public, qui est actuellement l'Hôtel de ville, la svelte tour du Mangia, à la base de laquelle s'appuie coquettement une petite chapelle érigée à l'occasion de la terrible peste de 1348; puis la célèbre fontaine *Gaja* (fontaine Gaie), encadrée d'un charmant baldaquin de marbre. Cette fontaine, qui date également du XVIe siècle et qu'on a restaurée naguère, passe pour l'ouvrage le plus achevé du sculpteur siennois Giacomo della Quercia.

Les environs immédiats de Sienne ne manquent pas de fertilité; l'olivier, la vigne et le froment y alternent avec d'épais bouquets de chênes et de hêtres, dont la tête chenue se couronne de lierre. Çà et là un antique château délabré. Mais la curiosité la plus remarquable du pays, c'est, à quelques lieues à l'ouest de la ville, un reste d'abbaye, San Galgano, près Chiusdino.

Je ne connais pas de ruine plus poétique, ni tout à la fois plus délaissée des hommes. Combien y a-t-il de touristes qui aient pris

PLACE DEL CAMPO A SIENNE.

la peine de la visiter? Et cependant, si vous voulez vous procurer quelques instants d'émotion vraie, allez, à la tombée de la nuit, contempler, aux reflets fantastiques d'une torche, ces débris lentement égrugés par la morsure des siècles. ces nobles piliers gothiques et ces hauts arceaux sur lesquels glissent librement, par le toit à jour, les frissonnantes caresses de la lune.

La troisième région de la Toscane, connue sous le nom générique de *Maremme* (campagne près de la mer), présente un caractère bien différent des deux autres. Elle commence à quelques lieues au sud-est de Livourne, dont une des portes, dans cette direction, s'appelle la Porte Maremmane, et s'étend jusqu'à l'embouchure de la Fiora. Aujourd'hui toutefois la zone véritable de pestilence se trouve surtout au sud de Grosseto.

Là tout est solitude. Trente habitants en moyenne par kilomètre carré. Des plaines immenses, que sillonnent de petites intumescences pareilles aux vagues de la mer, des prairies submergées, d'inextricables forêts de pins, de frênes, de chênes et de chênes-lièges, coupées çà et là de vastes clairières, de marais ou d'étangs; d'énormes maquis (*macchie*), fourrés de bruyères, d'arbousiers, où errent, presque à l'état sauvage, sous la surveillance de pâtres nomades, d'innombrables troupeaux de moutons, de chevaux et de bœufs : tel est l'aspect général de cette bande littorale, séparée de la mer par un haut et triste cordon de dunes, qu'a créé l'action ininterrompue du flot et des vents du large.

Ces terres, insuffisamment perméables, sur lesquelles les eaux se putréfient au soleil, sont le domaine redouté de la *malaria* (mauvais air). Si le gibier, lièvres, lapins, perdrix, sangliers, s'y reproduit avec une force étrange de fécondité, l'homme en revanche s'y étiole et y dépérit. L'air, chargé de miasmes, insinue la fièvre dans les tissus; la chair se tuméfie par l'appauvrissement du sang, et l'on meurt d'excès de lymphe. Aussi les *contadini* ne se risquent-ils dans ces plaines basses que juste le temps de faire la récolte ou la semaille, puis se replient à la hâte vers des districts où l'atmosphère est plus pure et plus nutritive.

Et pourtant ce pays, qui fut jadis le plus florissant de l'Italie, est encore à présent — abstraction faite de ces souffles délétères —

doué d'une incroyable fertilité naturelle. La chaleur, tempérée par les brises marines, y est moins accablante que dans le reste de la Toscane ; le sol s'y ouvre de lui-même à de vigoureuses poussées végétales, et abonde sur les hauteurs en toutes sortes de minerais. Un proverbe italien résume ainsi cette fécondité et les pernicieuses influences qui en sont le revers : *In Maremma si arrichisce in un'anno, si muore in sei mesi.* — « Dans la Maremme on s'enrichit en un an, mais on meurt en six mois. »

L'existence de la malaria dans ces contrées ne paraît dater que des dernières années de l'empire romain. Ce sont les *latifundia*, ou grandes cultures au moyen de troupeaux d'esclaves, qui en ont été la première cause. La menue propriété ayant disparu, le pays s'est insensiblement dépeuplé; les travaux de drainage n'ont plus été continués; les petits lacs de la côte ont cessé de s'écouler convenablement vers la mer, se sont épandus et extravasés sur le sol. Tel est, par exemple, le cas du *Predius*, dont parle Cicéron dans un de ses plaidoyers, et qui est devenu, depuis lors, le vaste *palus* empesté de Castiglione.

Les invasions barbares sont venues ensuite accroître le mal ; la déforestation des montagnes, puis, au moyen âge, le monachisme, les condottieri, la peste noire, ont coopéré, plus activement encore, à l'œuvre de dépopulation et d'empoisonnement. Les détritus charriés par les rivières ont encombré de plus en plus les estuaires de la côte; les lagunes sont nées des lagunes, et le marécage a fini par embrasser un tiers du pays : excellent territoire de déportation, vraie Cayenne cisatlantique, pour y établir des bagnes, des *presidios !* Les rois d'Espagne ne s'en firent point faute; ils étaient sûrs que là leurs bannis ne mourraient point de vieillesse.

Dès le XVI° siècle, on entreprit d'assécher ces terres marécageuses. Encouragés par les bons résultats qu'avaient donnés les expériences de colmatage faites dans le val de la Chiana, entre Sienne et le lac de Trasimène, les Médicis commencèrent l'assainissement du littoral de Grosseto ; on creusa des canaux de conduite pour déverser les eaux de l'Ombrone dans le lac de Castiglione, dont on arrêta en même temps la communication avec la mer pour empêcher le mélange si pernicieux des eaux douces et des eaux salées. L'activité des particuliers seconda les travaux officiels. Aujourd'hui, une moitié au moins de cette partie du marécage se trouve reconquise par la culture; des fermes fort avenantes et bien exploitées se sont établies dans des lieux jadis tout à fait putrides et inhabitables. Il ne reste plus qu'à poursuivre, au delà de l'Ombrone, jusqu'à la Fiora, cette œuvre de *bonificamento della Maremma*, comme disent là-bas les publicistes et les savants, et peut-être, à force de drainage, de colmatage, de plantations et de culture, arrivera-t-on à rendre un jour à cette portion de l'Étrurie son ancien climat.

A quelque souche ethnique qu'ils appartinssent, aryenne, ougrienne ou sémitique — la controverse est loin d'être close — ces ancêtres des Toscans, les Étrusques ou Tyrrhéniens, n'en ont pas moins laissé sur le sol qu'ils ont occupé des empreintes singulièrement fortes de leur intelligence et de leur industrie. On sait que leur empire s'étendit un moment depuis la Grande-Grèce jusqu'aux Alpes Tyroliennes. Non moins puissants sur mer que sur terre, ils étaient, par leurs pirateries, la terreur des Doriens de Sicile. Refoulés peu à peu par leurs ennemis du nord et du sud dans les limites étroites de l'Étrurie, en proie à des discordes intestines, à d'implacables rivalités de castes, il ne purent, non plus que les Osques et les Sabins, résister au choc de Rome grandissante.

Ce qui reste d'eux en Toscane donne bien une idée de la civilisation de ces grands bâtisseurs. Qui ne connaît, par ouï-dire, les ruines grandioses de Volterra, une des douze cités de l'ancienne confédération ou Dodécapole des Lucumons? Située sur un haut plateau, au flanc des monts Cattini, cette vieille capitale où naquit Perse, et qui joua encore un certain rôle au moyen âge, alors qu'elle était république indépendante, n'est plus aujourd'hui qu'une bourgade, non moins triste d'aspect que sa voisine San Giminiano. Par ses places et ses *costarelles*, et aussi par la beauté de ses types féminins, elle rappelle Sienne; mais, tandis que Sienne et San Giminiano ramènent seulement le touriste vers la vie communale du moyen âge, Volterra le transporte, d'un coup de baguette, au milieu d'une civilisation pour ainsi dire antéhistorique, à côté de laquelle la Rome des Césars n'est déjà plus de l'antiquité.

Rapprochons-nous de la côte, et reprenons la voie ferrée de Livourne à Civita-Vecchia. Nous voici dans le val de la caillouteuse rivière la Cornia. Toujours les mêmes petits coteaux couverts d'arbousiers, de genévriers, de myrtes; çà et là, quelques fermes et des charbonnières. A droite, la Toscane insulaire : l'île d'Elbe, avec ses montagnes pittoresques, si riches en minerais, et ses deux ports de Porto Ferrajo et de Porto Longone. En deçà, l'îlot de Monte Cristo, résidence fictive d'un héros de roman. En face, sur la terre ferme, le château de la Gherardesca, ancien fief du comte Ugolin, puis encore une vieille ville étrusque, Populonia. L'île d'Elbe lui appartenait autrefois; elle-même n'appartient plus aujourd'hui qu'au domaine toujours serein et toujours poudreux de l'archéologie.

Ni Populonia ni Piombino, petite cité moderne qui lui fait pendant de l'autre côté de l'éperon péninsulaire, ne se trouvent sur le parcours de la voie ferrée; celle-ci va en droite ligne, au travers de l'épaisse forêt de pins qu'on nomme Tombolo, lieu sinistre et mal hanté, s'il en fut, de la station de Campiglia à celle de Follonica; puis, pour éviter les marais de Castiglione, elle décrit une forte courbe vers Grosseto, la capitale de ce fétide empire des Maremmes, et enfin, l'Ombrone une fois franchi, elle reprend le rivage de la mer pour ne le plus quitter qu'aux approches de Rome. Les souvenirs étrusques, latins et grecs abondent tout le long de la route; ils se détachent de chaque promontoire, s'accrochent aux pentes de chaque colline, et nichent en quelque sorte dans la moindre anfractuosité de rocher. Que de noms sonores, dont les euphoniques désinences, presque désapprises depuis le collège, reportent ici le touriste vers les temps quasi fabuleux, vers ce cycle de héros dont les aèdes chantaient les exploits! Voici, par exemple, le promontoire et la rade de Télamone, port fondé, dit-on, par les Argonautes à leur retour de Colchide.

Télamon, fils d'Éacus, était au nombre des compagnons de Jason. Apollonius, qui a célébré en quatre chants cette expédition, la plus fameuse de l'antiquité après l'épique guerre de Troie, raconte que le navire *Argo*, ayant passé de l'Éridan dans le Rhône, puis dans le golfe du Lion, — itinéraire qu'il faut accepter de confiance, — abordèrent à l'île Ætalie (île d'Elbe), pour y faire un bout de toilette. De là, voguant à la vue du pays des Tyrrhéniens (la Toscane), ils traversèrent la mer d'Ausonie et arrivèrent au port fameux d'Æa (Porto Ferrajo). Sur le rivage, ils aperçurent Circé, la tante de

Médée, qui se purifiait dans les eaux de la mer. Circé reçut fort mal les navigateurs conquérants, et si Junon et Iris ne s'en fussent mêlées, j'ignore comment le voyage se serait terminé. Mais Iris, déployant ses ailes, alla donner tour à tour ses ordres au vieux Nérée, puis à Éole, puis à Vulcain. Les Néréides interposèrent le rempart de leurs corps entre le vaisseau et les écueils ; Éole, en fait de vents, ne fit souffler que le zéphyr ; le dieu du feu laissa reposer ses fourneaux et suspendit le bruit de ses marteaux sur l'enclume : si bien que les Argonautes, bravant les roches Cyanées, bravant les Sirènes, bravant Charybde et Scylla, purent arriver sans encombre, avec Médée, leur capture, à l'île des Phéaciens, autrement dit Corcyre (Corfou), où le roi Alcinoüs et ses sujets leur souhaitèrent la bienvenue selon la mode du temps, par des sacrifices et des festins.

Le promontoire de Télamon porte aujourd'hui le nom de Monte Argentario ; au sud se trouve le Port d'Hercule (Porto Ercole) ; à la base, sur une langue de terre qui s'avance au milieu d'un étang marin, est la petite ville d'Orbetello. Au large essaiment quelques îlots qu'on appelle les *Fourmis*.

La Fiora, rivière qui forme la frontière méridionale de la Toscane, n'est plus éloignée que de cinq ou six lieues ; Civita-Vecchia, où les trains venant de Livourne s'arrêtent seulement quelques minutes, est à une distance à peu près double ; mais nous ne pousserons point jusque-là notre trajet sur ce littoral ; ce sera, si vous le voulez, par un autre côté, après nous être donné le plaisir de maint circuit pittoresque, que nous prendrons pied sur le territoire de l'antique Latium.

CHAPITRE VII

LES ROUTES DE ROME PAR LES MARCHES ET L'OMBRIE

I. — LE VERSANT DE L'ADRIATIQUE

Outre le chemin de fer de Civita-Vecchia, qui suit l'itinéraire de l'ancienne voie Aurelia le long de la mer Tyrrhénienne, trois autres grandes routes, venant du nord, aboutissent à Rome. L'une est la voie ferrée qui se détache, près d'Ancône, du littoral de l'Adriatique, pour couper de biais la Péninsule par Foligno et Spolète, c'est-à-dire par la région même que traversait autrefois la voie Flaminia. La seconde, la plus centrale, est le railway de Florence par les bords du lac Trasimène; celui-ci rejoint la route précédente à Foligno. La troisième, enfin, vient directement de Sienne par Chiusi et Orvieto, et se raccorde avec le chemin principal au seuil des monts de la Sabine.

Nous avons, si l'on s'en souvient, quitté la première de ces routes à Rimini, vers le point où la province d'Émilie confine à celle des Marches. De là jusqu'à Ancône on compte encore une vingtaine de lieues. Le chemin ferré continue de serrer la mer de tout près; la vague rejaillit presque jusque sur les roues, car, bien souvent, la voie repose uniquement sur un de ces dépôts marins mêlés de sable et de vase que l'on appelle « laisses ». A chaque pas, le point de vue s'embellit. A gauche, l'immense nappe ensoleillée de l'Adriatique; au-dessus, des vols circulaires de mouettes blanches; sur les flots, le sillage écumeux des barques dalmates. Tournez vos regards à droite : quel charme de contraste ! De ce côté, l'horizon change à tout moment; les capricieuses déchirures des collines laissent apercevoir des vallées toujours dissemblables et toujours riantes. Sur les hauteurs, de vieilles cités : telle Pesaro, célèbre par ses figues et par ses villas de la Renaissance. L'Arioste et le Tasse ont chanté jadis ces belles résidences. Aujourd'hui le rossignol y chante seul, non plus la gloire des ducs d'Urbin, mais les splendeurs moins éphémères de la nature, parmi les touffes de lauriers qui s'entrelacent aux escaliers de marbre. Un autre maître en harmonie, Rossini, est né, je l'ai dit, à Pesaro.

Trois lieues plus loin, on touche à Fano. Le site est charmant, mais plein de souvenirs terribles. Tout près de là coule le Métaure, sur les bords duquel eut lieu, il y a vingt siècles, le choc sanglant que l'on sait entre les légions romaines et l'armée d'Hasdrubal.

On continue de côtoyer la mer, et l'on arrive à Sinigaglia, ou mieux Senigaglia, située à l'embouchure de la Misa, dont le cours entier, depuis l'Adriatique jusqu'à l'Apennin, est bordé de sites ravissants. Petit port, mais grosse citadelle, Sinigaglia était surtout renommée, naguère encore, pour sa foire, qui tombait, je crois, au mois de juillet, comme notre fameuse foire de Beaucaire, et, pendant une vingtaine de jours, transformait la localité en un curieux caravansérail. Il fallait voir le coup d'œil, du café de la Maëstra. Ragusains, Monténégrins, trafiquants de Trieste et de Zara, Turcs de Cattaro, prenaient alors d'assaut la petite ville, roulaient comme un flot versicolore le long des rues et des quais, et faisaient du moindre hangar une hôtellerie grouillante et bruyante. Et quelles senteurs innommées emplissaient l'atmosphère! Que de cuisines en plein vent, que de baraques! sans compter les bans de *pifferari*, descendus exprès des Abruzzes, qui s'en allaient d'une *loggia* à l'autre, jouant du hautbois ou de la cornemuse, ou dansant la saltarelle devant les madones des carrefours! Puis c'étaient, dans toutes les osterias, des parties effrénées de boule et de *morra*. La *morra* surtout a le don de passionner les désœuvrés de la Péninsule. On sait en quoi consiste ce jeu, qui n'est pas, tant s'en faut, inconnu en France. Beaucoup d'entre nous, « dans les jours fabuleux de l'enfance, » comme dit Schiller, s'en sont payé la douceur. Le joueur lève rapidement la main droite, dont il tient repliés un ou plusieurs doigts, en énonçant le chiffre des doigts demeurés tendus. L'adversaire doit saisir au vol l'intention, et formuler non moins vite le même nombre; sinon, il a perdu. Je vous laisse à penser de quels rires et de quels lazzis cette joute est accompagnée.

JOUEURS DE MORRA.

Passé la station des Maisons brûlées (*Case bruciate*), le train touche à Ancône, ancien marquisat lombard, et après Venise le port le plus animé de la côte italienne de l'Adriatique. Beaucoup de juifs, comme à Sinigaglia. La cathédrale, à coupole, s'élève sur un cap d'où l'on domine au loin la mer. A l'entrée du môle est l'arc de triomphe de Trajan. Ancône *la Dorique*, comme l'appelle Juvénal, est reliée à Trieste par un service régulier de bateaux à vapeur.

Le railway de Rome quitte la côte un peu en deçà de la ville, à la station de Falconara. Outre que de là jusqu'à Foligno, localité où se raccorde le chemin de Pérouse, le trajet n'offre rien de bien attrayant, il nous faut, avant de pousser par delà ce point d'embranchement, parcourir la route si intéressante et si pittoresque du lac Trasimène.

II. — LES ROUTES DU CENTRE

La haute vallée de l'Arno, que suit d'abord le chemin de fer de Florence à Pérouse, ne renferme qu'une ville de quelque importance : c'est Arezzo, l'antique cité étrusque d'Arretium. Ce coin de terre, où l'on respire, disent ses habitants, un air d'une subtilité toute particulière, a produit une singulière poussée de grands hommes. Sans remonter jusqu'à Mécène, dont les ancêtres avaient régné sur Arretium, — *Mœcenas, atavis edite regibus*, écrit Horace, — cette ville a vu naître Pétrarque, Vasari, le Guide et l'Arétin. Il est vrai que la naissance de Pétrarque fut une sorte de larcin fait à la faveur des guerres civiles. Sans le décret de 1302, qui bannit de Florence, en même temps que Dante, Ser Petracco de l'Ancisa, notaire des informations, c'est-à-dire archiviste des délibérations de la Seigneurie, celui-ci ne fût jamais venu se fixer à Arezzo, et, partant, son fils, le chantre de Laure, n'y fût point né. La petite cité peut aussi réclamer comme sien Michel-Ange, dont un château tout voisin, celui de Caprese, a été le berceau. Enfin, au nombre des enfants d'Arezzo on peut encore, pour mémoire, compter ce noble aventurier Concino Concini, qui, sous le nom de maréchal d'Ancre, s'ac-

CATHÉDRALE D'ANCONE.

quit en France au XVIIᵉ siècle, par sa vie comme par sa mort, un genre différent de célébrité.

Arezzo a vu, il y a deux mille ans, le rideau se lever sur un grand drame militaire, dont la suite de notre voyage va bientôt évoquer devant nous l'acte principal. Ce fut en cet endroit qu'Hannibal, tombant du haut de l'Apennin avec ses Numides, se trouva en face de la troisième armée envoyée de Rome pour le combattre; mais le capitaine punique, qui avait son plan, évita le consul Flaminius, et prit sa route par le val de la Chiana, dans la direction du lac Trasimène. C'est là que nous le retrouverons dans quelques instants.

Au sortir d'Arezzo, la voie ferrée longeant à droite le susdit val de la Chiana, ne tarde pas à dépasser Cortona et ses superbes remparts étrusques. Le paysage prend de plus en plus la figure d'un paradis terrestre. Ce ne sont que ruisselets murmurants, bouquets d'arbres où chantent des milliers d'oisillons. Bientôt nous atteignons le lac de Trasimène; le train en suit les bords supérieurs pour s'arrêter au bout de quelques minutes, à la station de Passignano.

Le lac a 12 kilomètres environ de largeur dans tous les sens; tout autour règnent des collines basses, couvertes de chênes, d'oliviers et de pins. Peu de promontoires, mais un semis de petites îles : Minore et Maggiore au nord, Polvese au sud. C'est dans l'espace étroit et marécageux compris entre les collines qui marquent la naissance du lac à Sanguinetto et l'éperon rocheux de Passignano qu'eut lieu la fameuse bataille de l'an 217 avant notre ère. Hannibal, pour engager Flaminius à quitter ses quartiers d'Arezzo, avait fait ravager toutes les plaines qui s'étendent en deçà, vers Cortone. Sa cavalerie attendait l'ennemi, bien dissimulée dans les hauteurs boisées qui tombent en pente vers le lac. Le soleil allait se coucher quand le consul atteignit l'entrée du fatal défilé. Le lendemain matin, dès avant le jour, et sans même avoir pris soin de s'éclairer, il s'enfourna dans la petite plaine littorale. Un brouillard épais lui cachait les positions de l'ennemi. Quand les troupes de Flaminius furent passées, Hannibal donna le signal de l'attaque, et la cavalerie carthaginoise, descendant des collines environnantes, ferma aussitôt la brèche derrière les Romains. En un clin d'œil ceux-ci se trouvèrent complètement investis : le lac à droite; en front, sur une éminence, le gros de l'armée punique; à gauche, une ligne de hauteurs occupées par des troupes légères ; en queue les cosaques numides, maîtres de la passe, c'est-à-dire la retraite coupée.

Le premier choc des Carthaginois, se ruant de toutes parts sur leurs adversaires, amena une horible confusion dans les rangs des légionnaires, qui entendaient les cris de l'ennemi sans même l'apercevoir ; l'effroi s'accrut encore, quand la brume, en se dissipant, laissa étinceler aux rougeurs du soleil levant l'immense ligne semi-circulaire des soldats d'Hannibal. — « Attention, Italie ! Prête l'oreille ! Je vois ou crois voir tout un flot de fantassins et de cavaliers, fumée et poussière, et briller les épées comme les éclairs dans la nue ! » Ce cri d'un poète italien moderne dut s'échapper de l'âme du malheureux consul auquel Rome avait confié sa fortune ; mais Flaminius n'avait plus même la ressource de faire une trouée avec une poignée d'hommes, comme fit, à une année de là, Terentius Varro sur le champ de bataille de Cannes ; il ne pouvait que périr, comme périt à Cannes Paul-Émile. Durant trois heures, les Romains luttèrent en désespérés ; l'acharnement fut tel, dit-on, que les combattants ne sentirent même pas un tremblement de terre qui bouleversa le lieu de l'action et les environs. La mort de Flaminius amena enfin la déroute générale. Une partie de l'armée fut anéantie encore en marche, cherchant à former l'ordre de combat. Le nom de Sanguinetto, *ruisseau de sang*, que porte un des petits cours d'eau de cette rive de Passignano, témoigne des souvenirs vivaces laissés par cette affreuse journée de carnage. Après deux mille ans écoulés, les paysans de la contrée connaissent encore le nom d'Hannibal et vous parlent du consul romain, *il console romano*, qui fut tué sur les bords du lac.

Quant à la nature, toujours sereine, elle a oublié le fracas d'armes qui a un instant troublé l'harmonieux silence de ce bassin aux contours mollement arrondis. Le soleil colore de ses mêmes rayons les vertes collines trasiméniennes et les ondes à peine murmurantes de la pièce d'eau solitaire ; la lune y verse sa même clarté frissonnante, et l'écho jaseur, que n'étonne aucun bruit nouveau, répète aussi bien le rauque sifflement des locomotives que le refrain mélancolique et traditionnel du charretier qui regagne le soir la plaine inclinée de Borghetto ou la côte rocheuse sur laquelle s'élève l'église gothique de Santa Margharita.

Au delà de Passignano, le chemin de fer continue de côtoyer le lac ; à droite, sur un promontoire de la rive opposée, on aperçoit Castiglione del Lago, petite ville quasi insulaire avec de petites rues à la vénitienne, et l'ancien palais de Don Juan d'Autriche, le vainqueur de Lépante. Puis, le village de Magione une fois passé, la voie s'écarte du lac pour s'engager dans un écheveau de collines pittoresques, qui se prolongent jusqu'à Pérouse.

Cette vieille capitale de l'Ombrie, posée sur un plateau escarpé, de 300 mètres d'altitude, à une faible distance du Tibre, est bâtie tout à la diable, comme Sienne sa voisine, ou encore comme la ville suisse de Lausanne. Les inégalités capricieuses de sa colline y multiplient étrangement les montées et les descentes. L'édilité moderne a eu beau redresser et corriger par-ci par-là certaines fantaisies topographiques, l'ensemble demeure baroque, plein de dislocations et de bosselures insensées. Des rues propres d'ailleurs, bien dallées, et munies d'arêtes transversales dont le pied du touriste apprécie fort l'intention charitable ; des murs sombres, âpres d'aspect ; des maisons se donnant volontiers l'accolade par-dessus le promeneur qui n'en peut mais, et qui se voit pris tout à coup au piège d'un noir tunnel : tel est le premier aspect de cette ex-cité pontificale.

Pérouse n'en a pas moins été un des glorieux sanctuaires de l'art italien de la Renaissance.

Pietro Vanucci, dit Pérugin, fut le prince de l'école ombrienne ; Michel-Ange, qui ne l'aimait guère, commença cependant par l'imiter. Au-dessous et à côté de Vanucci, se développa toute une pléiade de peintres, dont ni les noms ni les œuvres ne sont oubliés : Bernardino di Betto, que j'ai déjà mentionné sous le diminutif de Pinturicchio ; Andrea Luigi, appelé d'ordinaire l'Ingegno ; Giovanni Santi, le père de Raphaël. Raphaël, lui-même, le fondateur de l'école romaine, traversa tout jeune les ateliers de l'école ombrienne. En l'an 1500, n'ayant encore que dix-sept ans, il fut chargé par Vanucci, qui s'inclinait déjà devant son génie naissant, d'achever les travaux de Citta di Castello, petite ville voisine de Pérouse. Ce ne fut qu'ensuite que Sanzio alla à Florence étudier Vinci et les autres maîtres du temps.

Pérouse compte plus de cent églises, sans parler d'une cinquantaine de monastères; mais les toiles les plus remarquables qu'elles contenaient ont été rassemblées depuis peu à la Pinacothèque, établie provisoirement dans le bâtiment de l'Université. C'est là et au *Cambio* (sorte de Bourse) qu'on peut étudier le plus à l'aise le caractère et les procédés de l'école ombrienne, école spiritualiste, à tendances encore mystiques et sentimentales, mais où apparaît déjà, écrit M. Taine, « l'affleurement du paganisme nouveau à travers le christianisme vieillissant. »

Ajoutons qu'un peu au delà du Pont-Saint-Jean, qui traverse le Tibre près de Pérouse, se trouve la route montante qui conduit au monastère d'Assise (*Assisi*) et à la petite ville du même nom, où naquit et est enterré le célèbre fondateur de l'ordre des Franciscains, appelés plus communément Cordeliers, à cause de la corde à trois nœuds qu'ils portaient sur leur robe en guise de ceinture. Tout ce coin de l'Ombrie, malheureusement sujet aux tremblements de terre, offre l'image d'un jardin délicieux et touffu. Quantité de ruisseaux limpides courent par les sillons; l'olivier pâle poudroie doucement sous le ciel bleu; l'air translucide laisse apercevoir les moindres reliefs de l'horizon. Le long de la route, des hôtelleries gaies et proprettes, devant lesquelles ruminent au repos les bœufs blancs d'un *carro* rustique. N'étaient le cercle lointain des monts et les ceps qui de toutes parts grimpent à l'ormeau, on pourrait presque se croire en France, dans quelque campagne de la Touraine. Même aspect de bien-être et de vie facile.

A partir de Foligno, où nous retrouvons la route d'Ancône à Rome et le tracé de l'ancienne voie Flaminia, le paysage prend un caractère plus accentué. On suit une vallée dont la verdoyante végétation est rendue plus vive encore par le front glabre et aride des collines et des monts voisins. Passé Trevi, qui étale à mi-côte son joli groupe de maisons blanchâtres, la vallée devient une sorte de défilé, puis les hauteurs, au lieu de continuer à courir parallèlement à la route, se mettent tout à coup en travers, comme pour barrer le passage au voyageur. Des tours et une cathédrale apparaissent à gauche, au flanc d'une colline; à l'arrière-plan, de hautes croupes, des forêts de chênes, une magnifique vue sur la grandiose vallée du Tibre : nous sommes à Spolète, l'ancien chef-lieu du département français de Trasimène.

Ce castel qui se dresse là-haut, sur des assises en partie cyclopéennes, a été la résidence de Lucrèce Borgia; derrière cet édifice de la Renaissance, le regard plonge à l'aise sur l'effrayant défilé qui porte le pont-aqueduc de Spolète, haut de 81 mètres sur une longueur de 206 mètres. Une pierre lancée en bas ne touche la terre qu'au bout de six secondes. Sous les arcades ogivales de cette construction roulent les eaux descendues des splendides chênaies du Monte Lucco, à la cime duquel s'élève le cloître solitaire de San Giuliano.

Au delà de Spolète, la voix ferrée, laissant la route postale s'enfoncer à gauche dans la montagne, traverse par un tunnel le gigantesque massif (mont Somma) qui sépare le bassin du Clitumne de celui de la Nera, et bientôt apparaît, entre les deux bras de cette dernière rivière, la petite ville épiscopale de Terni (*Interramna*), patrie supposée de Tacite.

Là nous touchons à la Sabine, « qui fait suite à l'Ombrie et qui la borde, écrit le géographe Strabon, comme celle-ci borde la Tyrrhénie. » Les fameuses cascades sont à une heure et demie environ de la ville, sur la route de Rieti. La chute la plus belle est celle du Velino, qui se précipite d'une hauteur effrayante dans la Néra. L'énorme masse liquide n'est plus au fond de l'abîme qu'une poussière fine et pailletée, qui ondoie fantastiquement sur les rochers; puis, quelques mètres plus loin, la rivière a rallié ses flots épars, ranimé ses esprits émus d'une telle aventure, et on la voit couler en bon ordre dans son silencieux encadrement de verdure. On a bien des fois, en prose et en vers, chanté cette cascade; on l'a comparée volontiers aux plus belles chutes de la Suisse; il ne faut pas oublier pourtant que, de même que celle de Tivoli, elle est purement artificielle; ce sont les Romains qui l'ont créée il y a plus de deux mille ans, en détournant le cours du Vélinus.

Au-dessus de Terni, à l'entrée d'une gorge sauvage, espèce de Via Mala, par où la Nera se fraye un chemin vers le Tibre, se trouve, sur une colline pittoresque, la petite ville de Narni. Non loin de là, un superbe reste de pont romain. Bientôt le Tibre est franchi, et l'on arrive à Orte, localité où s'embranche la troisième ligne de chemin de fer qu'il nous reste à parcourir, celle de Florence à Rome, par Sienne.

Les curiosités principales de ce dernier itinéraire ne sont pas toutes sur la voie elle-même ; mais des chemins de voitures bien établis permettent de gagner sans difficulté les différents points vers lesquels on veut rayonner.

La première partie du trajet peut se faire en dormant : ce n'est qu'une série fastidieuse de tunnels et de tranchées. Au delà d'Asciano, d'où part le railway transversal qui rejoint celui de Livourne à Civita-Vecchia par les Maremmes, le paysage s'ouvre davantage. On côtoie à gauche Montepulciano et son lac poissonneux, formé par les eaux de la Chiana. Ah ! le bon vin qui croît ici sur ces pentes calcaires ! Dans une vallée silencieuse, derrière la petite ville, se trouve la célèbre église de San Biagio, bâtie toute en travertin. Toujours à gauche, on aperçoit un second lac qui communique avec le premier par un canal : c'est celui de Chiusi. A quelques kilomètres sur le côté opposé est la ville du même nom, l'ancienne Clusium, où résidait ce puissant roi Porsenna qui causa une si furieuse peur à Rome naissante. Nombre de collines des environs sont toutes creusées de couloirs et de souterrains, hypogées des vieux Étrusques.

A quelque distance de Ciusi, près de Citta delle Pieve, où naquit le Pérugin, on sort de la Toscane pour entrer dans l'Ombrie et l'on ne tarde pas à découvrir sur son rocher l'ex-citadelle papale d'Orvieto, hérissée de tours et de clochers. De là, le chemin de fer, suivant la rive gauche du Tibre, rejoint à Orte le grand railway d'Ancône à Rome ; tout l'intérêt du voyage se reporte ici sur la droite, par le chemin des voiturins, vers le grand lac de Bolsena et vers Viterbe.

Le lac de Bolsena, véritable mer intérieure qui n'a pas moins de douze lieues de circonférence, passe pour occuper la place d'un ancien cratère. J'ai oublié de dire que toute cette contrée, parcourue malheureusement d'un souffle de malaria, — car nous voici presque redescendus à la lisière des Maremmes, — est un terrain d'origine volcanique, aux tufs composés d'épaisses couches de cendres, de scories et de laves agglutinées. Plusieurs bourgades pittoresques, Bolsena, Bagnorea et Montefiascone, bordent à l'est cette majestueuse cavité lacustre, qui s'épanche dans la mer Tyrrhénienne par la Marta.

A une heure de là est Viterbe, « la ville des belles fontaines et des belles femmes, » dit un proverbe italien. Les fontaines y a-

MAISON A VITERBE.

bondent effectivement; la plus élégante est la fontaine Grande, sur la place principale; elle date des premières années du treizième siècle. Les maisons sont généralement noires, mais d'une structure originale. Quant aux femmes, je ne sache pas qu'elles soient supérieures comme type aux Siennoises et aux Florentines. Il paraît cependant qu'au temps jadis une Hélène du cru, la belle Galiana, secoua le brandon de discorde entre les Viterbois et les Romains. S'il plut du sang dans cette épopée, je l'ignore. L'histoire dit seulement que les Romains eurent le dessous, et qu'en se retirant ils demandèrent l'unique grâce de pouvoir contempler une dernière fois le galbe de la séduisante Galiana. Cette suprême consolation ne pouvait être refusée à des vaincus ; Galiana leur fut effectivement montrée, mais avec discrétion, de la fenêtre d'une tour qu'on fait encore voir au voyageur émerveillé : moyennant quoi la paix rentra dans le Latium.

L'excursion la plus intéressante qu'on puisse faire de Viterbe, c'est d'aller visiter les ruines des cités étrusques : Toscanella, Saturnia, Vulci, Corneto, Véies, Castel d'Asso, etc. Tout un monde ressuscite aux yeux du touriste. Ici des tombeaux excavés dans le roc, avec des sculptures en relief représentant des divinités marines ; là des femmes couchées, le corps chargé de bijoux comme des odalisques d'Orient ; ailleurs des guerriers, casque en tête et tout armés, ou des enfants entourés de jouets ; presque partout, et principalement à Castel d'Asso, de splendides hypogées taillés dans l'escarpement des roches et en un état merveilleux de conservation.

En quelque endroit que l'on pose le pied, on marche sur quelque reste d'architecture antique. A Vulci, il y a une cinquantaine d'années, un bœuf, en creusant son sillon, enfonça la voûte d'une chambre sépulcrale où l'on découvrit des vases admirables. A Corneto, l'ancienne Tarquinies, on a exhumé une nécropole qui ne renferme pas moins de deux mille tombeaux, avec des murs décorés de toutes sortes de peintures profanes et religieuses. A Sutri, a jailli du sol un reste d'amphithéâtre qui mesure mille pas de pourtour. A Cære enfin (Cerveteri), où se réfugièrent les Vestales sacrées au moment de l'invasion de Rome par les Gaulois, à Faléries, puis à Véies, la cité redoutable qui ne fut prise par Camille qu'au prix d'un siège de dix ans, on a retrouvé toute une collection d'antiquités, dont quelques-unes ont été, si je ne me trompe, transportées au musée du Louvre.

Je reviens à la route de Rome. A partir d'Orte, on sort des montagnes qui bordent l'Ombrie, pour entrer dans le pays des Véiens. En face de soi, on aperçoit le mont Soracte, dont l'altitude est de 686 mètres; derrière lui, la haute pyramide du Gennaro (1320 mètres). L'ancienne route, qui suit d'abord la voie Flaminia, s'infléchit ensuite vers Civita Castellana. Beau pont sur le Rio Maggiore (la Treja). La ville est juchée sur une hauteur sourcilleuse qu'entourent des ravins : c'est aux environs que se trouvent les ruines de Faléries.

Plus loin, au pied du Soracte, est Nepi. Ici commence la Campagne de Rome, et bientôt apparaît au loin le dôme de Saint-Pierre. Passé la dernière poste, celle de la Storta, on franchit le Tibre sur le Ponte Molle, jadis pont Milvius, et, après avoir suivi une longue rue de banlieue bordée de murs et de guinguettes, on entre dans Rome par la Porte du Peuple. J'ai dû prendre la peine d'indiquer cette route de voitures, si fréquentée autrefois; mais il va sans dire que, depuis l'établissement du chemin de fer, elle se voit de plus en plus vouée à l'oubli et à l'abandon. La plupart des voyageurs, pressés d'arriver à la Ville éternelle, ne se soucient point de descendre du confortable wagon, pour se faire « emballer », comme Gœthe, dans quelque affreux équipage de voiturin; on se réserve de vider le calice d'un seul coup, lorsqu'on entreprendra tout exprès l'excursion de la Campagne de Rome.

En attendant, de l'une et de l'autre portière on regarde passer le spectre de cette campagne. Une vaste solitude, sans maisons ni cultures, à travers laquelle poudroie le soleil. Çà et là une ruine qui branle, comme un torse mutilé de guerrier antique, sous un cimier d'herbes sèches et d'arbustes rabougris. Tous les kilomètres, un bouquet d'arbres. La vie et le bruit, bannis du sol, semblent se concentrer dans les airs; des bandes d'oiseaux, de longs vols noirs de corneilles y tourbillonnent avec un cri rauque; peut-être prennent-ils les menues boursouflures de cette terre à peine ondulée pour les vagues d'une mer pétrifiée.

La locomotive, qui dévore d'une égale vitesse les vallons verdoyants et les landes mortes, brûle superbement les anciennes bornes milliaires, enfumant au passage la figure hébétée d'un pâtre à l'œil luisant, qui regarde machinalement le train filer sur les

TOMBEAUX ÉTRUSQUES A CASTEL D'ASSO.

rails. Pauvre Campagnol! Il en est encore aux temps fabuleux du berger Évandre; il n'a rien compris à la marche des siècles, pas plus que ses chèvres qui, accroupies au bord d'une flaque d'eau, relèvent curieusement la tête au bruit tonitruant des wagons, puis détalent tout effarées. Ainsi passent les dernières stations du parcours, Borgheto, Correse, Monte Rotondo; après quoi on franchit la Porta Maggiore pour s'arrêter à la gare centrale, devant les Thermes de Dioclétien, tout près de la basilique de Sainte-Marie.

CHAPITRE VIII

ROME

I. — LA VILLE ANTIQUE

Ici, les premières impressions sont si multiples et si troubles, qu'il n'est guère possible de les ordonner plume en main. Trente siècles fondent sur le touriste et l'accablent; l'antiquité, le moyen âge, les temps modernes affluent en lui confusément, y évoquent des souvenirs et des images qui s'enchevêtrent et se heurtent comme les vagues d'une mer bouleversée par la tempête.

Il s'est tant de fois représenté la Ville Éternelle; c'est, en vérité, en dehors de ses horizons familiers, le seul point du monde qui soit demeuré, pour ainsi dire, sans cesse présent à son esprit; l'éducation, l'étude, le travail continu de mille burins invisibles l'y ont gravée comme en un relief lumineux. Et ce fantôme de Rome a presque fini par prendre corps dans son esprit; à force de regarder cette estampe intérieure, il en est arrivé à connaître, du moins se le figure-t-il, l'original même dans tous ses détails. Et quelle gigantesque synthèse il se flatte d'avoir saisie avec cette image! Rome n'est-elle pas comme le résumé et l'estuaire final de tout un monde? N'a-t-elle pas été, dix siècles durant, l'arène bouillonnante où cent peuples se sont mêlés et confondus, l'immense creuset au sein duquel s'est opérée victorieusement la fusion des éléments les plus disparates?

Or tout cela, c'est le chaos. L'histoire y perd d'abord son unité; elle tourbillonne devant le nouveau venu, l'aveugle et l'oppresse. L'art lui-même, cet auxiliaire, ce sauveteur de l'histoire, n'apparaît, à première vue, dans ses diverses représentations, que comme une étrange fantasmagorie, pleine d'obscurités et d'énigmes. Il faut d'une main se presser le front, et de l'autre étreindre son cœur; — ou plutôt, croyez-moi, il faut remettre à plus tard cette froide reprise de réflexion ; il faut s'en aller au hasard, sans règle ni plan, comme le poète Horace cheminait par la voie Sacrée, *nescio quid meditans nugarum*, c'est-à-dire en flânant.

Mais Rome se compose de plusieurs Romes superposées ou juxtaposées. Laquelle va, de prime abord, s'emparer de vous? Je ne dois pas vous le dissimuler, votre impression première, au sortir du débarcadère, ne sera pas très grandiose. La Rome qui surgit ici à vos yeux, qui s'empresse de vous souhaiter la bienvenue, ce n'est pas la Rome imposante et luxueuse des Césars ou de Léon X, c'est une sorte de ville provinciale, à l'aspect sale, négligé, où le pied trébuche sur un pavé inégal; rues étroites, maisons encrassées, corridors noirs et poudreux; aux fenêtres, étalage de linge putride et de haillons desséchés, barreaux dévorés de rouille, où l'araignée tisse et retisse amoureusement ses chefs-d'œuvre ; puis, en plein vent, des bouillonnements de fritures insensées. Il y a longtemps que Stendhal a dit : « Il règne dans les rues de Rome une odeur de choux pourris. » Bref, devant ce coup d'œil aussi pittoresque que nauséabond, vous vous croiriez dans les ruelles rustiques de Subiaco ou d'Olevano ; et encore je calomnie ces honnêtes bourgades : les ordures de la Ville éternelle offrent une ampleur et une abondance vraiment métropolitaines, qui défient toute concurrence des banlieues.

Ce n'est cependant pas une raison de trop presser le pas. Il n'est pas mauvais que, dès l'arrivée, vous humiez ainsi à pleines narines ce parfum de Rome; vos promenades ultérieures soumettront à bien d'autres épreuves la délicatesse septentrionale de votre muqueuse; d'ailleurs l'enlèvement de ces immondices n'est qu'affaire de balai; déjà, depuis 1870, toute une légion de terrassiers et de maçons se sont mis à l'œuvre ; on a déblayé le Colisée, on a ouvert des voies nouvelles, ébauché des squares verdoyants dans le labyrinthe de maint vieux quartier naguère encore marqué de l'effigie la plus dégradante. Laissez passer le tombereau de décombres, laissez résonner le marteau justicier du démolisseur : on commence, — terrible besogne et de longue haleine ! — la grande purification de la Ville Éternelle.

Plus majestueuse, à coup sûr, était l'entrée de la grande cité pour le touriste qui arrivait autrefois par l'ancienne voie Flaminienne, c'est-à-dire par le Ponte Molle et la place du Peuple. Un obélisque, des fontaines monumentales, des statues, des colonnes; à gauche, la magnifique promenade du mont Pincio, avec sa suite de rampes et de terrasses; à droite, le Tibre; en face, trois longues rues aux somptueux édifices, savoir : au centre, la fameuse via del Corso, qui mène à la place de Venise et au Capitole; à gauche et à droite, décrivant avec celle-ci deux angles aigus, la rue del Babbuino, qui se dirige de biais vers la place d'Espagne et le Quirinal, et la rue di Ripetta, qui gagne obliquement les bords du Tibre et aboutit au théâtre Valle, entre la splendide place Navone et le Panthéon : telle est la perspective qui s'offre de ce côté au voyageur. Une quatrième grande rue, la via de' Condotti, allant de l'est à l'ouest, de la place d'Espagne au palais Borghèse, puis se prolongeant sous d'autres noms jusqu'au pont Saint-Ange, croise les trois autres chaussées maîtresses, et achève de figurer avec elles le triangle septentrional de l'ex-cité pontificale.

Quelque attrait qu'exercent les monuments de la Ville Éternelle, il y a une chose en elle qui vous attire avant tout, une chose qui d'ailleurs a le prestige d'avoir préexisté de longue main à toutes les œuvres humaines : c'est le Tibre.

Ce fleuve célèbre partage Rome en deux moitiés inégales, dont la plus importante de beaucoup occupe la rive gauche; les eaux en sont jaunâtres; au milieu de son méandre le plus prononcé, en face du quartier juif ou Ghetto, que je décrirai plus loin, se trouve la petite île de San Bartolommeo, jadis île du Tibre (*insula Tiberina*). Deux ports, l'un à l'entrée du fleuve dans la ville, le port Ripetta, l'autre à sa sortie, la Ripa Grande; peu de largeur du reste 66 mètres à la Ripetta, mais un cours rapide, tourbillonnant, et parfois des crues terribles, dont la Rome ancienne aussi bien que la moderne n'ont eu que trop à souffrir.

Jadis, comme aujourd'hui, le Tibre rongeait ses bords; on l'appelait, pour cette raison, le Dévorant, ou la Scie; les sinuosités de son cours l'avaient aussi fait surnommer la Couleuvre. « Son air, dit M. Ampère, n'est pas gracieux, mais sévère, et cet air convenait à sa destinée. Quelle sombre physionomie devait avoir le Tibre lorsqu'il se précipitait sous de vieilles forêts à travers des solitudes ! Les forêts ont été abattues, mais les solitudes sont restées, ou plutôt elles sont revenues, et l'on a, de nos jours, le spectacle de ce qu'était le Tibre avant Rome, quand, sortant par la porte du Peuple, tournant à gauche et faisant quelques pas sur la rive, on regarde par-dessus les eaux muettes la campagne silencieuse. Le long de la vallée du Tibre devaient se trouver des espèces de savanes; aussi les prairies qui bordaient les deux côtés du fleuve, et dont l'une fut plus tard le Champ de Mars, étaient-elles des prairies marécageuses où croissaient des prêles. Des prairies et des marécages, au pied de quelques collines couvertes d'arbres, voilà ce que Rome a remplacé. »

Les collines de Rome! ces mots nous ramènent aux temps lointains où la future maîtresse du monde nous apparaît perdue encore dans les brouillards de la légende. Que l'on croie ou non à Romulus et à sa louve, la puissante Rome, *Roma potens*, n'en est pas moins sortie d'un bourbier, du grand marécage bordé de saulaies, le Vélabre, qui s'étendait au pied du Palatin, et qui fut tout d'abord desséché par les Tarquins.

Le Palatin, situé sur la rive droite, un peu au-dessous de l'*insula Tiberina*, représente le berceau primitif et le centre religieux de la cité naissante. C'est là qu'était la Rome carrée, la *Roma quadrata*, dont on a récemment exhumé des parties d'enceinte et de portes. Sur la cime de cette éminence baignée de soleil était l'*Auguratorium*, d'où Romulus observait le vol des vautours. L'endroit est silencieux; nulle part ailleurs les souffles de l'histoire ne vous pénètrent plus profondément. Vous descendez de la colline par un revers tout luxuriant de végétation, sous les ombrages duquel se couchent encore les troupeaux de bœufs mugissants; vous voyez le lieu où fut l'escalier de Cacus, et au-dessous, parmi les touffes de lierre, de clématite, les buissons d'épine et de rosage, l'antique caverne du dieu Pan, le Lupercal; là verdoyait le « figuier sacré ». Puis, plus loin, près du fleuve, vers la Cloaca Maxima, voici la place humide et moisie (San Giorgio in Velabro) où s'étendait, « dormant sous les joncs et baignant le pied des saules », ce Vélabre que célèbre si lyriquement le vieux chant sabin.

Sur cette colline sainte s'élevèrent, à la fin de la République, les

LE TIBRE SOUS L'AVENTIN.

habitations des citoyens les plus opulents et les plus illustres : Crassus, Scaurus, Cicéron, Catilina, Marc-Antoine ; on y bâtit ensuite les résidences impériales, qui en prirent leurs noms de « palais ». Des fouilles ont mis à nu les ruines ou les substructions de plusieurs de ces édifices.

Autour du Palatin se groupent, sur la rive droite du Tibre, six autres collines : au sud l'Aventin, à droite le Cœlius, primitivement Mont des Chênes, à cause des hautes futaies de cette essence qui le couronnaient ; puis, en allant toujours vers l'est, l'Esquilin, jusqu'à la base duquel s'étendait le Vélabre ; là se trouvait le cimetière des pauvres, là fut construit plus tard le palais de Mécène. A côté est le Viminal, ainsi appelé des osiers (*vimina*) qui le couvraient ; c'est aujourd'hui une éminence à peine sensible à l'œil, et qui se confond presque avec l'Esquilin ; à la suite, en demi-cercle, se dressent le Quirinal et le Capitolin, qui furent longtemps unis par une langue de terre, une sorte de coteau de suture, que Trajan fit niveler pour établir son Forum.

L'Aventin, qui fut jadis la bruyante forteresse de l'opposition plébéienne, est aujourd'hui un plateau désert que les vents n'ont point cessé de balayer ; l'endroit, assez malsain, est consacré à des cultures maraîchères, et n'offre d'autre curiosité au touriste que le cloître de Sainte-Sabine, sous lequel on a découvert, il y a quelques années, des restes de galeries antiques, des chambres d'esclaves et des fragments de l'enceinte tracée par Servius Tullius, lorsque celui-ci eut achevé de clore la ville, en y ajoutant l'Esquilin et le Viminal. Le Cœlius n'est guère plus vivant ; le jardin des Passionnistes, d'où l'on jouit d'une si large perspective, y est planté sur l'emplacement d'un ancien temple élevé à l'empereur Claude par sa femme Agrippine, après qu'elle l'eut fait « Dieu ».

Quant au mont Capitolin, que dominait le temple de Jupiter, là où est aujourd'hui l'église d'Ara Cœli, il présentait une double sommité : d'un côté était le Capitole, de l'autre la Roche Tarpéienne ; de celle-ci il n'existe plus qu'une portion, à laquelle s'appuient de vulgaires maisons à cinq étages. L'endroit compris entre les deux cimes s'appelait l'*Intermontium*. Le temple de Jupiter regardait le fameux *Forum romanum*. Je laisse de côté, pour le moment, le mont Pincius (Pincio) ou coteau des jardins, *collis hortulorum*, ainsi que le mont

Janicule (Montorio) et le Vatican, situés l'un et l'autre sur la rive opposée du Tibre.

Les ruines romaines les plus vénérables, par ordre d'ancienneté, c'est d'abord ce qui reste de l'enceinte ou *agger* de Servius Tullius ; j'ai dit qu'on en avait découvert quelques traces à la pente méridionale de l'Aventin : bien peu de chose, à la vérité ; des fragments de tuf entassés quadrangulairement et tapissés de mûres sauvages, de plantes grimpantes. Près de la station du chemin de fer par laquelle vous êtes arrivé, il en subsiste d'autres vestiges, qui sont en blocs de péperin d'Albano.

Un autre monument de la même époque, c'est la prison Mamertine, creusée dans le roc du Capitole. C'est là que périrent les complices de Catilina. Cicéron les avait fait jeter dans le cachot inférieur, que l'on appelait *Tullianum*, et avait ordonné qu'on les étranglât l'un après l'autre ; après quoi il était redescendu dans le Forum par les degrés des Gémonies, que remplace aujourd'hui un escalier moderne, et, entouré des sénateurs et des consulaires, il avait prononcé solennellement ces fameuses paroles : « Ils ont vécu, *vixerunt*. » Puis le soir, — tant la frayeur causée dans la ville par Catilina avait été grande, — il y avait eu, devant toutes les portes, illumination aux flambeaux, et les toits s'étaient emplis d'une foule délirante, avide de contempler au passage les traits du consul sauveur.

Redescendons jusqu'au bord du Tibre. Ce noir rictus qui bâille sur la jaune rivière, c'est la bouche de la *Cloaca Maxima*, autrement dit le grand égout collecteur. Il date de Tarquin l'Ancien, et depuis lors il n'a point bougé. Ce gigantesque canal, par lequel le Vélabre fut desséché, s'étendait du Forum au Tibre, en recevant les embranchements des vallées voisines ; un vrai « fleuve cloacal », comme l'appelait le vieux Caton. La voûte, supportée par les deux murailles, était composée de trois cintres de tuf enchevêtrés l'un dans l'autre ; deux hommes, les bras étendus, n'atteignaient point les parois, et l'on voguait en bateau jusqu'à l'embouchure. Tel il était il y a deux mille ans, tel il est encore aujourd'hui. La main dévastatrice de l'homme a eu beau bouleverser le sol à sa surface, les tremblements de terre ont eu beau l'agiter dans ses profondeurs, la Grande Cloaque a résisté à toutes les secousses ; et pendant des siècles encore les pluies pourront grossir et faire bouillonner le fétide charroi de ses conduits, les flots du Tibre débordé en pourront refouler le courant et lutter, masse contre masse, au dedans de l'obscur souterrain, sans que le prodigieux ouvrage s'écroule ni faiblisse.

La contre-partie de ce grand travail fut la construction des aqueducs ; il ne suffisait pas d'avoir rejeté les eaux impures par la gueule de l'énorme exutoire, il fallait encore appeler à soi des ondes limpides et choisies, et les ramifier sous la ville en un réseau d'artères innombrables. La République était à peine établie qu'on se mit à l'œuvre. On commença par faire une saignée à l'Anio, au-dessus des montagnes de Tusculum ; un peu plus tard, Appius Claudius alla chercher l'eau de Préneste ; plus tard encore, on amena, par un aqueduc de près de 100 kilomètres de longueur, la fameuse Eau Marcienne ; puis s'ouvrirent l'Aqua Tepula, l'Aqua Julia, etc. : si bien que Rome, dès les premiers temps de l'Empire, se trouva pourvue de quatre ou cinq cents fontaines ou abreuvoirs. Aux XVIe et XVIIe siècles, les papes Sixte-Quint et Paul V, pour doter la ville des Acque Felice et Paola, qui y versent à elles seules des trésors de liquide que nulle autre capitale moderne ne possède, n'ont eu, en grande partie, qu'à rétablir d'anciens conduits de dérivation.

Pour le transport de ces fleuves limpides qui s'épuraient encore dans des piscines *extra muros* avant de confluer au vaste réservoir de l'Esquilin, les ingénieurs hydrographes romains avaient créé des lits suspendus, dont les ruines seules nous saisissent d'étonnement. Çà et là, dans la campagne de Rome, vous apercevez de longues files d'arcades majestueuses, bâties en tuf volcanique ou péperin, et qui souvent se présentent à double et à triple étage. Ces portiques aériens, jetés d'une colline à l'autre, servaient de pont à une, deux et quelquefois trois rivières superposées : tel était le cas, par exemple, pour l'aqueduc qui, sous le nom d'*Acqua Vergine*, — jadis « Aqua Virgo », — alimente encore, après avoir passé sous le mont Pincio, la belle fontaine de Trevi, érigée par un Médicis, Clément VII, entre le Corso et le Quirinal : les eaux Julia, Tepula et Marcia y coulaient fraternellement l'une au-dessus de l'autre.

A chaque phase de la fortune de Rome correspond une série d'édifices. Le dernier des Tarquins, avec l'argent pris sur les Volsques, achève le temple de Jupiter Capitolin; la bataille du lac Régille, qui a pour conséquence la soumission des Latins, amène la fondation du temple de Castor et Pollux. Quintus Métellus, vainqueur de la Macédoine, élève près du Tibre son vaste Portique, qui plus tard fut remplacé par le fameux portique d'Octavie. Puis viennent les luttes des Gracques contre l'aristocratie : Tibérius Gracchus est tué sur le Capitole : *initium in Roma civilis sanguinis*, écrit un historien latin; — le premier sang répandu dans Rome par la guerre civile; — quelque temps après, Caïus, sur le point de subir le même sort, prévient ses ennemis en se faisant tuer, au delà du Tibre, par un esclave; trois mille personnes sont égorgées en bloc. Pour consacrer sans doute le souvenir de ces atroces exécutions, par lesquelles les patriciens venaient de souiller leur victoire, on érigea sur le Forum un temple à la Concorde. C'est dans cet édifice, si bien nommé, que Cicéron devait faire condamner plus tard, par le sénat, les complices de Catilina.

Bientôt éclatent les luttes de Marius et de Sylla; cette fois c'est aux pieds de l'Esquilin, près de la basilique actuelle de Sainte-Marie-Majeure, que se passe le grand acte du drame; puis, de nouveaux égorgements, des proscriptions; le Forum tout plein de têtes coupées : sur quoi, on réédifie le Capitole.

Avec Pompée et César commence une nouvelle époque architecturale. Pompée est le premier particulier qui offre au peuple un édifice pour ses plaisirs : c'est le Théâtre dont on voit encore des vestiges au sud de la place Navone, près du Campo di Fiore; en même temps et à côté il fait élever ce splendide portique, ombragé d'arbres, qui contenait la Curie où César allait être ultérieurement frappé de cinquante-trois coups de poignard, aux pieds de la statue même de son rival. A cette fastueuse création, le vainqueur de-Gaules répond par l'établissement de son Forum. Les riches particuliers ne demeurent pas en reste de magnificence : le Palatin se couvre de résidences toutes plus belles les unes que les autres. C'est aussi le temps où le consul Æmilius Scaurus, frère du triumvir Lépide, construit, derrière les boutiques du Forum, la basilique Æmilia, dont Pline vantait les superbes colonnes en marbre phrygien. A quelques années de là, la scène se machinait pour d'autres décors et une autre pièce : César franchissait le Rubicon, Pompée était vaincu à Pharsale, et Caton se tuait : la République était finie.

La liberté mourante et le despotisme naissant se personnifient en quelque sorte dans le Théâtre de Marcellus, commencé par César et terminé par Auguste. Il était situé à la hauteur de l'île du Tibre, près de la place Montanara. Des portiques qui l'entouraient, il ne subsiste plus que quelques arcades inférieures. Cet édifice pouvait contenir vingt mille spectateurs. Au moyen âge, il eut le sort de l'arène de Vérone : il fut transformé en citadelle, les décombres s'y amoncelèrent, et ce qui restait d'arcades fut envahi par d'affreuses échoppes. Sur ces ruines, on a bâti depuis lors le palais Orsini.

Au mois de sextilis (août) de l'année 29 avant l'ère vulgaire, Octave, vainqueur d'Antoine, rentre dans Rome ; c'est alors que de la concentration insensible de toutes les charges, de tous les pouvoirs en la main de l'homme qui, sous le titre d'*Imperator*, gardait le commandement suprême de toutes les armées, se constitue, sans bruit, sans révolution apparente, ce principat hybride et mal défini, d'où allait sortir, comme d'une boîte à surprise, le gouvernement des Césars romains. Auguste, — c'est le nom qu'on donnait aux Dieux, — ferme lui-même, pour inaugurer l'ère nouvelle, le temple de Janus, ouvert depuis deux siècles, et décrète la « paix universelle ». De son côté, son gendre Agrippa élève et dédie « à tous les Dieux » le monument le plus insigne et le mieux conservé que nous ait transmis l'ancienne Rome, le Panthéon.

Le cadre assez misérable au milieu duquel il se trouve aujourd'hui, entre le Corso et la place Navone, n'ôte rien à cet édifice de sa majesté pompeuse. Seize gros piliers monolithes en soutiennent le portique ; la puissance des pilastres, sa porte de bronze, l'audace imposante de sa coupole, d'où ruisselle, par une ouverture unique, une immense gerbe de lumière, tout annonce bien la magnificence d'un peuple conquérant qui se sent enfin la main assurée sur ces conquêtes. Ajoutons que, dans cette énorme rotonde, repose, au fond d'une chapelle latérale, le corps du plus grand artiste des temps modernes, le divin Raphaël.

Sous Tibère et sous son successeur, le Palatin reçoit de nouveaux palais ; on voit encore, sur le coin nord-ouest de cette colline, l'amorce du pont insensé que Caligula avait fait jeter par-dessus le Forum, afin de pouvoir aller plus commodément de sa maison au Capitole, où du reste, en sa qualité de Dieu, il était encore dans sa maison. L'empereur Claude se montre, lui, plus utilitaire, comme on dit de nos jours ; il n'érige point de luxueuses résidences dans la capitale ; mais il fait construire deux aqueducs et le port d'Ostie.

Voici Néron : tandis que la Gaule se révolte sous Vindex, l'Espagne sous Galba, la Bretagne sous la reine Boadicée, le César histrion, idole de la multitude, fait brûler Rome, et, sur les ruines fumantes, bâtit sa Maison Dorée, sorte de palais féerique, aux magnificences orientales, qui couvrait plus d'un quart de la ville, et contenait des villas, des forêts, des étangs. Les Flaviens, il est vrai, s'empressent de tailler et de rogner à leur fantaisie dans les splendeurs néroniennes. Ces fils d'affranchis, qui doivent avoir pour héritiers, non plus même des Romains, mais des Espagnols, marquent leur passage au pouvoir par trois ou quatre monuments remarquables : l'Arc de Titus, dressé sous le Palatin, au point culminant de la voie Sacrée, et tout en marbre pentélique ; — les Thermes du même Titus, bâtis au revers de l'Esquilin : il en reste des corridors ornés de fresques très belles, dont Raphaël profita, dit-on, pour ses *Loges* du Vatican ; — enfin, le Colisée. Toutes ces constructions firent disparaître en partie la Maison Dorée et ses dépendances.

Le Colisée (*Colosseum*), appelé d'abord Amphithéâtre Flavien, fut commencé par Vespasien, continué par Titus, achevé par Domitien. Il faut voir, le soir, cet entassement monstrueux de blocs qui mesure plus d'un demi-kilomètre de circonférence sur 52 mètres de hauteur. Les Juifs, dont la dispersion venait de commencer par le sac de Jérusalem, y travaillèrent par milliers, comme leurs pères, les Hébreux, avaient travaillé aux fameuses pyramides d'Égypte. Il est vrai que, par une sorte de coïncidence ironique, l'érection de ces masses de pierre sans pareilles se trouva plus que compensée, sur le sol romain, par les ruines qu'y accumulèrent, d'abord l'affreux incendie qui consuma en trois jours le Capitole, le Théâtre de Pompée et la Bibliothèque Palatine, puis une catastrophe plus terrible encore, l'éruption du Vésuve qui engloutit, en l'an 79, Pompéi, Herculanum et Stabies. Les Antonins, grands bâtisseurs, eux aussi, ne devaient pas tarder à ramasser et à redresser vers ce ciel, où s'apprêtait à régner sans partage le Dieu nouveau des chrétiens, les débris amoncelés au pied des collines romaines; quant aux cités ensevelies sous la lave et la boue du volcan napolitain, il devait s'écouler dix-sept siècles avant que leur squelette revît la lumière du jour.

Le Théâtre de Pompée avait été inauguré par des jeux où l'on avait tué cinq cents lions et vingt éléphants; le Colisée reçut un baptême de sang plus gigantesque encore : cinq mille bêtes, dix mille captifs y firent une rouge mêlée pour la joie de cent mille assistants. Aujourd'hui, le silence profond de l'immense arène n'est plus troublé que par le pas de l'étranger ou le cri d'un oiseau, à de certains jours par la psalmodie nasillarde d'une procession qui, pour gagner les indulgences, vient baiser dévotement la croix dressée au milieu du cirque, ou encore par les monotones vociférations d'un prédicateur en plein vent. La nature s'est emparée de cette ruine; elle y déroule ses festons et ses arabesques. Sur les pierres effritées, sur les lucernaires qui plongent jusqu'aux Catacombes, l'herbe et la ronce ont étalé de bizarres panaches : le Colisée, ne vous en déplaise, a sa flore spéciale, dans laquelle les observateurs ont reconnu jusqu'à quatre cent vingt espèces différentes. Tout le quartier environnant est morne et muet : au devant, le Forum, agreste désert; en arrière, la vallée plus déserte encore qui sépare l'Esquilin du Cœlius.

Les obscures clartés de la nuit filtrent mystérieusement à travers les béantes fissures du noir géant; au-dessus, la coupole bleue du firmament. Peut-être, s'il était intact, l'édifice produirait-il une impression moindre; l'œil s'y reposerait trop à l'aise sur des formes délimitées, sur des arêtes et sur des voussures se reliant sans interruption à d'autres voussures et à d'autres arêtes; l'énormité ainsi contenue et fermée se rapetisserait. Mais la barbarie du moyen âge a paré à l'inconvénient; elle a fait au monstre de terribles blessures; Robert Guiscard, le Normand, a pris plaisir à mutiler ses flancs gigantesques; par là, ce monument de meurtre a subi la peine du talion. Tel qu'il est pourtant, sa destination est encore visible; elle l'est surtout dans ces deux portes, ces deux émissaires sinistres qui s'ouvraient devant le peuple-roi, l'un pour

UNE IDYLLE DANS LES RUINES DU TEMPLE DE VESPASIEN

la chair vivante destinée à le faire pâmer d'aise par ses convulsions, et l'autre pour la chair morte désormais hors d'usage ci ce n'est pour les oiseaux de proie.

La ruine romaine la plus imposante après le Colisée, ce sont les Thermes de Caracalla. Tout là-bas, derrière le Cœlius et l'Aventin, vous heurtez le gigantesque débris, solitude sombre au fond d'une première solitude non moins sombre, formée d'un enchevêtrement de ruelles, de murs et de jardins muets. L'enceinte de ces Thermes mesurait un pourtour d'un kilomètre et demi, car, sous un climat chaud qui amène une transpiration abondante, le bain était la partie la plus importante de l'hygiène publique et privée. Riches et pauvres, tout le monde se livrait quotidiennement à une complète hydrothérapie; seulement les citoyens les plus opulents possédaient des bains chez eux; pour le menu peuple, il y avait les établissements balnéaires communs, où l'on avait accès moyennant la minime rétribution d'un *quadrant* (un centime environ). Agrippa, étant édile, en avait fait construire cent soixante-dix de ce genre, et, pendant toute l'année de son édilité, le peuple y fut admis sans payer. Mécène avait fait mieux encore : il avait légué ses bains au peuple, pour qu'il pût s'y laver gratis à perpétuité.

Deux fragments d'hémicycle, une quantité de petites chambres, qui étaient vraisemblablement affectées aux gens de service, une vaste rotonde et trois grandes arcades, voilà ce qui subsiste des Thermes de Caracalla, cet empereur syrien dont le règne s'ouvrit et se ferma par deux coups de poignard, le premier adressé par lui à son frère Géta, le second reçu par lui de la main sûre d'un centurion. Les hémicycles étaient consacrés à la gymnastique et aux spectacles, car ce n'était pas seulement pour se purifier le corps à notre mode septentrionale qu'on se rendait dans cette enceinte. Tous les genres d'exercices, toutes les variétés de divertissements s'y trouvaient réunis pour le plaisir du public. Les citoyens influents s'y montraient accompagnés de leur escorte de clients; les gens d'affaires et les philosophes y fréquentaient comme en un lieu où l'on pouvait toujours faire affaire et philosopher; les femmes y venaient volontiers nouer des intrigues dans les vestibules; le pauvre hère enfin y rôdait à l'affût d'un souper. On causait, on regardait les œuvres d'art et les lutteurs, on écoutait les récitateurs, ou l'on se reposait dans un doux *far niente* au bruit harmonieux des jets d'eau ; — bref, un immense cercle, un club anglais, mais avec des splendeurs et des raffinements de vie païenne dont le monde moderne ne pourra jamais se faire une idée, parce que tout cela reposait, en définitive, sur une assise sociale qui s'est écroulée sans retour : l'esclavage. Athlètes, rhéteurs, artistes, cuisiniers d'élite, instruits par les maîtres-découpeurs de la rue Suburra en l'art de tailler les viandes les plus délicates, depuis la chair du sanglier jusqu'à la carcasse des gazelles et des oiseaux de Gétulie, tout ce qui se démenait et suait dans ce palais, au service des maîtres du monde, était esclave ou fils d'esclave : Grecs retors, arrivés d'Athènes ou de Corinthe, Numides nerveux et bien découplés, venus par mer des côtes africaines, puis ces grands corps de Gaulois au poil roux et à l'œil clair, qui n'étaient pas les moins diserts ni les moins adroits. Et qui payait tout ce luxe? Les Césars, intendants et « procurateurs » des plaisirs publics, ou plutôt, je me trompe, le tribut des provinces conquises.

La grande salle en rotonde, mentionnée plus haut, était destinée aux bains de vapeur (*laconicum*); les trois grandes arcades, conservées comme elle, formaient l'entrée du bain froid (*frigidarium*), qui se prenait à ciel ouvert. Les sexes étaient séparés; mais tout le monde était entièrement nu: gras personnage consulaire ou grammairien étique, tous passaient sous ce même niveau d'égalité. Qui se lamentait parfois du spectacle? C'étaient les fines sculptures, les innombrables statues qui ornaient les murs de marbre. Presque toutes, dieux et déesses, hommes et bêtes, étaient des chefs-d'œuvre de plastique. Vous étiez là, Hercule Farnèse, Torse du Belvédère, Vénus Callipyge, Taureau Farnèse, étaient vos formes parfaites aux regards charmés de ces voluptueux, de ces désœuvrés. Et tout, dans ces Thermes, était à l'avenant : le pavé des salles, les voûtes, construites en pierre ponce, avaient pour décoration de belles mosaïques, dont bon nombre ont été transportées au palais de Latran.

Le touriste, étonné, songe gravement à cette étrange civilisation, si différente de la sienne, et il regarde, comme au Colisée, le travail incessant de la nature et des ans sur ces agglomérations de pierres demi-croulantes. Il voudrait retenir du doigt le fragment d'arcade, le reste d'escalier, le pan de muraille, qui lui semblent prêts à tomber; il voudrait rentrer du poing les saillies qui se sont poussées dans l'air vide. Il compte du moins sur le foisonnement tutélaire des fenouils, des anémones, des mauves et du trèfle, pour maintenir les amas qui n'ont point fléchi; mais il a peur des petits chênes verts et des arbustes aux racines vagabondes qui se sont juchés sur les corniches ou accrochés dans les creux : ces choses-là font des trous un peu bien profonds; tant de pattes aux griffes tordues amèneront, pour sûr, du dégât, et ce ne sont pas là les vrais conservateurs qu'il voudrait à ces ruines toutes baignées d'azur et de silence.

Ces Thermes de Caracalla renfermaient seize cents sièges de bain en marbre poli, et cependant ce n'était pas le dernier mot du genre : sous Dioclétien, au siècle suivant, alors que Rome n'était déjà plus l'unique résidence de l'empereur, les Thermes du Viminal offrirent place à trois mille deux cents baigneurs; d'une seule des salles qu'ils contenaient (bibliothèque ou Cella Calidaria), Michel-Ange a tiré une des plus grandes églises de Rome : c'est Sainte-Marie-des-Anges, derrière laquelle il a dessiné ce beau Cloître des Chartreux, avec son portique de cent colonnes, et ses hauts cyprès plantés par lui-même. Une autre chambre des bains, le *Laconicum*, a été tranformée par Vanvitelli en un magnifique vestibule d'entrée : c'est ainsi que, presque partout, à Rome, le christianisme s'est plaqué tant bien que mal sur le paganisme.

Qui ne connaît le fameux tableau de Claude Lorrain représentant l'ancien *Forum romanum*, sous le nom de *Campo Vaccino?* A gauche, on aperçoit un arc de triomphe, des restes de temples; dans le fond, un autre arc et le Colisée; à droite, trois colonnes, et les ruines des palais impériaux. Au premier plan, un paysan, un long bâton à la main, s'entretient avec un homme du peuple couché sur l'herbe; à côté, un autre homme est assis sur une pierre.

Telle était devenue, et pis encore, au cours des siècles, la célèbre enceinte qui avait contenu les destinées du monde; le Forum des Gracques et de Cicéron n'était plus qu'un marché à bestiaux. Ce qu'il avait été réellement, son emplacement authentique, l'étendue de terrain qu'il avait occupée, personne n'en savait que dire. Les années, en s'accumulant, l'avaient enfoui sous plusieurs mètres de poussière et de décombres ; un sol nouveau s'était formé sur le sol antique, enfermant l'histoire sous son épaisse agglutination. Beau champ pour les érudits ! Un point seul demeurait hors de conteste, c'était que le Forum avait été au pied du Capitole. Partant de là, on avait compulsé les textes, manié et torturé les auteurs latins, et l'on était arrivé aux restitutions les plus fantastiques. Le spectre de terre et de pierre ne tenait pas même en place ; chacun le tirait de son côté, le tournait et le retournait sur le papier autour du pivot capitolin. Il n'y a pas longtemps qu'on le faisait encore voyager du septentrion au midi, entre la colline sacrée et la colline impériale (Palatin), dans la direction du Tibre.

Après qu'on se fut bien lapidé à coups de citations, sans que la controverse avançât d'un pas, on finit par où l'on eût dû commencer : on se mit à interroger le sol lui-même, à lui demander le mot de l'énigme que les livres ne pouvaient résoudre. Les premières fouilles furent faites en 1834 et reprises en 1850. La mise au jour des assises de la Basilique Julia établit l'orientation véritable de la place : elle formait, du nord-ouest au sud-est, un rectangle perpendiculaire au *Tabularium* ou Archives, édifice du temps de la République, que l'on traversait par un superbe portique pour se rendre d'un côté de la ville à l'autre. Les fouilles démontrèrent également que les ruines étagées au devant du Tabularium appartenaient bien, les unes au temple de Saturne, où l'on conservait le trésor de la République (*Ærarium*), et le long duquel passait la rampe Capitoline (*Clivus Capitolinus*) partant des degrés de la Roche Tarpéienne ; les autres, au temple de Vespasien et à celui de la Concorde, flanqués à droite de la Prison Mamertine et de l'Escalier des Gémonies.

En 1866 et 1872, de nouveaux résultats scientifiques furent acquis. On découvrit, derrière la Basilique Julia, les trois colonnes corinthiennes du temple de Jupiter Stator, puis, de l'autre côté du Campo-Vaccino, le soubassement de ce temple de Jules César qui, à l'extrémité sud-est du rectangle, faisait face au temple de la Concorde. Enfin l'antique dallage du Forum fut mis à découvert, vers l'Arc de Septime-Sévère et le Capitole : ce dallage consiste en carreaux de marbre et de travertin, au milieu desquels passent des voies pavées en blocs de lave. On ne put toutefois pousser jusqu'au bout l'œuvre de dégagement dans cette direction septentrionale, à cause des maisons qui bordent la place, et des églises San Adriano et San Martino qui s'élèvent de chaque côté de la rue Bonella. Qu'y a-t-il sous ces constructions modernes? La Curie, la Basilique Æmilia? C'est ce qu'on ne sait pas encore d'une manière certaine. Les fouilles ultérieures justifieront-elles exactement les restitutions conjecturales de l'ensemble qu'on se plaît à faire dès maintenant, plume en main? On ne le sait pas davantage. Sans m'attarder à suivre par le menu les plans dessinés par les archéologues et les architectes, j'ai dû me borner à voir dans le Forum Romanum le centre politique et judiciaire que l'histoire nous présente en lui. De l'espace central et vide, au milieu duquel fut érigée, en 608, la colonne de Phocas, il n'y a que peu de chose à dire; ce qui constituait en réalité le Forum, c'étaient les innombrables édifices qu'on avait élevés successivement autour du champ primitif, du marché où les gens du dehors venaient exposer et vendre leurs denrées.

C'était cet entourage de vastes portiques à deux étages, de basiliques où l'on rendait la justice et sous les arcades desquelles étaient installés des boutiques et des bazars richement décorés, qui était le promenoir favori de la foule. Sous ces galeries, on était à l'ombre pour flâner, causer et traiter d'affaires; on y circulait, parmi toutes sortes d'œuvres d'art, au travers d'une splendide et dense futaie de statues et de colonnades. Sur chaque bloc de marbre était inscrit un souvenir des vieux âges; d'un seul regard circulaire on repassait toute l'histoire de la République. N'était-ce pas sur le Forum que les Sabines étaient descendues, pour séparer leurs frères et leurs pères aux prises avec leurs maris? N'était-ce pas là qu'aux premiers temps des consuls avait eu lieu la décapitation des fils de Brutus et de leurs complices? Plus tard, les Gaulois, maîtres de Rome, avaient campé sur cette place, et l'on se rappelait même avec un certain plaisir qu'ils y avaient été assez mis à mal par les fétides émanations des marais voisins. Plus tard, les Gracques... plus tard encore, Cicéron, les grandes joûtes oratoires des rostres... puis la tête du grand orateur accrochée pantelante à ces mêmes rostres... ensuite, plus rien... le morne silence de la tribune et les **ténèbres de la servitude!**

Pauvre Cicéron! il trouvait que c'était « une très belle chose » que le projet de dépenser soixante millions de sesterces, c'est-à-dire douze millions à peu près de notre monnaie, pour agrandir le Forum romain et l'étendre jusqu'à l'Atrium de la Liberté, entre le Capitole et le Quirinal. Hélas! à ce moment même, l'Atrium de la Liberté n'était déjà plus que le vestibule de la tyrannie. L'homme au profit duquel on entamait dès lors les gigantesques expropriations préliminaires de ce grand ouvrage, ne se préoccupait guère du point de vue enthousiaste et patriotique de Cicéron; il ne songeait qu'à opposer superbement à l'antique Forum Romanum son forum particulier, emblème de sa toute-puissance et témoignage de ses rapines : cet homme, c'était Jules César, le proconsul de la République, le Jules César d'avant Pharsale.

Ce forum fut ouvert en effet, dès que Pompée eut été vaincu, à l'angle nord de l'ancienne place, derrière l'église actuelle de San Martino; au milieu, fut élevé un temple à Vénus Genitrix.

Désormais le branle était donné. Chaque empereur voulut avoir son forum. Tout le quartier environnant fut mis, des siècles durant, en coupe réglée; on expropria impérialement les possesseurs d'immeubles; parfois même, le procédé de l'expropriation paraissant trop long et trop compliqué, on mit le feu aux maisons qui gênaient. Ne fallait-il pas embellir la ville, lui donner cette symétrie et cette ordonnance dont les vieux Romains n'avaient pas eu assez de souci? Sans compter que cette extension des forums, cette multiplicité de promenoirs offerts au peuple avaient l'avantage de l'écarter de plus en plus des habitations impériales, d'isoler ce mont Palatin, qui avait supplanté définitivement la colline sacrée du Capitole, par delà une zone déserte et silencieuse qui lui assurait plus de sécurité.

C'est ainsi qu'Auguste établit son forum à la suite de celui de César, et y érigea un temple à Mars Vengeur (*Mars Ultor*), afin d'accomplir le vœu qu'il avait fait de venger la mort du même César. De cette construction expiatoire il subsiste aujourd'hui trois colonnes et une arcade. Domitien et Nerva fondèrent, à leur tour, dans une direction parallèle, le forum dit *Transitorium*, parce qu'il servait de passage pour se rendre aux précédents; quelques restes aussi en témoignent. La série des forums s'accrut enfin de ceux de Trajan et d'Antonin : le premier, construit par l'architecte Apollodore, était au nord-est du Capitole, sur la place où se dresse encore la Colonne Trajane, et où l'on a retrouvé des vestiges de la célèbre Bibliothèque Ulpienne ; le second était beaucoup plus éloigné de l'ancien centre politique de Rome, s'il est vrai, comme on le suppose, qu'il ait occupé l'emplacement actuel de la piazza Colonna, sur la via del Corso, là où se trouve la belle Colonne Antonine, érigée en l'honneur de Marc-Aurèle, le cinquième des Antonins, et dont la place a pris son nom.

Qu'on se figure maintenant ce qu'était la Rome impériale, avec cette splendide frondaison architecturale de temples, de basiliques, d'arcs de triomphe et de portiques, que la conquête avait enrichis de toutes les merveilles de l'art grec! Les Césars, qui du haut des terrasses du Palatin voyaient circuler à leurs pieds, parmi cette agglomération lumineuse de chefs-d'œuvre, une foule asservie où se mêlaient toutes les races humaines, n'avaient-ils pas vraiment le droit de se croire des dieux? N'étaient-ils pas là comme dans un Olympe d'où ils respiraient la fumée enivrante des sacrifices et les mille parfums exhalés des temples somptueux où, de leur vivant même, on les adorait?

Quant au vieux Forum sabino-latin, il s'était vu littéralement noyer dans cet immense océan d'édifices nouveaux, où l'or, le marbre et le bronze étincelaient de toutes parts; le peuple vivant des citoyens y avait cédé la place à un peuple immobile de statues qui encombraient l'étroit espace resté libre entre les boutiques et les temples. Au Champ de Mars même, les anciens *Septa*, où se tenaient les assemblées, avaient disparu; dès les derniers jours de la République, on y avait substitué, toujours au grand enthousiasme de Cicéron, un palais de marbre avec un toit et un portique de cinq mille pieds, qui semblait désormais plus digne de contenir les comices d'un peuple dont le monde entier était tributaire. La dédicace du nouvel édifice avait été faite par Auguste; après quoi... les comices avaient cessé d'être rassemblés.

Et maintenant, asseyons-nous, comme les deux personnages de Claude Lorrain, sur quelque tertre du Campo Vaccino, et tâchons de nous remémorer le train de vie quotidien des beaux jours de la

République. Près de nous, la majestueuse Voie Sacrée ; à la suite, s'étendant sur la pente de l'Esquilin, la vieille Voie Suburane, le quartier primitif, au pied de la ville, *sub Urbe*, avec ses tavernes obscures et mal famées, ses maisons irrégulières à six et à sept

RUINES DE L'ANCIEN FORUM.

étages, et ses chiens errants. Dès la pointe du jour, les rues s'animent, comme dans nos capitales modernes : des files de chariots et de mulets s'en vont chercher la pierre et le marbre, ou, si c'est jour de marché (*nundinæ*), se dirigent vers les différents forums d'approvisionnement, car chaque sorte de denrée a sa place à part :

sur l'*Olitorium*, à la base du mont Capitolin, se vendent les fruits et les légumes; au pied du Palatin, sur le Vélabre, se tient le marché aux bœufs (*Forum Boarium*); sur les bords du Tibre se trouve la poissonnerie (*Piscatorium*), etc.

Un peu plus tard, nous voyons affluer aux vestibules des grandes portes la foule salutatrice des *clients*, qui attendent que le *janitor* (portier) leur annonce le lever du maître. Puis, de neuf heures à midi, le Forum s'emplit : orateurs, clients et patrons s'y pressent en tumulte. Les tribunaux entrent en séance ; les plaideurs envahissent les basiliques, les nouvellistes se rassemblent près des rostres, les récitateurs se drapent et réclament l'attention. Pendant ce temps, des groupes assiégent les luxueuses tavernes de la Voie Sacrée, d'autres se rendent au bout du Forum, dans les boutiques des libraires pour y réclamer des scribes la copie de tel ou de tel ouvrage.

A midi, halte générale : c'est le temps de la sieste ; il dure, par une coutume qui s'est conservée, jusqu'à deux heures environ. Ensuite on va au Champ de Mars, au Champ disait-on tout court, comme chez nous l'on dit : au Bois. C'est une immense plaine basse, le long du Tibre, dans la région dite du Cirque Flaminius. Là, les jeunes gens s'exercent au maniement du glaive, au jet du javelot et du palet, à l'équitation, au saut, à la lutte, à la natation. La multitude se presse aux alentours : les uns se couchent sur les talus gazonneux; les autres, pleins d'ardeur et de curiosité, regardent les exercices, s'y mêlent par des cris ou des lazzis. Les femmes, pendant ce temps-là, s'en vont se promener, les unes, demi-voilées et à pied, sous les portiques publics, les autres, en voiture ou en litière, sur la Voie Appienne.

Cela dure jusqu'à quatre heures, moment de l'ouverture des bains publics. Puis, au bain succède le souper, qui est la dernière occupation de la journée, et qui se prolonge plus ou moins avant dans la nuit. Enfin, quand il fait tout à fait noir, c'est-à-dire « à l'heure de la première torche », les rues se vident, les tavernes s'illuminent; la voie publique appartient exclusivement aux filous, aux débauchés, parmi lesquels invariablement quelques jeunes patriciens ivres qui, au sortir du festin, se sont mis à courir la ville, la tête couronnée de fleurs; c'est aussi l'heure des sérénades. — encore une mode qui n'a point péri, — l'instant qu'attendent les amoureux pour aller chanter de petits poèmes sous la fenêtre d'une belle qui n'est pas toujours, quoi que dise Ovide, « plus inébranlable qu'un chêne ».

Que nous reste-t-il maintenant à voir de la Rome antique? Ses tombeaux. La première forme de sépulture, ici comme partout ailleurs, a été le simple tertre, le *tumulus;* plus tard, quand nous parcourrons la Voie Appienne, nous en retrouverons quelques spécimens qui remontent à l'âge héroïque de la cité; pour le moment, ne sortons pas de Rome.

Les seuls monuments funèbres du temps de la république dont il existe des vestiges *intra muros,* ce sont les tombeaux des Scipions et le monument de C. Publius Bibulus.

Des tombeaux des Scipions, situés au delà des Thermes de Caracalla, dans une vigne (enclos) voisine de la porte San Sebastiano, il ne reste qu'un labyrinthe de chambres souterraines, où l'on a retrouvé, à la fin du siècle dernier, le sarcophage de Lucius Scipion Barbatus, le vainqueur des Samnites. Le monument de Bibulus se trouve à l'entrée septentrionale du Corso.

Viennent ensuite, dans l'ordre chronologique, les *columbaria* ou pigeonniers de la via San Sebastiano, sorte de sépultures communes, qui renfermaient des urnes d'affranchis ou d'esclaves; puis la pyramide de Cestius, bâtie à l'imitation des tombeaux des Pharaons égyptiens, probablement vers l'époque d'Auguste; elle est près de la porte San Paolo, jadis porte d'Ostie, en face de la petite colline artificielle qui s'appelle le Monte Testaccio (mont des Tessons). Le temps a effacé presque entièrement les peintures qui ornaient jadis les parois internes de la chambre sépulcrale. A l'extrémité opposée de la ville, près de la Ripetta, se trouve l'ex-mausolée d'Auguste, qui a passé, depuis dix-neuf cents ans, par toutes sortes de vicissitudes. On aura une idée de l'immensité primitive de cet édifice ruiné, si je dis qu'il a servi tour à tour de forteresse aux Colonna et d'arène pour des combats de taureaux. A présent, c'est un théâtre où l'on joue en plein air la comédie et le mélodrame.

Plus tragique encore et plus singulière est l'histoire du mausolée d'Hadrien, devenu aujourd'hui la forteresse qui porte le nom de château Saint-Ange, et qu'une longue galerie réunit au palais papal du Vatican. Avec lui, nous franchissons le Tibre pour la première fois, car il est situé sur la rive gauche de la rivière, au débouché de l'ancien pont Ælius, bâti également par Hadrien, et qui s'appelle maintenant, du castello auquel il conduit, le pont Saint-Ange. A l'ouest se trouve le mont Vatican avec Saint-Pierre. Le célèbre mausolée se composait originairement d'une rotonde exhaussée sur un soubassement massif ; l'entablement et le sommet étaient surmontés de statues. Par une large montée en spirale, qui existe encore, on pouvait arriver à cheval jusqu'à la première plate-forme.

Piétons et cavaliers ne se firent point faute d'y grimper, avec tout un attirail de guerre. Dès le vi° siècle, la fastueuse nécropole des Césars se voit transformée en un château fort. En attendant l'invention des canons, les Grecs, assiégés par Vitigès, se servent des statues comme de projectiles ; ils cueillent tout autour d'eux les groupes de sculptures et les lancent sur les assaillants. Le fameux Faune dansant de Florence l'échappa belle en cette occurrence. Plus tard, le mausolée païen joue le rôle d'une sorte de Tour de Nesle ; rien n'y manque, pas même les oubliettes. On y strangule fort proprement, loin de tout regard importun, des cardinaux et des papes. L'épopée sinistre est aujourd'hui close, fort heureusement, comme une foule d'autres épopées du « bon temps » !

II. — LA VILLE PONTIFICALE

En passant le pont Saint-Ange, vous oubliez la Rome des Césars pour ne plus voir que la Rome des Papes. Là-bas, au bout de la longue rue du Borgo Nuovo, voici Saint-Pierre. Arrêtez-vous un instant pour contempler de loin la grandiose coupole ; de près, elle vous fera une impression moindre ; l'énorme masse de la façade écrasera ce dôme imposant, qui monte pourtant, avec sa lanterne terminale, à une hauteur de 138 mètres, c'est-à-dire à 33 mètres de plus que la flèche des Invalides de Paris. Avancez-vous maintenant, sortez de cette vilaine rue du Borgo : vous avez devant vous le corps entier de l'édifice, avec la vaste place à colonnades qui le précède. Au milieu de cette place se dresse, pauvre pygmée, un obélisque monolithe, transporté autrefois d'Héliopolis à Rome par Caligula ; sur ses flancs, deux fontaines lancent leurs gerbes liquides.

Vous montez le vaste escalier de la basilique, et vous atteignez le vestibule, percé de cinq portes, dont une, la seconde à droite, est murée et ne s'ouvre qu'aux jours de jubilé. Une fois à l'intérieur, vous ne savez trop comment démêler vos impressions. Tout y est si grand, que cette grandeur même vous échappe d'abord. Il vous faut trouver préalablement une sorte d'échelle de mesure. Cette échelle, vous l'avez, en regardant par exemple une des chapelles : chacune a les dimensions d'une cathédrale; alors seulement, en ramenant vos yeux sur l'ensemble de l'édifice, vous en saisissez l'immensité.

Cependant, dès la première promenade circulaire, vous êtes moins étonné qu'ébloui. Cette émotion profonde, sur laquelle vous aviez compté, s'obstine à ne point venir. La plus longue nef du monde ne vous semble qu'une bonbonnière aux proportions exagérées; alors une pensée profane de supputation et de calcul vous vient à l'esprit. Devant ces accumulations disparates de richesses et d'ornements, devant cette surcharge mondaine de dorures, de sculptures, de médaillons, de jolis anges, de marbres fins et de mosaïques, vous comptez machinalement sur vos doigts le total des apports d'argent, ou, si vous le voulez, des appels de fonds qui ont permis de parfaire cette œuvre : — cinq cents millions, chiffre rond, à ce qu'il paraît. C'est beaucoup trop, peut-être, pour le résultat.

C'est qu'à Saint-Pierre, pour avoir voulu faire absolument surhumain, on a fait hors de proportion ; tant d'énormités superposées ou juxtaposées se nuisent l'une à l'autre, s'éclipsent ou s'écrasent comme à l'envi. Au lieu de laisser dominer la gigantesque soufflure du dôme, on l'a masquée et rapetissée, sans le vouloir, par le développement d'une façade trop vaste. Pour mieux vous en convaincre, allez regarder cette même masse du fond du jardin du Vatican : avec quelle majesté plus ample elle se détachera dans les airs !

Il n'est pas jusqu'à la place, on l'a remarqué cent fois, où l'œil ne se perde comme dans un vide. Elle semble trop grande; la splendide colonnade du Bernin, avec ses quatre rangs de piliers robustes, a l'air d'un portique d'attente. On désirerait quelque chose de plus sur ces fûts colossaux, qui ont 20 mètres de hauteur ; ils sont faits, ne leur en déplaise, pour porter mieux que leurs gigantesques statues.

Je ne parle pas du fâcheux effet, destructeur de toute symétrie, que produisent les bâtiments du Vatican, juchés en fausse équerre et sans agencement à la droite du géant.

Soyons juste pourtant : au bout de huit jours, l'œil est fait à toutes ces monstruosités architecturales, et il oublie les disproportions pour ne plus admirer que les splendeurs.

J'ai raconté plus haut les diverses phases de la construction de Sainte-Marie-des-Fleurs de Florence ; l'historique de celle de Saint-Pierre n'est pas moins curieux, et les vicissitudes mêmes de ce grand travail en expliquent assez le caractère et les évidentes défectuosités.

A la place où se dresse aujourd'hui la basilique, s'étendaient jadis les jardins et le cirque de Néron. Là eut lieu la première persécution contre les chrétiens ; le César les fit enduire de poix, attacher aux arbres et brûler vifs en guise de torches ; là aussi les adhérents à la foi nouvelle ensevelirent tout d'abord leurs frères en religion. Cette colline du Vatican, déserte et mal famée, avait été, sous le paganisme, un lieu de « vatication ». Je ne sais quelle horreur sainte planait sur cette éminence, où pullulaient toutes sortes de bêtes, y compris même des serpents boas (*boæ*), nous dit Pline. S'il faut en croire la tradition, c'est encore là, sur ce sol sillonné de « terriers à martyrs », selon le mot de M. F. Wey, que l'apôtre saint Pierre fut inhumé. Au IVe siècle, Constantin y érigea, sur l'emplacement du cirque impérial, une première basilique, qui devait durer plus de onze cents ans ; mais, dans le même temps, l'empire chrétien se transportait à Byzance, et la vieille Rome païenne descendait insensiblement dans les abîmes de l'oubli. Un silence funèbre envahissait le périmètre des Sept Collines, le val du Tibre et toute la campagne d'alentour. Le flambeau de l'histoire allait-il donc s'éteindre définitivement sur ce coin de terre, où s'était concentrée, des siècles durant, toute la vie du monde ? Non : du fond de cette solitude et de ce silence allait jaillir une puissance nouvelle, la Papauté ; l'unité de l'Église allait remplacer celle de l'Empire.

Une dizaine de siècles ont évolué. Rome païenne se trouve détruite aux trois quarts ; Alaric, Genséric, Totila, Robert Guiscard, y ont accumulé ruines sur ruines ; à quatre reprises, le Tibre a charrié des trésors à enrichir le monde entier. C'en est fait. L'axe de la civilisation semble déplacé pour jamais ; les pontifes de la Ville Éternelle ont beau retenir le gouvernement des âmes : en dépit des efforts d'un Grégoire VII, le Saint-Empire n'est qu'une illusion ; de même qu'au Dôme de Florence, avant que le génie de Brunelleschi l'eût coiffé de sa coupole, il manque à la souveraineté spirituelle des Papes, au catholicisme romain, ce couronnement de lumière humaine, et je dirai presque païenne, qui devait achever, par l'éblouissement facile des sens, la conquête laborieuse des esprits.

Alors commence, au milieu du XV° siècle, la série des grands papes au génie artistique et mondain. Le vieux christianisme du moyen âge cède la place à une sorte de néo-christianisme pompeux, combiné de manière à substituer insensiblement la superstition à la foi, une tradition de fétichisme à l'élan instinctif des âmes.

Nicolas V, le premier, a l'idée de matérialiser la domination catholique dans un vaste temple qu'il eût voulu « supérieur à celui de Salomon » ; il n'a pas le temps de réaliser son dessein. Sous ses successeurs, y compris Alexandre VI, d'autres pensées occupent la cour pontificale. Enfin, en 1503, le trône de Saint-Pierre échoit à celui que ses contemporains ont surnommé le « pontife terrible », à Jules II. Esprit haut et cœur ferme, cet ex-petit valet de ferme d'un petit village de la Rivière du Ponant, tout en montant à l'assaut des villes, casque en tête et sabre au poing, reprenait l'idée de Nicolas V et faisait jeter par le célèbre Bramante les fondations d'un nouveau Saint-Pierre. Bramante mort, divers architectes, Fra Giocondo, Raphaël, Peruzzi, San Gallo, s'attellent à l'œuvre, successivement. Celle-ci, dès le début, péchait par la base ; pour satisfaire l'impatiente ardeur de Jules II, qui, en toutes choses, agissait, suivant l'expression d'un ambassadeur vénitien, « en maître et seigneur du jeu du monde », on avait trop précipité la besogne ; des tassements et des lézardes s'étaient manifestés dans les piliers et les arcades cintrées qui devaient soutenir la coupole. Raphaël mourut, comme Bramante, avant d'avoir pu dresser sur le sol sa conception. San Gallo eut le mérite de consolider les assises, en enfonçant à des profondeurs extraordinaires des masses de pierre formidables, sur lesquelles on pouvait désormais bâtir les voûtes les plus gigantesques. Après lui, Michel-Ange, âgé déjà de soixante-douze ans, reçut la direction exclusive des travaux; ce devait être l'occupation des dix-sept dernières années de sa vie.

Le nouvel architecte était autorisé à réformer à sa guise l'ouvrage de ses devanciers. C'était la cinquième ou sixième modification que subissait le modèle primitif. Qui donc, parmi ces divers artistes, tous en renom, tous orgueilleux à juste titre, eût consenti à exécuter passivement le plan d'un rival? Les uns voulaient dessiner la nef en croix grecque; les autres, rognant la branche inférieure, voulaient lui donner la forme d'une croix latine. Chacun, en revêtant les fonctions d'ordonnateur en chef, annonçait des innovations inouïes, des prodiges. Et le peuple, non moins enthousiaste que ses pontifes, de trépigner de joie; et les pontifes, touchés droit à la prunelle, d'escompter d'avance leur triomphe et de vider chaque fois l'escarcelle, quitte à la remplir derechef, au moyen de la vente des indulgences. Avec Michel-Ange, l'escarcelle du moins se vit ménagée; non content de se consacrer gratuitement à cette colossale besogne, l'illustre architecte sut réformer les abus, les dilapidations de toute sorte, que les cupidités personnelles et la direction incohérente des travaux avaient introduits dans l'entreprise. C'était en 1547, vingt-cinq ans après la mort de Léon X, au moment du plein épanouissement de la Réforme : raison de plus pour achever enfin le triomphal monument du catholicisme romain.

Michel-Ange revint à la croix grecque. La difficulté était qu'on voulait avoir à la fois et la plus longue nef et la plus gigantesque coupole que l'on eût vues; pouvait-on obtenir l'une et l'autre en sauvant l'effet architectural de l'ensemble? Toujours est-il que Michel-Ange termina les grandes voûtes des nefs, ainsi que le tambour du dôme; sur quoi il mourut : il avait quatre-vingt-neuf ans. Après lui, on acheva la coupole, mais non d'après son plan, qui était tel, dit-on, qu'elle eût nettement dominé, de près comme de loin, la façade du temple. Cette façade, qu'il n'avait pu faire, ne fut construite qu'au XVIIe siècle, par l'architecte Carlo Maderno, qui, de nouveau, ramena la forme de l'édifice à la croix latine. On l'a dit bien des fois : cette façade est plutôt une devanture de palais qu'un portique d'église; mais, après ce que je viens

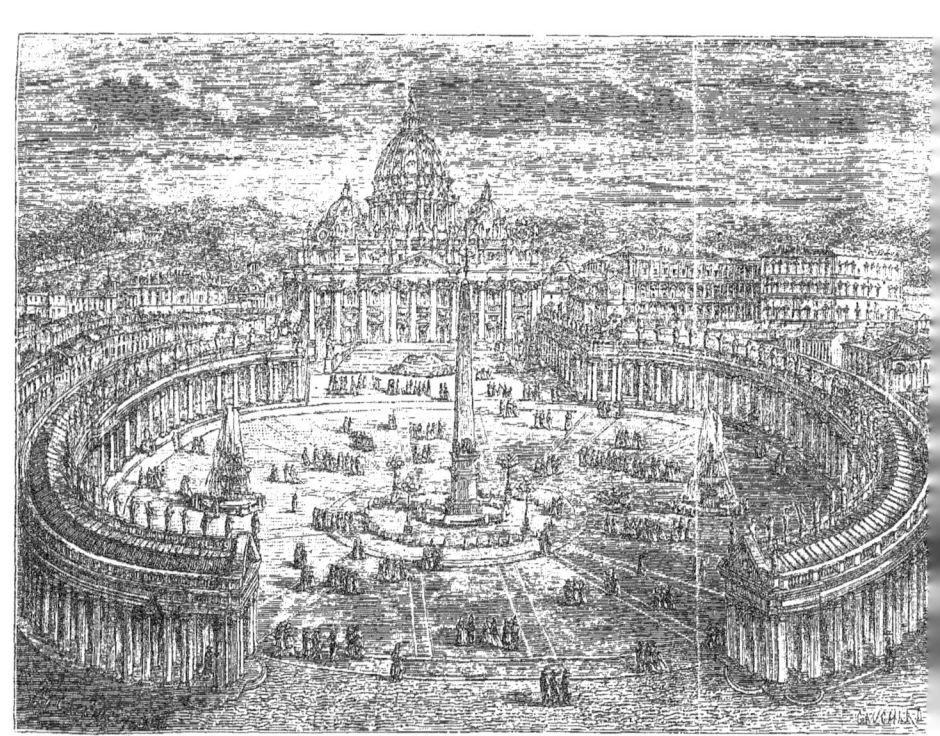

SAINT-PIERRE ET LA COLONNADE DU BERNIN.

de raconter, après tant de sutures et de reprises dans l'élucubration et l'érection de l'immense machine, comment pourrait-on s'étonner des imperfections qu'elle présente?

Nul touriste ne résiste à l'envie d'escalader cette montagne de pierre. L'ascension se fait en plusieurs étapes. On monte d'abord par un escalier en colimaçon, comptant cent quarante-deux marches, jusqu'à la plate-forme comprise entre le sommet de la façade et le tambour du dôme. Ici, une pause. Vous les voyez de près, les douze apôtres qui décorent le fronton de la façade; cinq mètres et demi de haut : quel Titans! Vous vous retournez, et l'épouvante vous saisit; là-bas, au bout d'une sorte de vallée à fond plat, un cône immense menace le ciel : c'est la coupole. A droite, à gauche, une nichée de petits dômes octogones. « Et le pays est habité, » comme dit M. Wey. Il y a là toute une cité, une agglomération remuante et bruyante de cabanes, d'ateliers, de buanderies, de forges et de fours. Il y a même un lac. Une fontaine à jet continu projette un ruisseau murmurant, qui va former un réservoir au pied de la coupole. Que dis-je? j'aperçois jusqu'à des grand'routes qui aboutissent à ce centre de population, des rampes par lesquelles montent les bêtes de somme. Les naturels de l'endroit, non classés par les géographes, s'appellent les *San Pietrini*. Ils forment une peuplade à part, ayant ses lois, sa police, ses usages. De père en fils, ils s'occupent des réparations qu'exige l'entretien du précieux édifice. Au moindre signe des architectes, qui, sempiternellement, tâtent le pouls au monstre de pierre, vite, les voilà à l'œuvre : et le monstre n'est pas toujours bien portant. Dès le milieu du xviiie siècle, des lézardes se montrèrent dans sa plus redoutable membrure, je veux dire la coupole; il fallut, par prudence, la revêtir de cerclures de fer. Et mille autres soins, mille cures, grosses ou menues, de conservation. Bon an mal an, il y passe cent soixante mille francs.

Approchez-vous de l'entablement, qui décrit un rebord circulaire de 123 mètres au pied de la coupole, et regardez dans l'intérieur de la basilique. Il vous semble plonger dans un abîme. Le fond de l'église n'offre plus que des reliefs minuscules : les fidèles ont l'air de fourmis. Puis, en remontant les murs du dôme, vos yeux s'arrêtent à la frise, et là, en lettres capitales de deux mètres de haut, vous voyez flamboyer les mots fameux : *Tu es Petrus*...

Seconde étape : vous grimpez de biais entre les deux calottes de la coupole jusqu'à la balustrade qui contourne la lanterne. Des monts Sabins à la mer, des collines d'Albe à la Tyrrhénie, toute la campagne se découvre à vous. Mais vous voici sorti des arcades intérieures ; gare au vent, qui presque toujours déferle en tourbillons contre cette galerie circulaire !

La troisième étape consiste dans l'escalade de la boule de bronze ; elle se fait par une échelle absolument verticale. Ah ! le vent ! quelles singulières résonnances il tire du globe d'airain ! Avec quelle sauvagerie il s'engouffre dans les lucarnes ! Ce globe qui, de la place Saint-Pierre, vous semblait gros comme votre tête, n'a rien moins que $2^m,45$ de diamètre. En revanche, les sept collines de Rome, — qui sont, par parenthèse, au nombre de dix, — rentrent là-bas fort humblement au sein de la terre.

Quatrième étape : celle-là n'existe que pour les audacieux, les risque-tout. Une échelle de fer conduit jusqu'à la croix. Dites-moi, si, pendant que vous êtes ainsi juché, il se produisait un tremblement de terre ! Quels frissonnements à cette idée ! Cela s'est vu pourtant. N'est-ce pas le président de Brosses qui raconte que, lors de la secousse de 1730, un moine espagnol se trouvait, non pas tout à fait à la croix, mais dans la boule ? Il mourut de peur sur la place.

Plus heureux que le moine espagnol, vous redescendez sain et sauf, quoique un peu ivre de lumière et d'espace, le long de l'immense croupe, et, pour vous rasséréner, vous pénétrez dans le Vatican.

Ce palais, ou plutôt cette juxtaposition d'édifices incohérents, irréguliers, sans façade extérieure, est toute une cité. Il contient, dit-on, onze mille chambres ; j'ignore qui en a fait le compte. Bramante, Raphaël, Fontana, Maderne, le Bernin, et d'autres encore, l'ont édifié ou réédifié tel qu'il est ; mais ce ne fut qu'à la fin du xiv® siècle, après le grand schisme d'Occident, que les papes en firent leur résidence. Dès ce temps-là, une galerie couverte le mit en communication avec la forteresse pontificale du château Saint-Ange, ainsi nommée, rapporte la légende, d'une apparition de l'archange saint Michel au-dessus du pont Ælius. Un siècle plus tard, Nicolas V l'entoura de murailles. Ses successeurs, d'Innocent VIII à Léon X, y ajoutèrent la chapelle Sixtine, la villa Belvédère, et commencèrent à le transformer en l'immense musée que nous connaissons. Depuis lors, les souverains pontifes n'ont pas cessé de travailler tant à l'accroissement de l'édifice qu'à l'embellissement de ses galeries d'art.

Deux grands papes, Jules II et Léon X, deux grands artistes, Raphaël et Michel-Ange, résument l'œuvre de la Renaissance dans cet inestimable sanctuaire, qui est en même temps le plus riche trésor de sculpture antique qu'il y ait au monde. La Chapelle-Sixtine, les Loges, les Chambres, les galeries Chiaramonti, Pio Clementino, la Pinacothèque, etc., quelle suite unique de merveilles! Quand chaque repli du grand labyrinthe a été exploré, quand on a, je ne dis pas tout vu, mais seulement tout effleuré du regard, l'esprit, enfiévré de ce défilé de chefs-d'œuvre, sent un invincible besoin de se détendre, et le mieux alors est d'aller tout droit humer une prise d'air dans le jardin de la « divine cité », qui étale à l'ouest, au pied de la colline, ses festons de verdure anacréontique rehaussés de rocailles du goût le plus profane.

Arrivé à Saint-Pierre par le pont Saint-Ange, vous en repartez par le Transtevère, en suivant les rues San Spirito et della Longara, parallèles au Tibre. La chaussée est assez large; mais quel coup d'œil minable présentent d'ici les deux rives du fleuve! Du côté où vous cheminez, la berge sableuse croule littéralement, rongée par les eaux; sur l'autre bord, d'affreuses maisons dévorées de putridité et de vieillesse; çà et là une assise vermoulue, un restant de donjon plongeant à pic dans la rivière; ailleurs les marches sales d'un escalier servant de débarcadère aux bateaux : dans l'aspect, rien de vénitien. De petites mendiantes, qui ont achevé leur tour en ville, ruminent accroupies comme de jeunes veaux, sur un coin de marche entre leur agnelet et leur quenouille. De chaque *vicolo* ou de chaque carrefour adjacent se dégage l'âcre senteur de ce bouillon de choux (*broccoli*), qui est à Rome l'aliment ordinaire du menu peuple. Les préparateurs de ce mets tout local, installés en plein vent ou dans quelque anfractuosité de la rue, comme chez nous les marchands de pommes de terre frites, débitent sur place leur denrée ou la portent de maison en maison sur une grande cuiller. La buée odorante en monte paisiblement vers le ciel bleu, tandis que le ruisseau chantant, imprégné de bien d'autres essences, charrie au Tibre des résidus hydrosulfurés.

Vous atteignez ainsi, dans une douce excitation des muqueuses

MARCHAND DE BROCCOLI (TRANSTÉVÈRE).

nasales, la basilique de *Santa Maria in Trastevere*, érigée, dit-on, dès les premières années du IIIe siècle, sur l'emplacement d'un asile de soldats invalides (*Taberna meritoria*); elle aurait donc été la première église ouverte dans la ville au culte public. De là vous apercevez à votre droite, sur le mont Janicule, la plus élevée des collines de Rome, les ombrages de la villa Lante; en deçà, la villa Corsini et les terrasses de San Pietro in Montorio, ainsi appelé du nom moderne du Janicule (*Monte d'Oro*, le mont au sable couleur d'or). Au-dessus, la belle fontaine Pauline, dont les conduites d'eau alimentent tous les quartiers de la rive droite. De l'esplanade on a une vue des plus larges sur Rome et sur la campagne. C'est cette position, voisine de la porte Saint-Pancrace, qui fut le centre des opérations militaires lors du siège de 1849.

Derrière Sainte-Marie, au bout d'une longue rue, est une autre église, San Francesco à Ripa; on vous montrera dans la cour du couvent qui y attient, l'oranger au pied duquel s'asseyait saint François d'Assise. Une forte odeur de poisson règne aux alentours; vous êtes au grand port du Tibre, en aval de Rome.

Vous revenez de là vers le *Ponte Rotto* (Pont rompu), et vers l'île San Bartolommeo, d'où le *Ponte de' Quattro Capi*, ainsi appelé des hermès à quatre faces qui en ornent les extrémités, vous ramène sur la rive opposée, au Théâtre de Marcellus et à la place Montanara.

A votre gauche s'étend la *région* de la Vieille Poissonnerie : la perle en est le *Ghetto*, ou quartier juif, ouvert depuis 1848. Enfoncez-vous bravement, comme vous l'avez fait à Venise, dans ce labyrinthe de ruelles tortueuses, dans ce cloaque de parias où grouille une plèbe indescriptible, mâtinée de toutes sortes de mélanges, parmi lesquels le Dieu d'Abraham et de Jacob serait fort embarrassé, suivant un mot qui n'est pas d'un juif, de « reconnaître les siens ». Tout près de là, — ô amère ironie du sort! — s'élève cet Arc de Titus, qui rappelle la destruction du temple de Jérusalem; plus bas, l'église Saint-Ange, qui vit les sauvages fournées des moines convertisseurs, et d'où, en 1347, le tribun Cola di Rienzo sortit pour monter au Capitole et y recevoir du peuple, en attendant de bons coups de couteau, le gouvernement de la république.

Bien que débarrassée du régime d'exception qui pesa sur elle pendant tant de siècles, la juiverie romaine n'a changé ni ses vieilles mœurs, ni sa physionomie, ni son train de vie traditionnel. Ce sont toujours les mêmes types hâves et déguenillés, les mêmes peaux jaunes ou cuivrées, le même entassement de cavernes à fri-

ROME, VUE DU JANICULE.

perie, de bouges infects, collés à des maisons rébarbatives et défiantes qui semblent toujours s'attendre à un assaut. Tout le monde ici vit devant les portes, l'air grave et sans un sourire. Que vous en voyez d'horribles Calibans accroupis, d'antiques sorcières aux mèches de filasse volantes, au cuir parcheminé, au col tuméfié de nodosités comme un vieux bois malandreux! Que vous voyez aussi, en revanche, de superbes filles d'Israël, aux prunelles fixes et ardentes, d'où s'échappe au passage l'éclair meurtrier!

Je ne sais quel argot guttural parlent les habitants de ce sinistre caravansérail; leur musique même a des résonnances qui ne répondent à rien de connu. Parfois, d'une sombre encoignure, vous entendez comme les coassements d'une guitare, auxquels se mêle un chant étrange et monotone. Est-ce ainsi que grinçaient au vent les harpes des captifs sur les rives du fleuve babylonien? Vous n'osez pas vous arrêter pour essayer de saisir de près ces accents. Vous vous bornez à jeter un dernier regard effaré sur le singulier pêle-mêle de chiffons hideux et de fines guipures, de vieux tessons et de bijoux précieux, qui encombrent les échoppes puantes, et, vous tenant pour satisfait de cet aperçu rapide et sommaire, vous regagnez, par la venelle la plus proche, la cité plus hospitalière et de meilleure mine, sinon plus honnête au fond, des chrétiens.

Et maintenant, à deux pas de vous, voici le Capitole, non pas la vieille citadelle romaine dont je vous ai parlé plus haut, mais le Capitole moderne, tel qu'il a été réédifié au xvie siècle sur les dessins de Michel-Ange. C'est aujourd'hui le siège de la magistrature municipale. Au milieu de la place s'élève la statue équestre de Marc-Aurèle. Il vous faudra faire une longue visite, et aux galeries Capitolines, où se trouve la célèbre *Louve antique* allaitant Romulus et Rémus, et au magnifique musée de la place, où sont, entre autres sculptures, trois chefs-d'œuvre incomparables : le *Gladiateur mourant*, l'*Antinoüs* de la villa d'Hadrien, et le plus beau des trois *Faunes* de Praxitèle.

Vous remontez ensuite vers le Colisée pour gagner de là Saint-Jean-de-Latran. Cette basilique majeure est située près des murs, sur un plateau moitié urbain et moitié champêtre, où les maisons sont rares et basses, où l'herbe verdit à l'aise, et où la fièvre s'en donne à cœur joie. Serait-ce pour cette raison qu'on y a établi deux hôpitaux?

ROME : LE GHETTO.

Si vous tournez la grande place, où se dresse un gigantesque obélisque en granit rouge, orné d'hiéroglyphes, vous découvrez une perspective pleine de majesté et de mélancolie. A droite est l'ancienne porte Asinaria, par où Totila, au vɪᵉ siècle, envahit Rome La ligne crénelée des murailles d'Aurélien s'allonge de là vers l'est jusqu'à l'amphithéâtre *Castrense*, derrière lequel on aperçoit l'église Sainte-Croix-de-Jérusalem. A gauche, les vieux aqueducs de Néron et de Claude et les romantiques jardins Volkonsky; au loin les collines du Latium, toute la campagne semée de villas, et

AQUEDUCS ANTIQUES ET SAINTE-CROIX-DE-JÉRUSALEM.

les monts bleuâtres de la Sabine. Tout près de vous, une superbe allée de gazon et l'escalier Saint, *Scala Santa*, que les pénitents désireux d'indulgences, ne peuvent monter que sur les genoux.

De la place Saint-Jean-de-Latran, une longue rue droite nous conduit par les hauteurs de l'Esquilin à Sainte-Marie-Majeure. Cette dernière basilique, sise sur une éminence, entre l'Esquilin et le Viminal, produit une impression des plus imposantes avec ses dômes et son gigantesque clocher conique : elle a succédé, paraît-il, à un ancien marché du temps d'Auguste. C'est, à Rome, l'église de la Vierge par excellence. A droite nous apercevons les cèdres et les hauts cyprès de la ci-devant villa Massimo Negroni, que la station du chemin de fer par lequel nous sommes arrivés a mutilée en partie ; puis, en continuant de suivre tout droit par la rue des Quatre-Fontaines, nous atteignons le Quirinal, appelé aujourd'hui *Monte Cavallo*, à cause des chevaux de marbre qui ornent la place depuis Sixte-Quint.

C'est l'endroit de la Ville Éternelle qui a subi, — et pour cause, — le plus de changements depuis l'an 1870. Ce palais, où le pape Pie VII fut arrêté, en 1809, par les ordres de Napoléon, d'où Pie IX se sauva sous un déguisement le 24 novembre 1849, et où, plus tard, le dernier roi de Naples, détrôné à la suite d'évènements que tout le monde connaît, avait établi sa résidence, n'a pas cessé d'être une habitation souveraine; seulement ce ne sont plus les *gardes nobles* qui veillent au pied de ses escaliers; les soldats des princes de Savoie les ont relevés de leur longue faction; le gouvernement pontifical, les *monsignori*, toute la cour à bas violets et à manteau de soie a passé le Tibre, et mis, comme une sorte d'écran, entre elle et les nouveaux venus le gros donjon inoffensif du château Saint-Ange.

Plus loin, au mont Pincio, nous nous trouvons dans un vrai quartier de plaisance et, qui plus est, sur une terre à moitié française. L'église de Sainte-Trinité-des-Monts, qui projette sa majestueuse cascade de marches sur la place d'Espagne, rendez-vous préféré des étrangers, y a été bâtie en 1494 par le roi Charles VIII; la villa Médicis, qui dresse au-dessus des arbres de la « colline des Jardins » ses sveltes pavillons, est le siège de la célèbre Académie de France (École de Rome). Les jardins de Lucullus s'étendaient jadis sur une partie de cet emplacement. Les abords de la villa sont sans cesse encombrés de filles des champs ou de la ville, toutes prêtes à poser, comme *modèles*, devant nos artistes.

Des jardins du Pincio, une des promenades de Rome les plus fréquentées, le soir principalement, on peut redescendre, par une suite de rampes et de terrasses à la place du Peuple, et de là se rendre, par l'ancienne porte Flaminia, au vaste parc de six kilomètres de tour qu'on appelle la villa Borghèse. Péristyles à colonnes, temples, portiques, édicules ruinés s'y marient harmonieusement aux plus délicieux ombrages que l'on puisse rêver. Il y a là des prairies toutes rutilantes d'anémones, des fontaines qui jasent discrètement au fond des allées, un lac alimenté par une cascatelle, de hauts pins-parasols, de vieux hêtres pensifs et des chênes-verts à la coupole immobile; de quoi satisfaire à la fois les yeux de l'homme du Nord et ceux de l'homme du Midi : vision charmante sur laquelle, ce semble, on peut clore ce rapide aperçu de la Ville Éternelle.

CHAPITRE IX

LE TOUR DU LATIUM

I. — LES VOIES ROMAINES

Le territoire de l'antique Latium, originairement occupé par diverses tribus autochtones, Èques, Volsques, Albains, Herniques, Rutules, etc., avait fini par comprendre, nous dit Strabon, tout le littoral entre Ostie et Sinuessa, et par s'étendre à l'intérieur jusqu'à la Campanie et aux frontières du Samnium. C'est ce territoire que nous allons parcourir, en disposant nos étapes de manière à ne laisser de côté aucun lieu digne d'être visité. Les voies ferrées, dans cette banlieue grande et petite de la Ville Éternelle, ne sont pas nombreuses, et à la figure défectueuse du réseau d'amorce, on devine tout de suite, suivant une juste remarque de M. Élisée Reclus, que le mouvement d'unification politique, au lieu de se produire, comme dans les autres pays d'Europe, du centre vers la circonférence, s'est accompli en sens inverse.

Jadis, de nombreuses voies de communication, comptant leurs milles à partir de la borne d'or du Forum, rayonnaient de Rome conquérante vers tous les points du monde conquis ou à conquérir. De ces chemins puissamment construits, le type le plus célèbre est la Voie Appienne.

Cette route fut ouverte en l'an 310 avant notre ère, par le censeur Appius Claudius, qui la conduisit jusqu'à Capoue, afin de relier à Rome la Campanie, nouvellement soumise; César la poussa ensuite jusqu'au pays des Volsques, Agrippa jusqu'à Cumes, et elle finit par atteindre Brundusium (Brindisi), ce grand port de la vieille Italie, dont la prospérité semble, de nos jours, appelée à renaître.

La Via Appia sortait de Rome par la porte Capène, actuellement porte San Sebastiano, au delà des Thermes de Caracalla ; sur cette première partie de son parcours, elle était bordée de milliers de tombeaux, qui, au moyen âge, étaient devenus autant de lieux d'embuscade d'où les bandits s'élançaient sur les voyageurs. A la longue, les restes de ces monuments funéraires s'étaient confondus avec le sol de la Campagne Romaine ; ils ont été exhumés, il y a

VOIE APPIENNE.

vingt-cinq ans, par Pie IX, qui a fait relever les sépultures sur un espace de cinq ou six milles. Le mieux conservé de ces tombeaux est le môle de Cecilia Metella, femme du triumvir Crassus ; c'est un mausolée turriforme à créneaux, qui a 20 mètres de diamètre, sur une hauteur plus grande encore, et des murs d'une épaisseur cyclopéenne. Il est situé à gauche de la voie, passé la nymphée qu'on nomme *Grotte d'Égérie* et le *Cirque de Maxence*, à l'extrémité d'une coulée de lave qui, des cratères de Nemi et d'Albano, est descendue dans la plaine, en trois immenses gradins d'éruption.

Au-dessous des Marais Pontins, la Voie Appienne longeait la mer, puis touchait successivement à Terracine, Formies et Minturnes. Nous savons de plus, par Strabon et par Horace, qu'en deçà de Terracine elle était bordée d'un canal qu'alimentaient les eaux du marais et des fleuves voisins, et qui desservait, comme voie de communication, bon nombre de localités. C'était surtout la nuit qu'on naviguait sur ce canal; on s'y embarquait le soir, sur des bateaux tirés par des mules, et le lendemain, de bon matin, on reprenait la route de terre.

Comme la Voie Appienne a servi de modèle pour toutes les autres voies romaines, il sera peut-être intéressant de dire quelques mots de sa construction. Pour la chaussée même, voici en quoi elle consistait. Sur une couche sous-jacente de mortier était établi un lit de pierres larges et plates reliées entre elles par un ciment; par-dessus cette fondation, qu'on appelait *statumen*, était le *rudus*, assise de béton, composée d'un jet de cailloux ronds, ovales ou cubiques, dont on faisait, en les battant avec du ciment, une seconde couche non moins compacte que la première; par-dessus encore venait une troisième agglutination imperméable, de 25 à 30 centimètres d'épaisseur, dont les deux parties constituantes étaient de la chaux et des tuiles battues. Sur ces trois lits superposés était placée la couverte ou croûte supérieure, *summa crusta*, formée tantôt d'un pavage de pierres volcaniques polygonales, tantôt d'un endossement de cailloutis ou de gravier (*glarea*) vigoureusement cimenté. Souvent aussi, le milieu du chemin était revêtu de dalles; dans ce cas, les bas-côtés formaient une voie de cailloux destinée à ménager le pied des chevaux. L'ensemble des quatre couches de la chaussée avait un mètre environ de hauteur. Les routes principales et les plus fréquentées, telles que la Voie Appienne, offraient en outre à leurs lisières latérales deux trottoirs ou marges en pierres de taille où les piétons pouvaient cheminer, et qui servaient de montoirs aux cavaliers pour enfourcher leurs chevaux ou leurs mules. De mille en mille pas, une *stèle* ou borne en pierre, de forme cylindrique ou quadrangulaire, indiquait les distances, comme faisaient en Grèce les *hermès*. L'auteur de cette dernière innovation avait été le célèbre Caïus Gracchus. De Rome à Capoue, la Via Appia était dallée, sauf dans la traversée des Marais Pontins, où elle se composait d'un lit de terre et de gravier sur un fond de tourbe; de Capoue à Brindes, elle était tout simplement cailloutée.

En plus d'un endroit de son parcours, on avait eu à vaincre de grandes difficultés. Il avait fallu, ici combler des marais, là couper des rochers, ou avoir recours à de gigantesques remblais. A seize milles de Rome, par exemple, en avant d'Arricie, on avait bâti, pour éviter une montée pénible, un viaduc de 800 pieds de long sur 44 de hauteur au fond de la vallée. Par les substructions qui en restent on voit combien étaient énormes les masses équarries de péperin qui en formaient les murs d'encaissement. Trois arcades y étaient percées pour l'écoulement des eaux. De même, aux Marais Pontins, les constructeurs de la voie, voulant s'épargner le long détour que décrit aujourd'hui le chemin de fer, avaient jeté au travers du palus une immense levée de 19 milles de long, coupée en plusieurs endroits d'arches de pierre pour permettre à la prairie pontine d'épancher librement son trop-plein d'humidité.

Outre la Voie Appienne, et les voies Aurélienne, Flaminienne, Émilienne, que nos précédentes pérégrinations nous ont appris à connaître, plusieurs autres chaussées, de moindre importance, sillonnaient le Latium. Il y avait, par exemple, la Voie Latine, qui n'était à proprement dire, qu'un embranchement de la Voie Appienne, dont elle se détachait à peu de distance de Rome pour franchir le mont Tusculan entre la ville de Tusculum et les premières déclivités du mont Albain, et redescendre ensuite vers la petite ville d'Algide et *Pictæ*. Là elle était rejointe par la Voie Labicane, qui, partie de la porte Esquiline en même temps que la Voie Prénestine, laissait celle-ci sur la gauche pour se prolonger l'espace de 120 ou 130 stades jusque vers la colline où sont les ruines de l'antique Labicum; elle passait à l'est de Tusculum. Il y avait aussi la Voie Valérienne, qui desservait Tibur et suivait les frontières de la Sabine jusqu'au pays des Marses; la Voie Ardéatine, qui conduisait à Ardée, la Voie Triomphale ou *Via Numinis*, qui menait au temple de Jupiter Latialis, construit au sommet du mont Albain; puis, au nord de Rome, la Voie Nomentane, qui passait par le mont Sacré, et, de chaque côté de la Via Flaminia, les voies Salarienne, Tibérine et Cassienne; à l'ouest, enfin, longeant l'une et l'autre rive du Tibre, la *Via Portuense* et la *Via Ostiense*.

II. — LA CAMPAGNE DE ROME.

Une immense solitude où moutonnent de petites ondulations qui méritent à peine le nom de collines et qu'entrecoupent des creux sinistres et de bizarres escarpements; pour extrême horizon, d'un côté, une ligne dure de cimes bleuâtres, où reposent lourdement les nuées d'orage, de l'autre la nappe vaporeuse de la Méditerranée; deux cent mille hectares de terrain d'alluvion au bord de la mer et de plateaux volcaniques le long des montagnes : telle se présente en bloc la Campagne de Rome, des monts de la Sabine à Ostie et aux monts Albains. C'est le désert, mais quel désert! Le désert fait poème, le silence tragique, la ruine grandiose, le vide majestueux, plein d'éloquence, qui captive l'âme et fascine les sens. Aux portes mêmes de Rome, ce désert commence. De quelque côté que vous sortiez, au bout d'une demi-heure, vous vous heurtez contre le néant, tout au plus contre des tombeaux, qui sont encore l'image du néant.

Il fut un temps où ce solitaire pays du Latium était admirablement cultivé, un temps où les seules charrues latines subvenaient à l'alimentation d'un peuple innombrable. A mesure que Rome multiplia ses conquêtes et s'annexa des terres plus lointaines, le gras humus, sans perdre sa fécondité, rendit moins, parce qu'on lui demanda moins. Une loi, sous la République, avait interdit à tout Romain de posséder plus de 500 *jugera*, environ 125 hectares; chaque propriétaire, dans le principe, cultivait lui-même son champ, et nous voyons les censeurs punir quiconque laissait sa terre en friche. Mais peu à peu les choses changèrent; les riches tournèrent d'abord la prescription en prenant des terres sous des noms d'emprunt, puis ils la violèrent ouvertement. Alors commença, malgré les Gracques, l'absorption insensible de la petite propriété par les grands domaines; alors se formèrent ces *latifundia* qui ont perdu l'Italie : *latifundia perdidere Italiam*.

Sous l'Empire, quand les richesses du monde entier affluèrent à Rome, quand la ville dominatrice put faire venir ses subsistances de la Sicile et de l'Égypte, le sol du Latium connut de moins en moins les morsures du soc; les champs cultivés cédèrent la place aux villas, aux jardins, aux parcs, aux lieux de délices. Au labeur des hommes libres succéda celui des esclaves. Quand arrivèrent les grandes invasions des quatrième et cinquième siècles de notre ère, quand les Barbares eurent promené le fer et le feu à travers cette magnifique région de plaisance, quand la population des travailleurs serfs fut dispersée, le Latium se trouva, du jour au lendemain, changé en une solitude. Le moyen âge avec ses misères, ses horribles pestes, ses *condottieri*, le régime ecclésiastique et monacal avec sa main-morte, achevèrent l'œuvre de dépopulation et la ruine. La campagne déserte fut envahie par le marécage; de l'étreinte du soleil et du marécage naquit la *malaria;* l'homme épouvanté n'essaya même plus de reprendre possession d'un territoire où chacun de ses pas faisait jaillir un miasme de fièvre.

Toute cette région aujourd'hui ne se compose, comme au temps de Pline, que d'immenses domaines appartenant à des corps religieux ou à de grandes familles princières; l'exploitation en est abandonnée à des entrepreneurs agricoles qu'on appelle *mercanti di campagna*. Ceux-ci, tant que dure leur bail, ne songent naturellement qu'à gagner le plus qu'ils peuvent. Quant aux propriétaires, qui ne sont guère au fond que des usufruitiers, ils ne s'occupent de leurs domaines que pour en toucher les revenus, et se garderaient bien de consacrer le moindre capital à l'amélioration du fonds de terre. Et pourtant, ce sol délaissé est doué d'une étonnante fertilité naturelle. Très bas vers le littoral, il se relève à l'intérieur du pays en un plateau volcanique que découpent d'innombrables ravins d'érosion. La vallée du Tibre, celle du Teverone (Anio), et les autres dépressions moindres qui y aboutissent, contiennent une terre excellente; sur les hauteurs surtout, une couche végétale énorme recouvre le tuf, et de nos jours encore, après tant de siècles d'abandon, chaque printemps y fait éclore une si puissante verdure, qu'en certains endroits un homme disparaît littéralement dans les hautes herbes.

Les *latifundia* de la Campagne de Rome, qui embrassent plus

CAMPAGNOLS.

des deux tiers du sol, présentent, au point de vue agricole, trois aspects principaux : les bois (*macchie*), les pâturages permanents (*pastorizie*), et les fermes proprement dites (*tenute*).

Par les bois, il faut entendre, non point de hautes futaies, mais des taillis chétifs, des massifs d'arbousiers, des tas de broussailles entrecoupés de clairières, où croissent cependant de place en place des chênes verts et de beaux pins-parasols. Grâce à la dent dévastatrice des troupeaux, il est bien rare que l'arbuste devienne arbre. Le gros bétail l'étête sans pitié; la brebis et la chèvre en dévorent avidement les basses branches et jusqu'à l'écorce.

Les pâtis sont plus considérables. Là errent ces bœufs osseux, aux cornes de près d'un mètre de long, dont l'espèce a été, dit-on, introduite en Italie par les Huns. Là vivent aussi, enfants du maquis, comme les bœufs, d'innombrables chevaux velus, non moins indomptés que ceux de l'Ukraine; puis des bandes de buffles noirs qui se vautrent dans le marécage, et des troupeaux de moutons qui vaguent au hasard, des plaines aux coteaux.

Le pâtre lui-même est plus sauvage que ses bêtes. Regardez ce nuage de poussière qui s'élève à l'horizon; le soleil en est assombri. L'épaisse fumée s'approche en tourbillonnant; un piétinement confus fait au loin retentir le sol. Ce sont eux, les fiers animaux, les terribles bœufs gris de la *Campagna*; ils arrivent écumant, reniflant, dans leur course vertigineuse, la corne en arrêt comme un fer de lance. Derrière eux, le *vaccaro* à cheval, le manteau gonflé au vent, le long épieu à la main, mène cette chasse effrénée, labourant de sa pointe le flanc des fuyards : cris et mugissements, bêtes et homme, tout cela passe devant vous comme une vision fantastique pour aller déferler plus loin avec le même fracas de tempête.

D'autres fois, c'est une troupe de chevaux que le *cavallaro*, monté sur son docile coursier, pousse devant lui tout bondissants. Ne perdez pas un détail de la scène. Il s'agit de dompter quelqu'un de ces superbes étalons, âgés de trois ou quatre ans, qui font partie du bataillon hennissant. C'est surtout affaire d'adresse et de ruse. Le dompteur, qui a choisi de l'œil l'individu dont il veut s'emparer, le détache tout à coup de la troupe, et le chasse, malgré ses efforts pour s'échapper, jusqu'à un parc réservé dont la barrière traîtresse se referme sur la bête en l'emprisonnant. Là, en tête-à-tête avec

BŒUFS DE LA CAMPAGNE DE ROME.

l'étalon, l'homme lui jette un lacet au cou, suivant la mode en usage dans les *campos* de l'Amérique du Sud. L'autre bout de la lanière, qui est enroulé à un pieu bicorne fiché au milieu de l'enceinte, ressaisit par la croupe l'animal qui en vain se démène et cabriole; le voilà pris des deux côtés et paralysé. Lui passer le licol de servitude devient alors chose possible, bien qu'encore périlleuse, à cause de ses ruades.

Au moyen d'un long fouet, on en vient à bout, tout en observant la distance voulue. C'est pour le fier étalon le second degré de la servitude. De là à lui imposer l'attouchement manuel, il y a loin encore. Il faut procéder par une gradation savante d'effleurements et de tâtonnements. D'abord, avec le manche du même fouet, on le flatte doucement de la nuque à la croupe; puis peu à peu on appuie davantage, jusqu'à ce que la caresse se transforme en une rude friction. La bête regimbe, bondit et écume sous ce massage insidieux; tout son corps tremble et se convulsionne; à la longue pourtant, elle s'y fait; les signes d'effroi diminuent; ce n'est bientôt plus qu'un frémissement imperceptible. Alors on lui lâche un peu la longe, pour qu'elle puisse galoper en divers sens; puis, à coups de fouet, on l'habitue à se mouvoir au commandement. Cette éducation dure bien des jours : que de tact et que de patience il y faut! Enfin il vient un moment où le cheval se laisse toucher, seller, brider : son asservissement se trouve consommé.

Les *tenute*, qui sont les grandes exploitations rurales dont dépendent les bois et les pâturages, ont un aspect mélancolique qui s'harmonise singulièrement avec le caractère de la Campagne. Ce sont généralement de vieux bâtiments à l'aspect féodal, parfois d'ex-citadelles, avec des murs en glacis, des cours sordides, qui ne rappellent guère les riantes habitations des anciens *villici* romains. Telle est par exemple la ferme de Palo, entre Civita-Vecchia et Ostie, véritable château fort tout crénelé, qui appartient, je crois, à l'administration des hôpitaux du *Santo Spirito*. Quelques landes aux alentours, voilà tout ce que les *mercanti* y ont labouré. Telle est aussi, dans le même district, la *Magliana*, un ancien couvent environné de quelques prairies au bord du Tibre et sur des collines. Plus importante est la ferme de Lunghezza, encore un donjon massif, entre la Voie Tiburtine et la Prénestine : 8000 moutons,

SCÈNE DE LA CAMPAGNE DE ROME.

500 bœufs et d'innombrables chevaux errent dans ses pâtis.

Ce sont des ouvriers nomades qui vaquent à toutes les cultures de ces domaines. A part quelques domestiques à l'année, qui passent dans la *tenuta* les mois les plus salubres, la grande foule des travailleurs se compose de montagnards de la Sabine ou des Abruzzes, que les agents du *mercante* vont engager dans leur pays même, pour les labeurs de la saison. Deux fois l'an, aux époques du semage et de la moisson, ces hordes à demi barbares descendent dans la plaine, y accomplissent leur besogne en courant, et se hâtent de regagner leurs villages. Combien, avant l'heure de la retraite, sont happés par la fièvre paludéenne ! Chaque localité des montagnes fournit, à ce qu'il paraît, sa spécialité de manouvriers : les gens d'Aquila, par exemple, sont particulièrement terrassiers, les Amatriciani s'adonnent aux plantations, au tressage des haies; la région de Frosinone envoie surtout des faneurs et des moissonneurs.

Mais le genre de vie le plus compliqué et aussi le plus poétique est celui du berger de moutons et du chevrier, obligés d'émigrer deux fois l'an, de la plaine à la montagne, du Latium à la Sabine. Ici le tableau change. Au cortège fougueux des bouviers et des *cavallari* succède un train paisible, une douce image de rêverie et de recueillement. Tantôt vous voyez le jeune gars, au teint de corbeau, couché parmi les branches de myrtes sur un débris de mausolée, sur un fût de colonne abattu, son pied ceint de bandelettes reposant avec nonchalance sur la croupe d'un grand chien velu. De sa flûte en écorce le *pecoraio* tire des airs monotones et mélancoliques. Pendant ce temps, le troupeau paissant vague tranquillement parmi les roches et les broussailles. Tantôt debout, une main appuyée sur sa houlette, et l'autre effleurant sa poitrine nue, le pâtre campagnol semble suivre du regard une vision qui fuit sur les nuées. Dès que l'herbe de la plaine, dévorée par la sécheresse, a fait place au sol rougi et pelé, et que les bêtes haletantes, amaigries, se groupent d'un air triste en tirant la langue, alors commence l'acheminement vers les hauteurs, où un gazon dru et odorant s'est conservé à l'ombre des grands arbres.

A mesure que l'été s'avance, le troupeau monte de plus en plus haut, jusqu'à ce qu'il atteigne les derniers pacages qui ont rem-

PECORAIO.

placé les neiges fondues. Là, le berger porte la hache à la ceinture et le fusil en bandoulière, car il s'agit de tenir en respect le loup ravisseur. Là, comme en bas, il s'assoit au revers d'un rocher; il contemple au loin la grande mer où frissonnent les voiles blanches, à ses pieds les plaines vaporeuses où les rivières ne sont plus que de minces filets d'argent, et les sons criards de sa cornemuse descendent de pente en pente jusqu'à la vallée.

Puis la montagne se trouve dévorée à son tour; les feuilles tombent, l'hiver arrive, l'Apennin va reprendre ses frimas. Alors s'achève le cycle de transhumance. Quand le ban des moissonneurs et des vendangeurs recommence l'ascension des monts, le berger et son troupeau redescendent vers l'*agro romano*, pour hiverner dans les régions plus clémentes, sinon plus salubres, du littoral. Des files de cinq et de dix mille têtes s'ébranlent lentement, escortées des pâtres et des chiens; pendant des heures les routes en sont encombrées, et, de loin, la poussière roussâtre soulevée par ces longues caravanes bêlantes ressemble assez aux dernières bouffées d'un incendie qui s'éteint.

III. — DU SORACTE AUX MONTS ALBAINS.

Par le voiturin qui part de la place du Panthéon, on peut aller en quelques heures au beau lac de Bracciano. On longe à droite, en sortant par la porte du Peuple, la villa assez mal soignée du pape Jules III; à gauche, sur les bords du Tibre, aux pieds du Monte Mario, on aperçoit la *promenade du Poussin*, un des coins les plus épiques de la petite banlieue de Rome. Tout le jour, des troupes de chèvres y reposent paisiblement au bord de l'onde parmi les touffes de buissons et de myrtes; à midi, la solitude s'anime davantage; les pâtres des environs y viennent faire boire leurs montures dans un joli gué où ânes et mules se délectent et pataugent à l'envi.

Un peu plus loin est le pont Molle que nous connaissons déjà, et près duquel se livra la fameuse bataille de Maxence, reproduite dans une des peintures du Vatican.

Le lac de Bracciano, situé à sept lieues environ de la ville, est surtout remarquable par les forêts séculaires qui l'entourent; un petit bourg, avec un château gothique, bâti tout en lave noire, en occupe la rive occidentale; au nord sont des sources sulfureuses très fréquentées pendant l'été. Nous pouvons revenir de là par Nepi, le mont Soracte, et traverser le Tibre pour gagner l'ancienne voie Nomentane et l'Anio, que nous franchissons sur un pont agreste. C'est le pont Nomentane : Bélisaire l'a construit; Nicolas V y a fait ajouter le castel crénelé qui le surmonte. La colline que nous apercevons sur la droite, séparée de la rivière par une prairie, est ce fameux Mont Sacré, qui fut la première citadelle de la plèbe romaine affamée par les patriciens.

Mais notre itinéraire préféré, pour le moment, consiste à redescendre de Bracciano à l'embouchure du Tibre, par le château de Palo. Nous voici à l'île Sacrée, autrefois l'île de Vénus, puis à Ostie. Quelle singulière destinée que celle de cet ancien havre de Rome! Fondé une première fois par Ancus Martius, il avait si bien prospéré, qu'aux beaux jours de la République on y comptait, dit-on, près de cent mille habitants; mais il ne tarda pas à se combler; déjà au temps de Strabon il n'existait plus. Pour rouvrir un débouché vers la mer, on fut obligé de creuser sur la rive droite un canal, le *Fiumicino*; puis Claude entreprit de refaire le port; ce fut, avec le desséchement du lac Fucin, le plus grand travail de son règne.

Les historiens latins racontent que l'idée lui en vint à la suite d'une famine durant laquelle la multitude avait poursuivi le César de ses huées, en lui jetant des morceaux de pain à la tête. Claude crut alors assurer l'approvisionnnement de la ville en faisant excaver à grands frais, près d'Ostie, de vastes bassins qu'un double canal mit en communication avec le fleuve et la mer; de plus, on construisit deux digues; on remplit de terre et l'on coula le navire colossal qui avait apporté d'Égypte l'obélisque de Caligula; puis sur ce noyau on bâtit une île pour arrêter les sables et un phare pour guider les navigateurs.

Plus tard, l'empereur Trajan ouvrit, un peu plus bas, un nouveau havre, qui devint dès lors la véritable embouchure commerciale du Tibre. Tous ces travaux n'ont pu conjurer le progrès continu des alluvions sur ce littoral; à trois reprises, la nature a défait l'œuvre de l'homme. L'emplacement de l'ancienne Ostie se trouve aujourd'hui à plusieurs kilomètres de la mer ; des pâtis marécageux recouvrent les ruines du port de Claude ; des bancs de sable, infranchissables aux navires de fort tonnage, obstruent de plus en plus l'estuaire du fleuve, dont la navigation a dû se reporter entièrement par le canal de Fiumicino.

Un village fondé au IXe siècle, par le pape Grégoire IV, porte encore le nom de la grande ville disparue ; mais, bien qu'il ait une citadelle et une cathédrale, ce n'est qu'un pauvre gîte inhospitalier, où une cinquantaine d'habitants grelottent la fièvre en plein midi sous leurs manteaux ; souvent le voyageur n'y trouve pas l'été une porte ouverte pour le recevoir. C'est tout près de là, sur un monticule envahi par les chardons et les broussailles, qu'on a exhumé, dans ces derniers temps, des vestiges considérables de la vieille Ostie : un corps de garde, des thermes, un théâtre, un temple de Jupiter, de magnifiques restes de colonnades, des intérieurs de maisons avec des parquets de marbre et de mosaïques. Les fouilles vont actuellement jusque près de Torre Bracciano, sur les bords du fleuve, à l'endroit où l'on passe en bac l'île Sacrée. Bref, cet ancien port si florissant, où Scipion l'Africain s'embarqua pour son expédition d'Espagne, n'est plus que le Pompéi du Tibre. Encore Pompéi a-t-il eu la consolation de descendre en terre tout d'un coup, en pleine vie, en plein frémissement de volupté, tandis que la pauvre Ostie s'est égrugée pièce à pièce, misérablement, tristement, en voyant aussi tomber en ruines, à côté d'elle, la puissante cité à qui elle avait pour mission d'assurer l'annone.

Qui ne connaît la sévérité mélancolique de ce paysage tant et tant de fois reproduit par le pinceau des peintres ? Qui ne revoit en imagination, sinon en souvenir, le morne delta où le fleuve de la Ville Éternelle vient se perdre, comme en un crible, au travers d'un sable meuble et spongieux ? Qui ne se représente cette plage solitaire où s'entrelace, par-dessus le cadavre d'une cité, un festonnement désordonné de bruyères, de lentisques, de myrtes sauvages, d'herbes aux âcres senteurs, essayant de monter à l'assaut de quelques chênes nains ? Malheur au ruisseau limpide qui, séduit par le mirage lumineux de la grande mer, s'aventure sur ce sol fatal ! Avant qu'il ait atteint le rivage, il se voit emprisonné dans les mille cellules du marais croupissant ; ses petits flots jaseurs se changent en autant de globules bouillonnants, parmi lesquels naît l'algue douce aux spores pleines de pestilence. Avec les nuages, des essaims de mouches noires s'échappent de ces mares infectes; avec le soleil, de chaque plante et de chaque rigole jaillit le miasme de fièvre.

C'est en vain que le Campagnol essaye de braver « le mauvais air ». Chaque hutte paye son tribut au terrible faucheur. Tel toit, d'où naguère encore s'échappait une mince colonne de fumée, n'est plus aujourd'hui qu'un assemblage de pans ruineux; le vent et la pluie déferlent par les fenêtres disjointes; le renard se glisse par les trous de l'huis lézardé; toute une menue forêt de roseaux commence à envahir le sol d'alentour. Laissez faire tous ces ouvriers de dévastation, et repassez à six mois de là. C'est alors que le site, devenu entièrement sauvage, vous apparaîtra, à vous artiste de belle humeur, dans tout son charme pittoresque; je vous vois d'ici le croquer en fredonnant, non sans regretter qu'au lieu d'être une simple cabane de Campagnol, ce squelette de demeure humaine, à demi penché vers les broussailles où frissonne doucement le « vent de mort », ne soit pas quelque débris de palais massif. Allons, paysagiste, sois vif au coup de crayon. L'an prochain, si tu reviens, la tempête pourra fort bien avoir fait place nette, dispersé au loin les éléments de la chère esquisse.

Ah! combien plus encore les hommes d'il y a deux mille ans trouveraient ici de changement, s'ils reparaissaient tout à coup sur le littoral tibérinin! Là, où s'étend cette immense forêt, que vous apercevez entre Torre Paterno et Castel Fusano, habitaient jadis les Laurentins; là étaient Ardée, la cité de Turnus et des Rutules, et Lavinium, une des citadelles de la gigantesque ligue latine. A chaque pas que vous faites dans cette partie du Latium, vous vous heurtez à quelque vieille légende ausonienne, à quelque tradition poétique immortalisée par Virgile. Là aussi Pline le Jeune avait sa villa, sa fameuse villa *Laurentina*, qu'il s'est complu à nous décrire avec un si grand luxe de détails. La mer bruit toujours le long des vastes pineraies; le ciel bleu sourit toujours à la mer murmurante: mais où sont les immenses parterres parfumés de violettes? Où sont les *xystes* taillés de la main d'un jardinier émérite? Où, les fontaines jaillissantes, les beaux portiques, les statues de prix? Le temps a tout nivelé, le sable et la vague ont tout dévoré.

Un seul point lumineux rompt maintenant la tristesse de cette plage déserte: c'est un beau château du XVIIe siècle, qui est, je crois, la propriété du prince Chigi. Grand bonheur pour les hautes futaies de ce coin de terre d'appartenir à un pareil maître. Un autre peut-être les eût décimées d'une cognée brutale, les eût traitées de seigneur à serf. Les Chigi, eux, se sont fait une loi de ne jamais abattre un arbre de leurs domaines; la coutume tient de père en fils; aussi, avec quelle ampleur ces troncs luxuriants se poussent dans l'espace! Et quels merveilleux objets d'études pour les artistes que ces chênes de sept à huit mètres de pourtour, qui, par un simple privilège de naissance, échappent aux misères de leurs pareils, et n'ont à compter qu'avec la foudre!

Coupons, je vous prie, la Via Ardeatina et gagnons ce fameux mont Albain, que les Italiens d'aujourd'hui appellent le Monte-Cavo. C'est sur un sommet, à près de 1000 mètres au-dessus du niveau de la mer, que *Jupiter Latialis*, le grand dieu des peuples de l'antique Latium, avait son Olympe. A ses pieds dorment, dans leurs vasques cratériformes, les beaux lacs Albano et Nemi. Tout autour, de splendides oasis : Frascati, Castel-Gandolfo, le fameux bourg pontifical, Albano avec son avenue de chênes-verts, Rocca di Papa, Arricie et son magnifique viaduc, Genzano, et enfin Civita Lavinia, dont la tour crénelée commande la coupe abrupte du Nemi.

Quelles diversités d'aspects offre ce paysage volcanique, où l'on embrasse d'un seul regard toute la plaine et toute la montagne, les déchiquetures fauves des hautes cimes et les molles déclivités des petits coteaux, les villages blancs accrochés comme de mignons tableaux de genre à des croupes roussâtres, et les castels massifs qui nagent comme des points noirs dans la vapeur lumineuse du plat pays!

Je me rappelle qu'un soir, à la fin de septembre, étant redescendu de Monte Giove vers la vieille voie Ardéatine, je fus témoin d'un coucher de soleil dont j'essayerais en vain de retracer les splendeurs.

La journée avait été assez fraîche; l'atmosphère avait même une âpreté relative. Un souffle de tramontane effleurait la vaste lande

LAC NEMI.

en soupirant dans les joncs brûlés, et en inclinant vers le sol les buissons étiolés de la route. A l'horizon de droite, l'écheveau des monts flottait dans une buée jaunâtre; à gauche, le soleil touchait déjà la surface des flots. Tout à coup, au moment même de se plonger dans la mer, son disque mourant lança une gerbe de lumière si étrange et si abondante, que mes compagnons et moi nous

CIVITA LAVINIA.

poussâmes un cri de surprise : autour de nous, plus un arbre, plus un roseau, plus une hampe d'arbuste n'avait sa teinte de végétation; plus un pan de mur ou de rocher n'avait son gris reflet de pierre : tout était de métal, tout offrait l'aspect rigide de l'acier; la nature entière s'était fondue en une seule couleur mate et unie que jamais je ne lui avais vue.

Cette fantasmagorie dura bien cinq ou six minutes, après quoi elle disparut, ou plutôt elle se transforma ; ce fut l'affaire d'une seconde :

une onde rosée courut sur toute la campagne; puis, lorsqu'elle eut atteint les premières assises des monts Albains et de la Sabine, elle se changea en une vaste tenture violette qu'une main invisible sembla d'en haut tirer jusqu'à elle. Pas un jet de flamme solaire ne resta perdu dans la plaine : tout se concentra en un clin d'œil sur les hauteurs, qui, durant quelques instants, en demeurèrent fantastiquement incendiées.

IV. — DE TIVOLI AU LAC FUCIN

Ce dernier affluent de gauche du Tibre, en amont de Rome, c'est le rapide et profond Anio (Teverone), enfant des monts de la Sabine. Deux chemins, la Voie Nomentane et la Tiburtine, conduisaient jadis dans cette belliqueuse région, habitée par une race si énergique, que Rome, nous dit Strabon, ne commença de jouir de ses richesses que du jour où elle eut réduit à l'impuissance ces redoutables voisins. Là se trouvait, à l'endroit où les montagnes s'ouvrent en fer à cheval, la délicieuse bourgade de Tibur, aujourd'hui Tivoli, dont Horace a chanté si complaisamment les ondes limpides et les frais ombrages. Mécène y eut sa maison de campagne; Properce y célébra sa Cynthia, la « vierge dorée de Tibur »; Hadrien surtout y édifia la plus gigantesque villa qu'on eût encore vue : c'était, dans un périmètre de près de dix milles, comme un abrégé des merveilles du monde connu; on y voyait le Pœcile d'Athènes, le Sérapéon de Canope, la vallée de Tempé; il y avait le quartier des thermes, celui des théâtres; puis des temples, une naumachie, et des casernes pour les prétoriens.

De ces fastueuses constructions, il subsiste des restes considérables sur un revers de montagne toujours admirable de végétation. Que d'objets d'art, entre autres la Vénus de Médicis, l'Antinoüs, on a exhumés de ce coin de terre! Que d'autres peut-être on y retrouverait, si l'on fouillait soigneusement et avec méthode ces coteaux couverts de sombres halliers! En attendant, des légions de paysagistes y déploient chaque année leur parasol; ici, plus encore qu'à Frascati et aux lacs Albains, le moindre pli de terrain ménage de singulières surprises au dessinateur. Le spectre austère du passé ne s'y montre que paré de fleurs, baigné des parfums les plus enivrants.

De la hauteur verdoyante où serpentent, dans leur entourage de vieux murs, les ruelles montueuses du Tivoli moderne, se déver-

TEMPLE DE LA SIBYLLE A TIVOLI.

sent de toutes parts des nappes d'eau scintillantes. L'Anio, pris au dépourvu, dévale comme il peut dans la vallée, par une série de cascatelles différentes de force et de figure : ici l'onde s'éparpille dans l'air en un vaporeux ondoiement; là elle se laisse choir à pic sur la roche; ailleurs elle se distille en quelque sorte par de minces filets. La principale chute, celle qui se fait d'une seule masse, n'a pas moins de cent mètres de hauteur. La clameur étourdissante de ses ressauts emplit au loin la vallée. Au-dessus du ravin, couronné de jardins, de colonnes, d'arcades et de tourelles, se dressent, menaçant de choir dans l'abîme, le fameux temple de la Sibylle et un autre édifice antique, reste d'un temple de Vesta ou d'Hercule. Du sommet de la montagne qui, de ses pans forés comme un crible, dégorge tous ces ruissellements, on peut descendre aux cascades par un sentier en lacet qui mène à deux grottes creusées dans le travertin : c'est de là que l'on contemple le plus à l'aise l'immense dégringolade du Teverone.

A l'entrée ouest de Tivoli on passe le long d'une villa moderne entièrement abandonnée. Elle fut, au XVIe siècle, la propriété du cardinal Hippolyte d'Este, oncle de cette Éléonore dont la beauté mit si fort à mal l'auteur de la *Jérusalem délivrée*. Un Allemand la possède aujourd'hui. Écoutez le silence mélancolique qui emplit ces cours à arcades; regardez ces murs envahis par les plantes grimpantes; puis pénétrez dans les appartements. Une poussière épaisse s'y est accumulée couche par couche; tout dort comme dans un palais enchanté, et le visiteur se surprend à étouffer le bruit de ses pas sur le pavé.

Au dehors, le charme de féerie n'est pas moins sensible; mais du moins le soleil luit sur les grandes pièces d'eau sommeillantes où frissonnent, çà et là, quelques mélilots; au gazouillement des fontaines se mêle celui des oiseaux sous la ramée; de blanches statues de marbre vous sourient au détour des noirs fourrés d'ifs.

Puis, des ombrages séculaires de la terrasse, vous dominez magnifiquement Rome et toute la campagne, la mer, Civita-Vecchia, Ostie, toute la côte solitaire jusqu'aux oasis de Frascati et des monts Albains.

Que de charmantes excursions à faire de Tivoli ! Que de délicieux Édens à dénicher sur chaque revers et dans chaque pli des montagnes ! C'est d'abord, vers le sud, Palestrina, l'antique Præneste, « les délices de l'été », comme dit un historien latin. Pauvre ville ! A trois ou quatre reprises, elle s'est vu raser au niveau du sol. Au moyen âge surtout, papes et condottières y ont fait comme à plaisir ruisseler le sang et les ruines. Elle s'est relevée, fort modeste il est vrai, de toutes ces calamités; ses petites rues ont recommencé d'escalader sans souci, à travers des débris de temples antiques, les pentes escarpées de la colline. Des temps meilleurs sont-il enfin venus? Ces groupes d'étrangers qui franchissent aujourd'hui la porte du Soleil, en faisant résonner sous leurs talons le gros pavé polygonal de la vieille *via Prænestina*, ne veulent point, en tout cas, de mal à la mignonne cité sabine; c'est l'invasion toute pacifique des amateurs de beaux paysages, c'est la caravane toujours renouvelée des artistes en belle humeur, dont les poches, ô Palestrinans, s'allègeront chez vous de maints *paoli*.

Si l'on dépasse Palestrina, on retombe soudain dans le torride empire du soleil. Adieu les plantations de vignes, les arbres fruitiers, les jardins fleuris. Voici, de chaque côté du chemin, les fougères roussâtres, les chardons tout raides, parmi lesquels croissent la menthe et la mélisse aux fortes senteurs. Çà et là un bouquet de chênes verdoie au pied d'une colline; en haut surgit un vieux castel, Passerano par exemple, qui ressemble à une aire de bandits; en bas, au bord d'un ruisseau, résonne le tic tac d'un moulin; puis, de nouveau, s'étire devant vous la vaste plaine ensoleillée; la voix des cigales et des grillons emplit l'air; à chaque instant, un lézard vous file entre les jambes, et sur votre tête, dans le ciel d'airain, l'oiseau de proie décrit ses girations insensées. N'allons pas plus loin de ce côté; arrêtons-nous en vue du Sacco et de cette immense forêt quasi vierge, derrière laquelle on sent vaguement fumer les humides vapeurs des Marais Pontins; cette partie du littoral sera, si vous le voulez bien, le but d'une excursion ultérieure.

En continuant de remonter, par delà Tivoli, le cours torrentueux du Teverone, le touriste arrive à Subiaco, au milieu des monts de la Sabine. L'antiquité païenne et l'ascétisme chrétien y ont laissé chacun leurs vestiges : le premier dans une villa de Néron, l'autre dans un couvent qui fut le berceau de l'ordre des bénédictins, et qui est bâti au-dessus d'une grotte (*sacro speco*), où, au cinquième siècle de notre ère, le jeune Benoît s'enfermait pour mieux voir le ciel. Un second monastère de la même époque, le cloître de Sainte-Scholastique, occupe aux environs une position des plus pittoresques.

De Subiaco, on rayonne par de délicieux chemins de montagne

ROUTE DE CAVI (MONTS DE LA SABINE).

vers un certain nombre d'oasis chères aux manieurs de pinceau : Civitella, avec ses *mamelles*, où se déchirent en passant les nuées voyageuses accourues des Abruzzes; Genazzano, nid féodal d'une majesté presque épique; à deux milles de là, Cavi, où conduit une superbe route bordée de cultures et de grands arbres; enfin Olevano, rendez-vous traditionnel de la gent artiste depuis cent années.

Un mot à présent du lac Fucin, dont j'ai déjà parlé ci-dessus. Ici la nature s'est transformée au caprice de l'homme. Ce fameux bassin, auquel la petite ville voisine avait donné son nom moderne de Celano, n'est plus qu'un souvenir; l'empereur Claude, il y a dix-huit siècles, en avait commencé l'assèchement; le prince banquier Torlonia l'a achevé de nos jours. Là où se balancèrent les barques des Célanans, prospèrent à présent des cultures et des jardinets; de la même main qui jeta le filet, le fils bronzé des Marses sème le grain qui lèvera en moisson, et quant au peuple infortuné des poissons, exproprié si brutalement de son domaine héréditaire, il a engraissé de son fiel et de ses écailles les nouveaux champs conquis sur les eaux. Des routes innombrables sillonnent de leur lacis civilisateur les revers du vaste entonnoir; par places on voit déjà paraître un morceau de forêt, et les habitations des hommes plongent, sans peur de la lie, jusqu'au fond de la coupe vidée.

Au haut d'un rocher qui commande le lac, se dressait encore, du temps de Strabon, la ville d'Albe (*Alba Fucese*). C'était, nous dit-il, une prison d'État. Sa forte assiette lui méritait bien cet honneur. De cette vieille cité des montagnes calcaires, qu'il ne faut pas confondre avec son homonyme, Albe la Longue, de la région volcanique ci-devant parcourue par nous, il reste encore, sur deux collines, des vestiges assez importants en voies pavées et en débris de murs cyclopéens.

Nous sommes ici, de quelque côté que nous nous tournions, en plein paysage virgilien : voici Luco, jadis *Lucus Angitiœ*, la terre des serpents et des hommes qui savent les charmer; voici Magliano des Marses, Gioja des Marses; à côté, Capistrello et sa gorge; plus bas, l'antique Sora, qui n'a pas même changé de nom depuis l'époque de Juvénal : puis encore des murs pélasgiques, et, ce qui vaut mieux, de beaux châtaigniers qui fournissent une excellente *polenta*.

CHAPITRE X

EN ZIGZAG DE ROME A NAPLES

I. — LES MARAIS PONTINS

La première fois que j'ai visité les Marais Pontins, — il y a de cela déjà nombre d'années, — c'était en compagnie d'un ingénieur napolitain, M. L..., chargé de certains travaux entrepris par le nouveau gouvernement italien entre le Sacco et la mer. J'eus le plaisir de faire avec lui le trajet de Rome à Naples, mais par le chemin le plus allongé et le plus sinueux où jamais pasteur sabellien se soit fourvoyé. Du nord au sud, de l'est à l'ouest, de la mer Tyrrhénienne à l'Adriatique, je ne saurais plus compter les zigzags. Voici cette étrange pérégrination, avec sa série d'étapes et de nuitées, telle que je la retrouve en fragments épars sur un vieux carnet de voyage.

Cisterna. 12 septembre. — Une terrible journée pour commencer. Hier il pleuvait presque; les Campagnols commençaient déjà d'arborer l'immense parapluie de famille; aujourd'hui nous sommes dans une fournaise. On nous avait recommandé de brûler Cisterna, à cause de la fièvre; mais il me semble que le soleil s'en charge suffisamment... Que le lecteur au sens rassis pardonne cette équipée de langage à un voyageur qui vient de battre, trois heures durant, sans parasol, le cailloutis de la voie Appienne.

Cisterna possède une auberge. Malheureusement, l'auberge elle-même est possédée par une légion de bêtes parasites qui y tiennent garnison douze mois de l'année seulement, nous dit l'*ostessa*, une superbe Volsque, qui tout à l'heure, comme nous arrivions, nous avait fait de loin, avec sa grande cruche posée sur la tête, l'effet d'une canéphore antique.

« Attention! me dit M. L..., nous touchons ici à la région propre des Marais Pontins. Cette forêt, ajouta-t-il, en me désignant la vaste chênaie qui commence à Cisterna, a été de temps immémorial le repaire favori des brigands qui n'ont cessé de désoler la contrée. C'était leur quartier général : de là ils rayonnaient à leur choix sur les environs. La maréchaussée des Césars avait beau faire des battues périodiques dans le fourré : impossible d'en déloger ces malandrins, qui ne se gênaient pas pour venir la nuit, dans les rues de Rome, comme à la curée.

— Et maintenant? répliquai-je vivement.

— Maintenant... Regardez. On a, par des abatis d'arbres, ménagé une marge de sûreté entre la route et la forêt; c'est ce qu'on appelle, devant les places fortes, une zone militaire. Y êtes-vous?

— Parfaitement. En deçà civilisation, au delà brigandage, le brigandage interné..., sans préjudice des ruptures de ban. Allons-nous dîner? »

Porto d'Anzio. — L'ancienne Antium; un môle de terre projeté au milieu des flots. Comme plus haut, à Cisterna, l'insecte souverain maître et dominateur. A droite, en regardant la mer, encore une forêt. De celle-là, j'en connais l'entrée, de l'autre côté, vers Ardée. Mon ingénieur, lui, l'a traversée de part en part, et sans guide. Il paraît que c'est presque un exploit.

Il fait vraiment bon ici; l'air est vif et salubre : aussi est-ce une station de bains de mer. Les riches Romains y avaient des villas, Cicéron entre autres, qui en possédait un peu partout. C'était tout un monde que ces villas. Le touriste, rendu d'épuisement et de chaleur, se sent presque rafraîchi et reconforté, rien qu'à les reconstruire par la pensée. Et d'abord, la maison du maître était un palais dans toute l'acception du mot. Pour le parc, il n'y a point de nos jours, même en Angleterre, d'enceinte fleurie et ombreuse qui en reproduise les splendeurs. Le *xyste* odoriférant des anciens est inconnu de nos jardiniers. Des buissons qui figuraient toutes sortes de sculptures bizarres, des massifs étrangement contournés de lauriers, de cyprès, de picéas; des allées sinueuses qui formaient d'inextricables labyrinthes; tout alentour, comme clôtures, de longs portiques peuplés de statues, et quelles statues! L'*Apollon du*

LE PARAPLUIE DE FAMILLE.

Belvédère, le *Gladiateur*, pour ne parler que de celles qu'on a retrouvées ici, sous je ne sais combien de pieds de terre; puis des salles de festins champêtres, où l'on ne mangeait pas seulement, comme aux temps primitifs de la *Roma quadrata*, « un dos de porc séché sur une claie; » enfin, à travers tout, irriguant pêle-mêle appartements et jardins, des eaux vives, de grands et petits ruisseaux harmonieux qui s'en allaient vocalisant et cabriolant par des méandres infinis. Et le généreux Falerne, et son frère le Cécube, tous les bons crus campaniens. Ah! qu'au milieu de tout cela Horace avait bien raison de trouver que les années s'abattent un peu vite les unes sur les autres!

Nettuno, Astura. — Vilain temps, vilaine mer. La mer n'est, selon moi, ni assez grosse ni assez calme; elle ne dit ni oui ni non. Pour la Méditerranée, qui est toute en couleur, il ne faut pas de ces moyens termes. J'ai fait remarquer à mon compagnon que, depuis ce matin, il me semblait que je respirais la malaria à pleines narines. Ce n'était pas une idée. Toute cette plaine, au pied des monts Lepini, de Nettuno à Terracine, est horriblement empestée.

Nettuno est un fief des Borghèse. Pauvre fief en tout cas; mais ils ont d'autres comptes sur leurs registres. Astura n'existe pas à proprement dire; ce n'est qu'un rocher relié au littoral par un pont. Le richissime Cicéron y avait encore une villa, près de la tour où vint se jeter, tête baissée, dans un piège, l'infortuné Conradin.

Monte Circeo, Terracine. — Nous sommes allés par mer jusqu'au promontoire de Circé. Là, mon compagnon m'a fait voir une caverne agrémentée de stalactites qu'on appelle la Grotte de la Magicienne. La grande, l'éternelle magicienne ici, c'est la nature; mais que l'homme se change en pourceau, elle n'en peut mais assurément. Du haut du rocher, l'œil embrasse un splendide panorama qui s'étend de Rome au Vésuve. Le sol recommence d'enfanter des agavés, des palmiers. En face de nous est Terracine, ex-ville frontière de l'ex-royaume des Deux-Siciles; un peu plus loin, Fondi, puis Gaëte, c'est-à-dire cette partie de l'heureuse Campanie, *Campania felix*, qu'on nomme la Terre de Labour.

Nous nous arrêtons à Terracine dans une auberge délicieusement située au bord de la mer. Comme nous arrivons, toute une caravane de ladies et de misses, sous le commandement en chef d'un long Anglais brandissant une gigantesque lunette d'approche, sort de l'osteria pour aller à Itri et de là, par la montagne, à Mola, voir la tour près de laquelle Cicéron tendit la tête au glaive du sicaire.

Quel air pur et diaphane! Avec quelle netteté, même à l'horizon le plus lointain, s'accuse le relief des objets! Il semble qu'on achève de passer ici du nord au midi. Pour le moment, nous nous contentons de saisir du regard la transition. Avec les projets de circuits compliqués qui sont inscrits sur notre carnet, la susdite colonne britannique aura largement le temps d'opérer la conquête de tout le Napolitain, avant qu'elle nous retrouve sur ses talons.

Sezze. — Je m'étais figuré les Marais Pontins comme une terre de désolation, un désert sinistre où l'on pouvait voir errer très distinctement le spectre de la mort faucheuse. Point du tout : une belle plaine fertile, avec de luxuriants tapis de verdure et de fleurs, voilà sous quel aspect ils me sont apparus. Le marécage existe, mais dans cette saison on ne l'aperçoit guère, caché qu'il est sous un feutre épais de végétation : *latet anguis in herba.*

Nous avons parcouru tour à tour la voie Pia, bordée d'ormes magnifiques, puis la voie Appienne, qui traversent, l'une et l'autre, l'immense palus. Partout la nature est riante et singulièrement vigoureuse. Dans les clairières des forêts, à gauche de la route, se montrent de nombreuses huttes de pâtres, quelques métairies, et des étangs où pataugent en troupes ces buffles noirs à demi sauvages dont la race a été importée d'Afrique, il y a mille ans.

Vingt-trois cités florissaient, dit-on, au temps jadis dans cette contrée. Je n'en suis point étonné. Les Volsques avaient là un admirable domaine d'exploitation ; il a fallu la conquête romaine pour le changer en une solitude habitable seulement aux bêtes fauves.

La formation du marécage tient à deux causes, qui agissent d'une manière continue et en sens inverse. Du côté de la mer, les sables, rejetés sur la rive, y élèvent des barrages de dunes qui s'étendent des rochers d'Astura à ceux de Monte-Circeo. Du côté de l'intérieur, les eaux qui descendent des montagnes, n'ayant pas d'écoulement, faute de pente, demeurent sur le sol à l'état stagnant; en quelques endroits la masse liquide ainsi croupissant atteint, l'hiver, une hauteur de deux mètres. On conçoit quels effluves empestés montent avec les chaleurs de ces cuvettes jamais évacuées.

NINFA ET NORBA.

Ajoutez que les plantes vivaces nées de cette terre chaude et humide, très riche en principes alcalins, forment par leurs détritus d'épaisses couches de tourbe, qui exhaussent d'autant le sol, et qui s'enflamment et brûlent elles-mêmes comme du bois sec au contact du moindre feu de broussailles. Les nombreux canaux de dérivation qu'on a ménagés dès le temps d'Auguste, au travers du marécage et des dunes littorales, n'ont pas donné le résultat qu'on en attendait : les plantes palustres y poussent d'inextricables fourrés qui les obstruent. Souvent, pour rétablir le courant, on y fait courir des troupeaux de buffles, dont le piétinement, joint à des fauchaisons périodiques, amène des baisses qui varient de 30 à 50 centimètres; mais ces moyens d'assainissement sont par trop primitifs, et il faudra recourir à d'autres procédés le jour où l'on voudra faire un sérieux effort pour arracher cette plaine féconde aux deux fléaux sans cesse concomitants de l'inondation et de la fièvre. Tant qu'on n'aura point trouvé le moyen d'assurer l'expulsion régulière des eaux, tous les essais de colonisation permanente auront le sort de celui qui a été tenté au XII° siècle à Ninfa. Encore la ville de Ninfa avait-elle été bâtie, non point au cœur du marécage, mais à sa lisière septentrionale, près de l'ancienne cité volsque de Norba : ce qui n'empêche point qu'il n'en subsiste absolument plus qu'un cadavre de pierre, à l'assaut duquel montent chaque jour plus victorieusement des légions indisciplinées de plantes grimpantes.

II. — LES ABRUZZES

Ascoli. — Nous sommes allés, par une bonne route de voiture, à travers l'Apennin, de Spolète à Ascoli (l'ancienne *Asculum*). Nous voici sur les bords du Tronto, rivière qui servait jadis de limite entre les États de l'Église et le royaume des Deux-Siciles. Cette région des Abruzzes, dominée au sud par les blancs escarpements du Gran Sasso ou Roche-Grande, la plus haute montagne de l'Italie (3000 mètres), qu'on aperçoit même de l'Istrie et de la Dalmatie, offre un aspect tout alpestre.

Après déjeuner, nous nous remettons en route pour Teramo (*Interamna*). Je fais remarquer à M. L... que les habitants ont presque tous des têtes de brigands admirablement caractérisées.

« C'est, me répond-il, le plus clair de l'héritage qu'ils se transmettent de père en fils. Ces féroces pasteurs, de tout temps ennemis des laboureurs de la plaine, ont causé, vous le savez, une belle peur aux Romains; ce sont même eux, si j'ai bonne mémoire, qui, unis aux Samnites leurs voisins, ont fait passer sous les Fourches-Caudines les légions de Spurius Posthumius. Oh! cela date de longtemps... Mais, à une époque plus récente, ces gaillards m'ont causé à moi, personnellement, une non moins belle peur. — Que voulez-vous dire? — C'est toute une histoire. Tenez, nous approchons justement de Civitella. Voici là-bas, à l'embranchement de deux chemins, une auberge que je reconnais. Depuis vingt-cinq ans elle n'a point changé. Rien ne change dans ce pays. Arrêtons-nous-y un instant; je vous ferai le récit de mon aventure. »

L'osteria où nous descendîmes n'avait, ma foi, rien de sinistre. Une campagne fertile l'entourait; un petit torrent descendu d'un des chaînons du Gran Sasso achevait de lui prêter, par ses menues cabrioles et par ses murmures, un véritable charme idyllique. La salle était déserte; il nous fallut crier à tue-tête après le maître de céans. Nos appels réitérés eurent enfin un premier résultat : ce fut de faire choir d'une soupente, au fond de la pièce, un immense panier, qui, parti d'en haut plein de châtaignes, arriva en bas complètement vide et le cul en l'air. Comme second résultat, dégringola presque aussitôt de la même soupente, à la suite ou à la poursuite des susdites châtaignes, une jolie petite Abruzzaise de sept ou huit ans, qui n'avait nullement l'apparence d'une fille de bandit. Il y avait du lait dans les jattes; c'était tout ce qu'il nous fallait. L'enfant nous servit, ramassa les éléments épars de sa polenta, puis disparut aussi vite qu'elle était venue.

« Il y a de cela un bon quart de siècle, me dit mon compagnon, — j'avais alors une douzaine d'années, — ma famille habitait Caserte; mais j'avais des grands-parents dans les Abruzzes, et de temps à autre je les allais voir. Leur habitation était située à un certain nombre de milles de la grande route postale de Naples à Teramo. Une petite voiture, presque une diligence, desservait, en les reliant à cette route, deux ou trois des localités situées plus à l'intérieur. C'était ici, à la porte de Civitella, que j'avais coutume de la prendre au passage.

Un jour donc, à la nuit tombante, j'étais entré dans cette auberge pour y attendre le véhicule. C'était à la mi-octobre; il faisait presque froid. Il y avait dans la salle une bruyante et nombreuse société; mais je n'y fis d'abord aucune attention. Je m'assis sur une chaise boiteuse le plus près possible de la cheminée, et tout en regardant se tordre dans l'âtre les dernières brindilles d'un feu de bourrée, devant lequel frissonnait un grand pot rempli de café, je me laissai aller à une sorte de demi-sommeil.

Il y avait à peine quelques minutes que j'étais ainsi absorbé, quand soudain je sautai sur mon siège.

Les hommes qui jouaient attablés à l'extrémité de la salle venaient de se prendre de querelle. L'un d'eux, qui sans doute avait perdu, s'était levé en poussant un épouvantable juron dont toute la maison avait retenti.

Pour la première fois alors, je me retournai afin de considérer la troupe des buveurs. La tête pleine de toutes sortes d'histoires de brigands que j'avais lues récemment, je ne pus maîtriser une impression d'effroi à la vue de ces êtres déguenillés, au verbe rauque, à la physionomie féroce, qui tous tenaient sous le bras une longue pique à pointe ferrée, et avaient l'air de temps à autre de me dévisager en ricanant. Je me rappelai l'aventure arrivée à Gil Blas de Santillane au sortir de sa ville natale, et je m'imaginai que, comme lui, quoique d'une autre manière, j'étais tombé au milieu d'une bande de malfaiteurs.

Mes regards, en faisant le tour de l'immense salle, aperçurent un objet qui redoubla mes terreurs. Dans un angle du mur, non loin des buveurs, était accroupie une horrible vieille, à l'œil louche, à la bouche édentée, que je pris incontinent pour dame Léonarde.

Il n'y avait plus à en douter : j'étais en fort mauvais lieu. Il s'agissait d'attirer le moins possible l'attention de ces hommes et celle du démon femelle préposé à leurs divertissements. Je fis tout doucement demi-tour sur ma chaise, et, dans ce mouvement, j'achevai, sans le vouloir, la reconnaissance de la pièce. En effet, dans un autre recoin, que je n'avais pas aperçu d'abord, se tenait assise, les bras croisés, une charmante jeune fille de dix-sept ou dix-huit ans, qui semblait me regarder en souriant. Cette vue me ranima quelque peu; mais tout aussitôt une nouvelle idée me traversa l'esprit? Que faisait là cette jeune fille? N'était-ce point quelque capture des brigands? Comment la délivrer, et moi avec elle? Pour sûr, à nos premiers pas vers la porte, toute la troupe ne manquerait pas de fondre sur nous.

Je résolus de me tenir coi, et je fermai de nouveau les yeux en écoutant chanter la grande cafetière au rebord de l'âtre. A l'autre bout de la salle, le jeu avait repris plus fort que jamais; au dehors, nul grelot d'attelage lointain ne se faisait encore entendre.

Un moment, dame Léonarde se leva de son escabeau; elle se dirigea de mon côté; je la sentis passer derrière moi, mais sans oser la regarder. Quelques secondes après, je conjecturai qu'elle s'était rassise. Puis un ronflement interminable se mêla au bourdonnement monotone des voix. C'était le coucou qui entrait en branle pour annoncer je ne sais plus quelle heure.

La voiture n'arrivait toujours pas.

Malgré mon angoisse, j'avais fini par retomber dans un morne assoupissement, auquel aidait, à vrai dire, le sentiment avéré de mon impuissance. Par malheur, un incident imprévu vint tout gâter au moment peut-être où je réussissais à me faire oublier.

Un des joueurs ayant donné subitement un formidable coup de poing sur la table, je me réveillai en sursaut, en allongeant brusquement la jambe. Ce geste involontaire fut cause de la catastrophe. Le bout de mon soulier heurta l'anse du grand pot à café, qui se renversa dans la cheminée et y vomit son noir liquide avec d'épouvantables grésillements.

Une immense clameur emplit la salle. Dame Léonarde se leva, tous les brigands se levèrent. Ce fut un bondissement universel.

Je sentis que j'étais perdu. La jambe accusatrice était encore là, toute tremblante au bord du foyer. L'horreur de ma situation me rendit des forces. En un clin d'œil, je fus debout, et j'eus franchi le seuil de la porte.

Je courus tête nue, à perte d'haleine, dans la direction d'un bouquet de bois dont j'apercevais l'ombre indistincte près du torrent. A mesure que je m'éloignais, les furibondes vociférations de mes ennemis semblaient décroître de l'autre côté de la route. Enfin, n'en pouvant plus, je m'arrêtai, pour reprendre mes sens, sous une saulaie. D'un regard jeté en arrière, je m'étais assuré que les brigands ne m'avaient pas poursuivi; la porte de l'osteria s'était refermée; mais, au travers des vitres, je voyais encore se démener toutes sortes de silhouettes diaboliques.

Je m'assis sur un tas de cailloux, et je me mis à contempler machinalement le paysage d'alentour. Il faisait une superbe nuit d'automne. Le disque de la lune, qui se dégagea tout à coup d'une frange de nuages à l'horizon, commença de me rasséréner en me montrant la plaine et les monts inondés de sa blanche clarté.

Je collai mon oreille à terre pour voir si je ne saisirais pas le roulement d'une voiture; il me sembla en effet percevoir une sourde trépidation dans le lointain. J'étais depuis une minute ou deux sur mon tas de pierres, quand j'entendis une petite voix, un souffle à peine, qui murmurait un appel dans le silence de la nuit. Je me levai, prêt à fuir de nouveau; mais je n'en fis rien, quand j'eus reconnu qui m'appelait. C'était la belle jeune fille de l'osteria qui était sortie pour se mettre à ma recherche.

Elle vint à moi, me prit la main en souriant et me conduisit vers un banc de bois, où elle me força de m'asseoir à côté d'elle. Je ne sais comment, à ce contact caressant, toutes mes frayeurs se dissipèrent. « Pourquoi aussi, me dit-elle, avoir renversé le café des bouviers ? — Des bouviers ? fis-je tout interdit. — Eh oui, les toucheurs de bestiaux, dont le troupeau est là dans la clairière. Tenez, les bêtes s'impatientent; entendez-vous leurs mugissements ? »

Je les entendais en effet; mais un autre bruit, le fracas joyeux d'un attelage, retentit dans le même instant au détour prochain de la route : c'était la voiture de Teramo, qui arrivait, un peu en retard il est vrai, comme c'est le fait de tout véhicule qui a le sentiment de son importance.

Je ne fis nulle difficulté de rejoindre la diligence devant l'hotellerie; la fille de dame Léonarde, je veux dire de l'hôtesse, continuait de me conduire doucement par la main.

« Ohé! bonjour, Pinchino ! » cria une grosse voix du seuil de l'auberge. C'était un des brigands, pardon, un des bouviers, le plus horrible de tous, par ma foi, qui hélait le conducteur de mon voiturin.

Je regardai le nommé Pinchino. C'était bien la plus drôle de tête qui eût jamais trouvé place sur des épaules d'homme. Au sentiment de la peur succéda tout à coup en moi je ne sais quelle âcre curiosité, qui ne me tenait pas moins en haleine. Tout le temps que le postillon s'entretint avec le bouvier, mes yeux demeurèrent fichés sur lui. Figurez-vous un chef conique, avec un immense nez recourbé, de chaque côté de ce nez deux prunelles jaunâtres comme celles d'un gypaète, au-dessous un menton de casse-noisette. Quant au corps, tout en échine; une longue, longue et osseuse échine, qu'on eût dite volée au Grand Sasso. Et le sourire de la face! Ah! ce sourire seul était tout un poëme fantastique. Jamais je n'ai revu sur bouche vivante un pareil sourire.

J'en avais tout oublié, l'osteria, la diligence, les brigands qui hurlent et trépignent, les cafetières qui chantent et se renversent, les jeunes filles aux lèvres souriantes, et les vieilles hôtesses à la gueule d'enfer; je ne pensais plus qu'à Pinchino.

Enfin je montai en voiture. Ma jolie protectrice, de sa douce main maternelle, m'installa elle-même au bon coin. Dans le fond, je me sentais presque peiné de quitter mon repaire de brigands. J'envoyai un dernier regard d'adieu par la porte entr'ouverte de l'auberge! Pauvres bouviers, dont l'âtre cendreux avait bu, par ma faute, le café!

Puis je me sentis tout fier et tout excité à la pensée que c'était Pinchino qui allait me conduire par la route sinueuse à travers le beau clair de lune. De mon coin, je ne pouvais plus l'apercevoir; mais je sentais sa longue échine qui frôlait la roue; son sourire aigu m'arrivait au travers des vitres encrassées de la diligence. Bientôt je perçus l'attouchement de son bras osseux à l'avant du véhicule; puis un coup de fouet gaillard cingla l'air, et l'attelage partit au petit trot.

Une minute après, la luisante façade de l'auberge avait disparu au tournant de la route; mais j'avais eu le temps d'apercevoir une dernière fois l'ombre svelte de ma jeune maman qui nous regardait filer du pas de la porte. »

De Teramo à Venafro. — Nous venons de franchir une petite rivière torrentueuse, dont je ne me rappelle plus le nom, si toutefois je l'ai jamais su. C'est un des pleurs versés par ce géant des monts Apennins, le Grand Sasso d'Italia, en vue duquel nous voyageons depuis deux jours. Des hauteurs où nous sommes, nous commençons d'apercevoir distinctement sa croupe majestueuse.

SOUVENIR DES ABRUZZES.

De splendides paysages helvétiques s'étalent à sa base : pâturages immenses, forêts de chênes et de sapins, où habitent l'ours et le chamois. En revanche, aux étages supérieurs, la végétation disparaît; ce ne sont plus que de glabres rochers calcaires. Trois cimes pyramidales forment le couronnement du relief : le Monte Corno, le Brancastello et le Monte di Fano Trojano. C'est aux environs de ces fières sommités, blanches de neige la moitié de l'année, que les Romains plaçaient l'ombilic de l'Italie.

L'ascension des derniers escarpements de la montagne est assez pénible; avec des mulets et du jarret tour à tour, on s'en tire pourtant. Puis, que sont les misères de l'escalade, si l'on songe au panorama qui attend en haut le touriste? La moitié de l'Italie et les deux mers, voilà ce qu'on y embrasse d'un regard circulaire. Au nord apparaît tout l'enchevêtrement des montagnes romaines, étrusques et ligures; au sud, c'est la ligne des Abruzzes, avec la lointaine éclaboussure des douces collines campaniennes, puis, au delà de celles-ci, le vague relief des monts de l'Apulie et de la Calabre; à l'ouest, la mer Tyrrhénienne, sillonnée par les voiles de Naples et de Messine; à l'est, l'Adriatique avec les voiles grecques et levantines. Enfin, immédiatement à vos pieds s'étend le pays des Marses, des Frentans, des Vestins, des Pélignes et tout ce vieux Samnium, dont la soumission coûta aux Romains des luttes si terribles.

Du Gran Sasso l'on peut redescendre à l'ouest vers la petite ville d'Aquila, dont les beaux palais tout lézardés, les habitations chancelantes et mal rapiécées, témoignent de la fréquence des tremblements de terre dans cette partie de la Péninsule. A peu de distance s'élevait jadis la cité sabine d'Amiternum, la patrie de Salluste; à sa place est maintenant un village qui porte le nom de San Vittorino.

Allons toujours. De Popoli à Solmona, le site devient de plus en plus pittoresque. A Pettorano, on quitte la plaine vivante et cultivée, pour pénétrer dans les mornes défilés de la Majella, dont le point culminant atteint près de 2800 mètres. La route blanche monte à travers des rochers nus dont les parois polies étincellent au soleil comme des lingots d'or ou d'argent. Plus de végétaux, plus d'habitants. De temps à autre, une alouette huppée file rapidement d'une montagne à l'autre. Tout ce pays, pendant l'hiver, appartient aux bêtes fauves; aussi les pâtres y sont-ils obligés de doubler leur houlette d'un fusil.

Quels types que ces pâtres! Leurs mœurs ne se sont guère modifiées depuis mille ans et davantage. Aujourd'hui encore, leur soi-disant culte du Christ n'est qu'un simple paganisme recrépi. Belle race, du reste, forte et dure, les dignes fils des anciens Samnites. Pour toute demeure, l'été, ils ont un toit de roseaux; pour toute société en toute saison, le grand chien-loup des Abruzzes, velu et féroce; pour toute distraction, le rustique pipeau traditionnel.

En deçà de Castel di Sangro, le plus grand centre de population ne compte pas quinze cents âmes. Telle est la bourgade qui, sous le nom harmonieux de Rocca Valloscura, plonge ses maisonnettes au fond d'un étroit vallon. Aux alentours, nulle trace de cultures ou de jardins. Le peintre s'y arrête quelques heures; le simple touriste se hâte de passer.

La route monte, monte toujours. Tout à coup, au sortir d'une dernière gorge, on débouche dans un immense steppe où l'on respire à pleins poumons les souffles vivifiants des monts d'alentour. Une autre bourgade, Roccarasa, quelques hameaux à droite et à gauche sur les pentes : voilà tout l'apport de l'homme dans cette majestueuse solitude. Puis, de nouveau, la scène change brusquement. Passé Roccarasa, on s'engouffre dans une magnifique forêt de chênes, au travers de laquelle se fait la descente jusqu'à Castel di Sangro.

Ici bouillonne le Sangro. Pauvre fleuve! Né à Gioja, au sein d'une nature joyeuse et fleurie, il descend au prix de méandres pénibles par des défilés de plus en plus mornes, par des vallons de plus en plus tristes et solitaires, pour aller se perdre misérablement dans les marais de la côte adriatique.

On arrive ensuite à Isernia : encore un torrent, la Lorda, et toujours les mêmes nids d'aigles sur les hauteurs; puis une nouvelle descente; les cultures reparaissent enfin; nous approchons de la riante cité des oliviers chantée par Horace, Ovide, Cicéron, Pline, Martial, je veux dire l'antique Venafrum (Venafro). L'âpre amas des monts déchiquetés se pelotonne derrière nous à l'horizon; nous voici rentrés au sein du monde civilisé; quelques pas encore, et nous entendrons derechef le sifflet des locomotives.

Le Mont-Cassin. — Un dernier crochet vers le nord, avant de gagner à toute vapeur le rivage des Sirènes. M. L... tient à me faire voir en passant le Mont-Cassin. Le fameux monastère est situé au sommet d'une montagne qui domine la petite ville de San Germano, une des stations principales du chemin de fer de Rome à Naples. On y monte, au sortir de ruelles caillouteuses étagées au bord du Rapido, par une route en zigzag qui ménage au regard des perspectives de plus en plus grandioses sur l'écheveau des monts et des vallées. De l'esplanade où il est juché, l'immense cloître carré semble commander à toute une armée de cimes revêches, qui s'en vont se profilant à perte de vue sous les formes les plus fantastiques.

Barons et moines ont su de tout temps bâtir leurs nids aux bons endroits. Pourtant, quelque précaution qu'eût prise saint Benoît pour mettre son pieux asile à l'abri de tout accident, le couvent du Mont-Cassin a eu sa large part de tribulations. A peine construit, il se voit piller par les Lombards; puis surviennent tour à tour les Sarrasins qui le brûlent, et les Normands qui le saccagent. Enfin arrivent des siècles meilleurs : le dernier flot des Barbares a passé; les envahisseurs qui descendent maintenant d'outre-monts ne sont plus gens à porter une main sacrilège sur les saintes reliques : ce sont, au contraire, des croyants qui se prosternent, le front dans la poussière, sur ce nouveau Sinaï; plus d'un même, touché de la grâce d'en haut, ou épouvanté de la somme de péchés qu'il doit expier avant de mourir, y vient déposer la cuirasse pour revêtir la robe de moine. C'est le beau temps de la puissante communauté. Elle vise avec un égal bonheur le ciel et la terre. Ses cellules fournissent par centaines des prélats à l'Église. Tous ses domaines réunis auraient eu l'ampleur d'un royaume : 2 principautés, 20 comtés, 440 villes, bourgs ou villages, 250 châteaux, 336 manoirs, 23 ports de mer, 662 églises : le compte en a été fait bien exactement.

On pénètre dans le couvent par une espèce de grotte sombre, au bout de laquelle on trouve une cour entourée de colonnes de granit. Au fond d'une autre cour plus élevée s'ouvre l'église, une des plus richement décorées qui soient au monde. Mais c'est principalement la bibliothèque qui attire la curiosité et le respect. On sait que, durant le chaos du moyen âge, les moines copistes du Mont-Cassin sauvèrent de l'anéantissement un grand nombre d'ou-

JEUNE PÂTRE DES ABRUZZES.

vrages précieux de l'antiquité. Ces services rendus à la civilisation et à la science ont valu au couvent le privilége de rester en dehors de la mesure universelle de suppression qui a frappé les communautés religieuses de la Péninsule.

Capoue. — Que reste-t-il de cette cité de « délices », l'ancienne métropole de la Campanie, qui compta, dit-on, jusqu'à cinq cent mille habitants, et parut un moment capable de disputer à Rome la domination de l'Italie? Peu de chose : quelques fragments d'amphithéâtre et un arc de triomphe. La Capoue moderne, *Capua nuova*, se trouve à une lieue environ de ces ruines ; ce n'est qu'une grosse et populeuse bourgade sur le Vulturne. Mais quelles splendeurs déploie la campagne environnante! Comme on comprend bien le ravissement dont furent saisis les Romains lorsque, au sortir du triste Latium, ils virent pour la première fois cette riante et voluptueuse contrée ! Qu'étaient les marais du Tibre et les sombres forêts de l'Algide comparés à ce jardin de la Campanie ?

Aujourd'hui, le grand lieu de plaisance de la région, ce n'est plus Capoue, c'est Caserte, l'ex-Versailles des ex-rois de Naples, avec son immense palais, son parc ombreux, ses cascades alimentées par le bel aqueduc de Maddaloni. A Caserte on est déjà en pleine banlieue de Naples; la vigne foisonne, les grands pins-parasols dressent leurs coupoles sombres au-dessus des ormes blanchâtres, et par les fenêtres toutes grandes ouvertes du wagon pénètrent, chargées de parfums, les molles brises parthénopéennes.

CHAPITRE XI

NAPLES ET SES CÔTES

I. — LA VILLE

Avez-vous assisté, du grand Môle, à la splendide féerie d'un lever de soleil sur les rivages napolitains? Derrière le Vésuve apparaît d'abord une mince vapeur rosée qui va peu à peu grandissant. Quelques stries purpurines irradient lentement vers la mer, dont les brumes diaphanes entrent tout à coup en mouvement. Puis les côtes de Sorrente se colorent, la plage de Portici et de Resina dessine ses premiers linéaments; peu à peu la merveilleuse buée embrasse le revers entier du volcan, tandis que de l'autre côté des flots de lumière inondent déjà le Château de l'Œuf et tout le quai de Sainte-Lucie.

C'est alors que mille souffles tièdes et parfumés s'élèvent des vagues murmurantes de l'immense baie. *Voir Naples et mourir*, a-t-on dit. Ah! que l'on comprend bien l'âcre expression de volupté contenue dans ces quatre mots!

Tout à l'heure, avant l'aube, c'était l'harmonie dans le silence; maintenant c'est une autre harmonie faite de toutes sortes de bruits joyeux et de susurrus innommés. Le réveil de Naples n'est pas un de ces réveils lents et pénibles, où les membres s'étirent en hésitant, où la paupière frémissante semble repousser les caresses du jour; non, c'est un retour de plein saut dans le mouvement et la vie. Le premier rayon de soleil qui frôle les vitres des maisons dissipe soudain l'engourdissement des corps et des âmes. La nature est si belle ici, et, en dépit d'effroyables misères, telles qu'il y en a dans toutes les grandes villes, le travail paraît si facile! Aussi, voyez comme de toutes parts ce peuple avide de grand air et de lumière se reprend à la tâche quotidienne. Les pêcheurs détachent de la rive leurs embarcations et les lancent d'un coup d'aviron sur le dos frissonnant de la mer. Les cris, les chants, les appels se croisent et se succèdent d'un quai à l'autre. En un instant toute une flottille désordonnée glisse entre les trois-mâts et les gros steamers aux vergues suintantes de rosée. Une fourmilière humaine emplit de ses trémoussements les longues rues pavées de pierres volcaniques; tout ce monde se pousse et se bouscule avec un entrain et une gaieté inconnus sous le ciel du Nord. La Strada di Porto ouvre ses *botteghe*, qui apparaissent une minute après combles de légumes, de fruits et de victuailles de tout genre. Les *fritturajoli*, qui ont saint Joseph pour patron, allument leurs brasiers crépitants, et des montagnes de macaroni grésillent soudain dans les chaudières d'eau bouillante.

C'est le moment de faire l'ascension du Château Saint-Elme; prenons, s'il vous plaît, par le vieux Naples et la place du Marché.

Laissant à gauche la rue de Tolède, nous nous engageons dans un labyrinthe indescriptible de ruelles étroites, bordées de hautes maisons sans caractère architectural, mais presque toutes avec des balcons. Dieu sait quelle presse il nous faut fendre chemin faisant. Toutes sortes de reliefs de légumes, sans compter d'autres immondices d'une nature moins champêtre, accidentent les bas-côtés de la rue. De place en place, entre les taudis qui s'alignent à droite et à gauche, se dresse une habitation plus monumentale, avec un porche massif, au travers duquel se dessinent de grands escaliers et des terrasses à colonnades. C'est quelque ancien hôtel d'hidalgo, du temps de la domination espagnole.

Voici la place du Marché. Quel bruit et quel va-et-vient! Pour un touriste arrivé de Rome et des Abruzzes, c'est une chose vraiment singulière que cette intensité de mouvement qu'offrent les rues de Naples. Quant on se rappelle les quartiers si déserts de la Ville Éternelle, on a peine à croire qu'on vient de quitter la capitale officielle d'un grand royaume. La vraie capitale de l'Italie, la cité vivante et populeuse par excellence, c'est Naples, bien plutôt que Rome. Il faut remonter au nord jusqu'à Gênes pour trouver une agglomération travailleuse qui approche de celle-ci.

Tout ce que la campagne environnante, pâturages, vignobles, jardins et champs cultivés, produit de denrées alimentaires, afflue

NAPLES.

ici sur les véhicules les plus fantastiques, et, à la vue de cette foule bouillonnante, gesticulante et vociférante, qui roule ses vagues vers la piazza et la rue du Port, l'étranger se demande d'abord s'il n'est pas tombé au milieu d'une émeute. Quel étrange crescendo de clameurs et de lazzis! Violence, ironie, fureur, dédain, tous les emportements, tous les sarcasmes, toutes les explosions dont l'être humain est capable, éclatent et se mêlent dans la mimique la plus passionnée. Les yeux lancent des éclairs, les bouches se tordent, les poings se crispent, les veines se gonflent, les bustes se rejettent superbement en arrière : tout cela, pour dire les choses du monde les plus simples.

Enfin, après avoir suivi une enfilade de ruelles grimpantes et d'escaliers superposés, nous arrivons au sommet de la colline. C'est de cet observatoire qu'il faut contempler Naples et son golfe. A nos pieds s'étale toute la ville, immense fourmilière dont les blancs faubourgs se prolongent jusqu'aux pentes du Vésuve; à gauche, la colline de Capodimonte et l'ex-villa des rois de Naples; en face, la majestueuse courbe de la baie, les ombrages de Portici, les laves refroidies d'Herculanum, les deux mamelons du Vésuve; plus loin, en suivant le demi-cercle décrit par le littoral, Castellamare et ses délicieux coteaux, Sorrente et son promontoire, puis le détroit de la Campanella, et la rêveuse Capri. Retournons-nous : voici le Pausilippe, le cap Misène, les îles d'Ischia et de Procida. Sur tout cela, le ciel azuré; entre tout cela, la mer scintillante. Quel spectacle! quel éblouissement!

Naples se divise en trois villes, dont chacune a sa physionomie propre : il y a la ville de luxe, comprise entre la place du Plébiscite (autrefois *largo del Palazzo*) et l'extrémité de Chiaja, le splendide quartier des étrangers; la ville bourgeoise, qui se compose de la rue de Tolède et des artères situées à sa gauche; puis le vieux Naples, la cité du peuple, qui s'étend de la rue de Tolède au quai du port.

Chiaja, promenade favorite des Napolitains, est un superbe quai planté d'arbres sur l'échancrure la plus occidentale de la baie. Là se trouve l'ancienne Villa Reale, aujourd'hui *Nazionale*, qui longe la mer dans la direction de la mince presqu'île où est le château de

NAPLES, PORTE DE CAPOUE

l'Œuf. A l'est de ce dernier, le rivage décrit une nouvelle courbe plus profonde et plus vaste, où se trouvent les trois ports de Naples : le port militaire, formé d'un bassin compris entre une jetée et le Môle, le port marchand, entre le Môle et le petit Môle; — enfin le Petit Port (*Porto Piccolo*), qui n'est qu'un bassin sans importance, situé en arrière du Petit Môle, et qu'on regarde comme un vestige de la cité antique de Palæopolis. Il va s'en dire que ces trois ports, de médiocre étendue, ne répondent pas aux nécessités commerciales de Naples; aussi a-t-on entrepris la construction d'une longue jetée destinée à pourvoir la ville d'un nouveau havre plus en rapport avec l'importance de son trafic maritime.

Le Môle a bien changé depuis quelques années. Cette vieille jetée, dont l'établissement remonte à Charles II d'Anjou (1302), a dû faire, elle aussi, un bout de toilette. Adieu le barbier populaire, qui y a été la joie de tant de touristes, et dont les terribles rasoirs, aux noms expressifs, l'*Écorcheur*, *Regarde-les-étoiles*, *Serre-les-dents*, *Tire-les-pieds,* se relayaient, implacables et grinçants, sur la peau sanguinolente du patient. Adieu aussi le *chante-histoires* (*canta storie*), ce rhapsode inspiré du tréteau, qui narrait à la foule de si belles épopées, et mariait à sa guise le profane au sacré, disant comment, la *vierge Judith* ayant coupé la tête au *sultan*, le grand Renaud accourait à son secours, et massacrait de sa propre main toute une armée de nègres.

NAPLES, CONTADINE VENANT AU MARCHÉ.

Polichinelle, lui, n'a pas disparu. Il ne disparaîtra que le jour où Naples elle-même s'abîmera dans les flots de son golfe ou sous les laves de son volcan. L'immortel mime au pantalon blanc, au bonnet gris pyramidal, au demi-masque noir avec nez crochu (car ce n'est qu'en émigrant sous le ciel du Nord qu'il s'est affublé de sa double bosse et de ses oripeaux de couleur criarde), continue de faire, à San Carlino, dans ce dialecte méridional qui estropie si drôlement les mots, les délices du peuple napolitain.

En revanche, le lazarone proprement dit a cessé d'exister.

Quelques personnes se rappellent bien avoir connu dans leur enfance cette race de parias insouciants qui erraient nus comme des animaux par les rues et les quais, couchaient gaiement à la belle étoile, et ne faisaient, du matin au soir ou du soir au matin, œuvre de leurs dix doigts; mais ces gens-là sont des vieillards nés au plus tard avec le siècle. Il y a une trentaine d'années, ces légendaires fainéants, dont Lazare le Pauvre était le patron, — de là leur nom de *lazzari, lazzaroni*, — ne ressemblaient déjà plus qu'imparfaitement au type d'autrefois. D'abord ils portaient une chemise et un caleçon, tandis que les autres n'étaient vêtus absolument que du hâle lustré que le soleil du Midi avait déposé en couches concentriques sur leur épiderme. Puis, au lieu de se contenter de vivre d'air et d'azur, ou de boire un peu de rosée comme la cigale, cette lazzarone des guérets, ils gagnaient, l'un dans l'autre, leurs quatre ou cinq sous par jour. Avec cela, sur les quais de Naples, tout mortel est presque sûr de manger.

Aujourd'hui, c'est bien différent. On continue, par habitude, de donner le nom de lazarone à tout porteur de guenilles et de bonnet rouge. Le vieux, le pur lazare du temps jadis serait justement indigné de cette sacrilège assimilation. Ni le bonnet rouge, ni les pendeloques d'amulettes, ni la médaille vénérée de saint Janvier ne suffisent à faire le lazarone, pas plus que le froc ne fait le moine. Il y faut des conditions d'existence qui deviennent de jour en jour, et surtout depuis 1860, plus rares et plus impossibles. Y pensez-vous bien ? Un lazarone, ce *facchino* qui tend si patiemment la main au pourboire, et à qui, pour dix sous, vous feriez oublier peut-être les traditionnelles douceurs de la sieste? Un lazarone, ce *vastaso* de la douane, qui vous porte allègrement votre bagage de la Porta Nolana à l'extrémité de Chiaja? Des lazaroni, ces vendeurs ambulants, ces débitants de fruits, de légumes, de macaroni, qui peinent, douze heures durant, sous les feux d'un soleil implacable, et qui trouvent encore du temps et de l'énergie de reste pour faire, à l'occasion, un peu de contrebande? Non pas. Tous ces hommes sont gens de métier et domiciliés; la plupart se marient, deviennent chefs de famille. Leurs enfants ne reviennent guère à l'état primitif; au contraire, ils montent encore d'un échelon dans la société : ils se font garçons d'écurie, aides-cuisiniers, hommes de course; quelques-uns même, — c'est l'étape suprême, — deviennent cochers, conducteurs de carrozelles, chaudronniers, menus détaillants; dans ce cas, le petit-fils apprend à lire et à écrire; il achève de rabattre son pantalon sur ses souliers, car il a des souliers : autant de familles échappées pour toujours au lazaronat.

En somme, la première image qu'offre Naples aux yeux de l'étranger est celle d'une population laborieuse, active, agile, sans cesse affairée et sans cesse remuante. Dans ce soi-disant pays du *far niente*, tout le monde travaille; ceux qui ne font rien tant que tourne l'horloge, ce sont, comme partout, les gens qui ont les moyens de ne rien faire. A part ceux-là, tous les prétendus oisifs, sans en excepter ces pauvres diables qu'on voit, en passant, humer le soleil sur le quai Sainte-Lucie, suent, à de certaines heures, comme des nègres à la corvée.

Où est le mal, après tout ? Cette plèbe napolitaine est-elle donc moins intéressante et moins pittoresque, parce qu'elle gagne un peu mieux sa vie ? Je sais bien que tous les torses bronzés que l'on croise entre le Môle et la Marinella n'appartiennent pas à des débardeurs, à des artisans, à des facchini dûment étiquetés. Il y a ici comme ailleurs une classe d'irréguliers, une gent protéiforme qui vit un peu à la diable et change de métier dix fois par jour. Ce marchand de bouts de cigares qui remue ce soir les tas d'ordures, avec sa lanterne au bout d'une corde, vendait ce matin de l'eau-de-vie au coin de la rue du Port; à midi, il cirait les bottes des gentlemen attablés au café de l'Europe. Demain peut-être, à la pointe du jour, vous le retrouverez débitant des olives sur le *mercato*. Entre temps, si Dieu le permet, — et Dieu le permet quelquefois, — il vous aura détroussé proprement, hors de la porte de Capoue, ou sur la route de Castellamare entre deux bourrelets de lave refroidie. Mais l'exception même confirme la règle, et nous sommes déjà loin de l'époque où l'on ne pouvait guère se risquer à la nuit tombante dans les rues de Monte Calvario et dans le Cavone.

NAPLES : ACQUAIOLO SÉDENTAIRE.

Le plus avenant des menus métiers napolitains est celui d'*acquaiolo*. Il y a les *acquaioli* ambulants qui portent leur tonnelet à l'épaule, et les *acquaioli* sédentaires, installés dans de petits habitacles ornés de lanternes, de festons, d'astragales, peinturlurés d'aquarelles bizarres, où se vendent, un sou le litre, l'eau claire, l'eau neigée, l'eau ferrée, l'eau de pastèques, l'orangeade, et le *sambuc* (jus de sureau). Presque à chaque coin de rue se dresse une de ces échoppes rafraîchissantes, sans cesse assiégées par une foule qui, de tous temps, a aimé apaiser sa soif sans courir le risque de s'enivrer. Le débitant d'alcool ne trouve guère d'amateurs que parmi les nomades ou les déclassés des quartiers tout à fait infimes. C'est lui qui, dès l'aube, réveille ces familles de gueux, en criant : *centerbe! centerbe!* Et, disons-le tout de suite, chaque heure du jour, pour ceux qui n'ont pas d'horloge, se révèle par un cri spécial de la rue, par le passage d'une denrée particulière. Un peu après le marchand d'eau-de-vie, c'est le vendeur de marrons bouillis. Plus tard, c'est le défilé des fromages blancs et du lait caillé, celui des chèvres et des vaches; puis, à huit heures, surviennent les marchands de viandes et de légumes; à dix, on crie le beurre de Sorrente; à onze, les recuites (*ricotte*) de Castellamare; puis les radis, les raiponces, les châtaignes grillées, les olives, jusqu'à ce qu'enfin, à onze heures du soir, apparaisse le marchand de lapins, dont la voix caverneuse annonce qu'il est temps de se mettre au lit. Le poisson seul n'a pas de moment fixe, à cause des caprices de la mer.

Les mariniers (*marinari*), habitants de la Marinella ou de Sainte-Lucie, entre le pont de la Madeleine et le château de l'Œuf, constituent une caste à part, qui a ses lois, ses usages et ses privilèges. La peinture a partout popularisé ce type du pêcheur napolitain, coiffé d'un bonnet de laine rouge, vêtu d'une chemise et d'une courte culotte que retient une ceinture de cuir. Quel infatigable travailleur de la mer! Le plus aisé a sa barque ou un filet; le plus pauvre, à défaut de barque ou de filet, a tout au moins une corde munie d'un croc qu'il se passe en bandoulière. Tous ont leur bon couteau dans la poche et une image de la Vierge au cou. Ils travaillent par bandes, en fraternité, dans les poses les plus esthétiques. Les flots sont leur patrie, et, tant que la pêche fournit son tribut, ils sont heureux. Et quelle intrépidité ! sur un simple canot, une coquille de noix, ils s'aventurent jusque vers les côtes d'Afrique, à la pêche du corail; parfois il restent un an, deux ans partis. Ceux qui reviennent de ces lointaines odyssées sont souvent riches pour la vie; mais il en est aussi dont les femmes et les enfants attendent en vain le retour. Chez nous, à Granville, par exemple, et à Saint-Malo, les choses ne se passent guère autrement.

C'est sur le rivage empourpré de Sainte-Lucie qu'il faut aller voir rentrer, le soir, les barques de petite pêche qui toute la journée ont sillonné le golfe d'azur. La mer est tranquille; le quai, pareil à une osteria en plein vent, est comble de peuple et de bourgeois qui boivent et mangent en regardant bleuir insensiblement les reflets rouges du soleil couchant, à la bouche fumante du Vésuve. Sur chaque bateau, l'équipage apparaît groupé dans les attitudes les plus pittoresques. L'artiste, enthousiasmé, saisit son crayon, pour croquer l'expressif tableau, tandis qu'au loin, sur les vagues murmurantes, résonne le chant napolitain :

> O dolce Napoli,
> O suol beato!
> Dove sorridere
> Volle il creato.
> Tu sei l'impero
> Dell' Armonia.
> Santa Lucia! Santa Lucia

Et puis là-bas, dans les cours, dans les vestibules, au bord de la mer, le tambourin et le sistre résonnent, les castagnettes claquent en cadence : les couples dansent, et une voix entonne la chanson de la Tarentelle :

> E la luna mmiezzu mare,
> — Mamma mia, maritamo tu.
> — Figlia mia, chi t'aggio a da ?
> — Mamma mia, pensaci tu.
> — Se te do nu scarpariello,
> U scarpariello non fa pe te :
> Sempe va et tempo vene,
> Sempo a suglia mmano tene
> Si lle vota la fantasia
> A suglia nfaccia a figlia mia.
> — E la luna mmiezzu mare, etc.

« La lune apparaît au milieu des flots. — Marie-moi, ma mère. — Ma fille, à qui veux-tu que je te donne ? — Ma mère, c'est ton affaire, à toi seule. — Si je te donnais à un beau petit cordonnier... Mais non, petit cordonnier n'est pas fait pour toi. Petit cordonnier est toujours en mouvement; sans cesse l'alêne lui frétille aux mains. Voici que la tête tourne à mon petit drôle, et il donne de son alêne dans le visage de ma fillette !... — La lune apparaît au milieu des flots.... »

La rue de Tolède, qui forme la principale artère bourgeoise de Naples, n'offre pas à beaucoup près le même intérêt que tous ces quartiers plébéiens. Elle se compose d'une double rangée de constructions monumentales qui lui donnent à peu près l'aspect d'un des modernes boulevards de Paris. Les maisons y ont néanmoins quelque chose d'ample et d'aéré qui manque trop à nos nouvelles rues. Les étages sont moins pressés les uns sur les autres, les fenêtres, presque toutes à larges balcons, ont la baie plus vaste. Tout le jour, la foule afflue dans cette artère, à la fois lieu d'affaires et de promenade. Que dis-je ? au point de vue de la circulation, c'est tout ensemble ville et campagne. Toutes les espèces de marchands forains, toutes les variétés de mendiants y coudoient les beaux messieurs et les élégantes; le chariot le plus infect y marche de front avec la calèche fastueuse de l'oisif; les porcs eux-mêmes y ont droit de cité, s'y ébattent à l'aise sur la chaussée, sur les trottoirs même. Quant aux ânes, aux chèvres, aux moutons et aux vaches, il y a des heures de la journée où ils y sont presque souverains maîtres, et il n'est pas rare non plus que des troupes de poules et d'autres volatiles s'y aventurent en reconnaissance des basses-cours mal fermées des ruelles adjacentes.

C'est un peu plus loin qu'on a percé le nouveau cours Victor-Emmanuel, qui se développe à mi-côte des pittoresques collines auxquelles la ville est adossée. La cathédrale, San Gennaro (Saint-Janvier) se trouve aussi dans ce haut quartier. Ce n'est pas une œuvre d'art dans la pleine acception du mot; Naples, disons-le, pour achever cette peinture sommaire de la ville, n'a point de monuments publics dont l'architecture réponde à son étendue et à sa richesse. Sûre d'attirer et de charmer toujours par son ciel et sa situation, elle ne s'est point mise en frais d'édifices. Les principales églises datent, pour la plupart, du temps de la domination des princes d'Anjou. Le fameux théâtre San Carlo lui-même n'est remarquable que par ses dispositions spacieuses, le nombre de ses loges, la largeur de ses corridors et le promenoir si commode ménagé autour du parterre.

II. — LE VÉSUVE ET POMPÉI

Naguère encore, c'était de Portici, petite ville de dix mille habitants, qui n'est autre chose qu'une banlieue de Naples, qu'on faisait d'ordinaire, et au prix de quelles peines ! l'ascension du Vésuve ; aujourd'hui, on y monte allègrement en chemin de fer, ainsi qu'au Rigi lucernois, et ses flancs portent un observatoire. Le célèbre volcan, situé à quinze kilomètres à l'est de Naples, a sensiblement changé de figure depuis dix-huit siècles. Autrefois il se composait d'un cône unique ; actuellement il présente deux têtes : le sommet le plus rapproché de Naples est le *Vésuve* proprement dit ; au nord de celui-ci se trouve le *Monte Somma*, qui n'est qu'un reste du cône ancien, dont le dôme a été projeté dans l'espace lors de l'éruption de 79. Entre ces deux parties de la montagne est creusé un vallon semi-circulaire de 500 mètres de largeur qui, de Naples, fait l'effet d'une noire et profonde gerçure, et qu'on nomme l'*Atrio del Cavallo*. Une plate-forme légèrement inclinée le *Piano*, prolonge cette vallée et complète le cercle qui entoure le Vésuve.

A sa cime se trouve une sorte d'ourlet, de 1800 mètres de circonférence environ sur 1 mètre ou $1^m,50$ de largeur, par lequel on peut faire le tour du cratère. Naturellement, le premier mouvement est de plonger un regard dans l'abîme. En temps ordinaire, c'est-à-dire quand l'immense gueule est au repos, on n'y distingue pas autre chose qu'une sorte de buée d'un blanc sale qui intercepte entièrement la vue intérieure. Parfois, quand la violence du vent déblaye l'entrée de l'orifice, on aperçoit des fragments de la paroi verticale : le rocher dont elle est formée apparaît alors dans un état complet de calcination. Quant au fond du gouffre, où quelques hardis explorateurs, à commencer par Chateaubriand, se sont aventurés au moyen de cordes, il est plus rugueux d'aspect, plus accidenté que les rebords supérieurs; le feu et les vapeurs sulfureuses l'ont sillonné d'une foule d'accidents et d'irrégularités. Par les crevasses de couleur violette, d'où s'échappe une fumée suffocante, on peut voir que la matière volcanique est toujours incandescente dans les entrailles du monstre.

C'est qu'en effet depuis l'année 79, où eut lieu l'épouvantable catastrophe qui fit périr Pline le Naturaliste et engloutit les trois villes de Stabiæ, Herculanum et Pompéi, le Vésuve a fréquemment vomi des laves et des cendres. En 472, disent les historiens, les poussières d'éruption ont été transportées par le vent jusqu'à Constantinople, à la distance de près de trois cents lieues. En 512 et 685, nouvelles crises; puis survient un repos de plus de trois siècles, qui aboutit à l'*incendie* de 993, pour parler comme les Italiens. Les embrasements les plus curieux sont ensuite ceux de 1538, 1631, 1737, 1858, et l'éruption toute récente de 1861.

Au mois de mai 1737, l'embrasement fut tel, qu'on voyait la flamme en plein jour; des éclairs, des *ferrilli*, sillonnaient en tous sens la fumée et les nuages; le gouffre projetait à une grande hauteur des pierres énormes. Ce n'étaient pourtant là que les préliminaires de l'explosion proprement dite, laquelle eut lieu quelques jours après.

En 1858, l'inondation de lave s'avança au pied du Vésuve, entre Massa et San Sebastiano, sous la forme d'un immense mur mobile d'un mille de large et de vingt pieds de haut. « Il venait lentement, fatalement, écrit un témoin oculaire, obstruant les terrains, brûlant les arbres, enlaçant d'abord les maisons qu'il trouvait sur son passage, pour les envelopper ensuite et les recouvrir. On pouvait marcher à reculons devant lui, et l'on voyait comme des vagues de pierres roulant du haut de cette muraille qui s'avançait toujours, avec une irrésistible puissance et une implacable obstination. »

Il est rare que les éruptions éclatent tout à coup; elles s'annoncent généralement par des signes précurseurs qui permettent aux habitants d'aviser à leur salut : les sources et les puits tarissent; le sol est pris de convulsions; des bruits souterrains se font entendre; les animaux, surtout ceux qui vivent en terrier, se mettent à errer avec effarement; la colonne de fumée qui sort du

OBSERVATOIRE DU VÉSUVE.

cratère s'élève et s'élargit considérablement à son extrémité supérieure; des pluies de cendres et de pierres ponces fragmentées précèdent le grand courant de lave.

C'est ainsi que les choses se passèrent notamment au mois de décembre 1861, lors de la fameuse avalanche volcanique qui fondit sur Torre del Greco, Resina, Portici et toutes les bourgades environnantes. Du 5 au 8, une douzaine de secousses ébranlèrent le sol; puis le flanc du mont s'ouvrit avec fracas au-dessous du Piano, du côté de Torre del Greco; de la déchirure s'échappa un nuage de fumée et de cendres, qui, sous le souffle du vent, se replia vers l'île de Capri, puis retomba en boue d'un noir roussâtre jusque dans les rues de Naples. Sur la crevasse, longue d'un quart de lieue environ, s'était formée toute une rangée de cônes éruptifs ou de sous-cratères qui vomissaient d'énormes quantités de scories et de bombes volcaniques. Les habitants de la malheureuse Torre del Greco, déjà si éprouvés en 1731 et en 1794, s'étaient mis à fuir en désordre. Le flux de lave s'avançait en effet vers leur ville, qu'on avait eu tout le temps de rebâtir à neuf, pendant la trêve de soixante-sept ans que le volcan avait accordée aux *Torresi*. Ce ne fut pourtant pas ce torrent igné qui la détruisit. Ce fut l'effroyable soulèvement du sol qui l'accompagna : les coulées laviques dans lesquelles étaient les fondations des édifices se disjoignirent en ouvrant partout des crevasses et en écartelant les maisons. Pas un mur ne demeura intact; tout fut ruiné. Il y a de cela vingt-quatre ans ; pour une cité vésuvienne, c'est un siècle : depuis lors une nouvelle Torre del Greco, la huitième, je crois, en cent cinquante ans, s'est élevée au pied du terrible mont, qui n'a pourtant point cessé, dans ce laps de temps, de donner des signes non équivoques d'embrasement et de convulsion.

Que dis-je? l'insouciance de l'homme est telle, qu'au pied même du mont de feu, à Torre dell' Annunziata, il y a une fabrique de poudre.

C'est qu'après tout la partie la plus fertile de la campagne napolitaine est précisément celle qui s'étend au pied du Vésuve, sur des laves demi-effritées, sur des détritus volcaniques qui datent à peine de quelques années. Là, comme en Lombardie et en Toscane, la petite culture est maîtresse. Le sol y est excellent pour certains arbres fruitiers et pour la vigne. L'essentiel est qu'il soit bien arrosé.

PLACE DE TORRE DEL GRECO PENDANT L'ÉRUPTION DE 1861.

Aussi ne sont-ce point les citernes et les puits qui font défaut. Les Vésuviens ont foré dans la lave de nombreuses *norias*, ou machines à élever l'eau, qui sont mues par des bœufs ou par des mulets. Les ormes, les peupliers, les pins-parasols, les cyprès, les orangers et les limoniers, toute la végétation du Sud y forme des rideaux entremêlés de haies fleuries et de magnifiques bosquets où le pampre s'entrelace et court à son aise.

Les vignerons et les maraîchers auxquels appartiennent ces exploitations constituent d'ailleurs une race modeste autant qu'industrieuse. Une petite hutte grossière suffit à toute une famille; la même chambre sert à la fois de cuisine, de dortoir, de cellier et de magasin. A côté des enfants qui grouillent, reposent étagés sur de grands madriers les immenses tonneaux du précieux vin issu des coulées laviques. Toute la vie du Vésuvien, toute sa joie est dans son enclos. Là, il regarde se gonfler heure par heure le fruit savoureux. Les jours se suivent, lumineux et sereins; les nuits projettent des étincellements qui tiennent presque de la magie : tout le paysage respire la paix et le bonheur... à moins que — ce qui n'arrive que trop fréquemment depuis une douzaine d'années — un grondement sinistre ne se répercute par les sombres gorges de la Somma. Alors le vigneron reporte un regard inquiet vers son terrible voisin; il ausculte sa physionomie, il épie les imperceptibles frémissements de son flanc noirâtre. Qu'est-ce? L'immense chaudière va-t-elle recommencer de faire des siennes? Mais non; tout redevient tranquille; ce n'est sans doute qu'une fausse alerte.

Allons, enfants, continuez de jouer sous les berceaux de roses. Tziganes à la peau lustrée, qui, dans votre course vagabonde à travers le monde, avez fait halte un instant entre le mont et la mer, n'interrompez pas les sonores frappements de vos marteaux. Il sera temps d'éteindre le feu de vos fourneaux portatifs lorsque la grande forge souterraine entrera en branle pour de bon.

Tout à coup, vers minuit, un vent d'orage tourbillonne autour des riantes collines; les sarments se tordent en frissonnant; le sein de la mer se tuméfie; d'étranges résonnances parcourent les bocages; les portes et les fenêtres des cabanes s'agitent et claquent, comme au premier souffle d'un ouragan venu du large. Et pourtant, ce n'est point la tempête. Le ciel demeure étoilé. C'est d'en bas, c'est des profondeurs du sol que monte la menace. Vite, au sauvetage! Le paysan et les siens se précipitent hors de la hutte; on crie, on s'appelle, on emporte les enfants. Hélas! on ne peut emporter ni les ustensiles qui servent au travail, ni ces foudres de nectar que le travail a produits. Déjà la lave descend et s'apprête à tout envahir; la voici dans l'enclos voisin; elle se presse à l'assaut du mur mitoyen.

Tout alentour les cloches des hameaux résonnent à volée; les chemins se couvrent de caravanes éplorées. Attention, là-bas, gens de Resina et de Portici!

Quelle nuit! Et comme l'aurore « aux doigts de rose » est lente à paraître! Enfin la strie lumineuse émerge au-dessus des monts. Les soulèvements du golfe s'apaisent; les oléandres brillent au soleil comme auparavant; les orangers exhalent toujours leur parfum. Alors l'arrière-garde des fuyards s'arrête un moment; il se produit quelque hésitation dans la déroute. Peut-être la catastrophe n'est-elle pas aussi complète qu'on l'avait craint à la première heure. Mais là-haut la pluie de cendres et de scories reprend de plus belle; les trépidations du sol recommencent. Décidément, dans la fuite seule est le salut : il faut aller jusqu'à Naples, quitte à revenir aligner de nouveaux plants et forer de nouvelles *norias*, quand l'*incendie* vésuvien aura jeté ses dernières bouffées.

C'est ainsi que jadis, après le tremblement de terre de l'an 63 avant notre ère, qui avait à moitié détruit leur ville, les Pompéiens étaient revenus et s'étaient mis à rebâtir, sur un plan nouveau, une cité plus belle et plus fastueuse que l'ancienne. En ce temps-là, la partie antérieure du superbe promontoire qui sépare la baie de Naples de celle de Salerne était devenue définitivement la retraite de prédilection des épicuriens de Rome. C'était aussi un des principaux lieux de villégiature des oisifs et des élégants. A mesure que l'orgie impériale en prenait dans Rome plus à l'aise, les délicats ou les timides cherchaient un abri de plus en plus loin de la capitale. Le sévère Latium et la Sabine n'offraient plus assez d'oasis; et puis, on était là trop près de la ville. A droite et à gauche de Naples, au contraire, près de Pouzzoles et près de Sorrente, on trouvait le recueillement et la vraie solitude provinciale.

A droite, Pompéi, Herculanum, Stabies, les trois cités campaniennes qu'un malheur commun a faites sœurs dans l'histoire, étaient, non pas seulement de doux nids arrangés tout exprès pour le *far niente* et l'oubli, mais encore de merveilleux cabinets d'étude pour les lettrés et les artistes. Majesté sereine d'aspects et charme ineffable de végétation, tout s'y trouvait réuni. Aussi conçoit-on

FOUILLES A POMPÉI.

sans peine la rapidité avec laquelle la vie et le plaisir s'étaient ranimés à Pompéi, au lendemain de la catastrophe de l'an 63. Déjà les temples et les théâtres étaient relevés, les belles colonnes du Forum s'alignaient sous les portiques, les maisons restaurées dans un style nouveau avaient retrouvé leurs décorations intérieures, le peuple se pressait, plus joyeux que jamais, à l'amphithéâtre, tandis qu'au

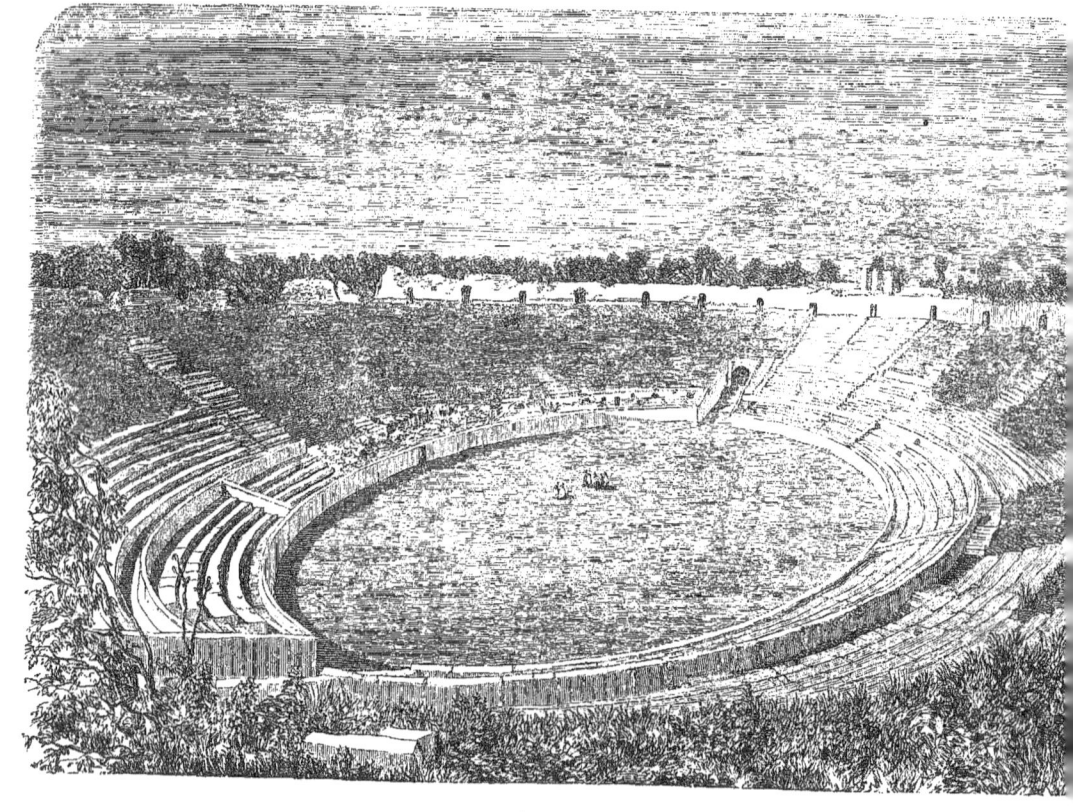

AMPHITHÉATRE DE POMPÉI.

loin, dans le fond du golfe, qu'on n'apercevait qu'au travers d'une étroite échancrure, le grand rocher de Capri se voilait, comme devant, d'un azur transparent où perçaient les rayons tour à tour jaunes et empourprés du soleil...

Tout à coup, pendant une fête, le 23 novembre 79, éclata en plein jour l'épouvantable éruption sous laquelle disparut cette fois définitivement le joyeux municipe romain...

Aujourd'hui, après dix-huit siècles, le tiers environ de la ville se trouve déblayé; les deux autres tiers, enterrés sous un coteau couvert de vignes, de vergers, de jardins, et même d'un bois touffu, reparaîtront peu à peu à la lumière du soleil : c'est affaire de temps et de patience. Il faut d'abord écarter la végétation, déterminer au mieux le tracé des rues, de manière que le coup de bêche n'amène point d'éboulement fâcheux, et assurer l'enlèvement immédiat des décombres.

Quelle impression éprouve le touriste au milieu de ces ruines! Là-bas étincellent les fenêtres de Castellamare; le promontoire de Sorrente allonge au milieu des flots ses bouquets d'arbres parfumés; au delà apparaît, nageant dans l'azur, la rocheuse Capri. Cela, c'est la vie; tournez-vous, voici la mort, ou plutôt la vie moulée toute frémissante dans la mort. Les tombeaux sont à peu près intacts; leur aspect n'a rien de lugubre. Quelle différence entre nos cimetières modernes, sinistres enclos rejetés hors de la cité, et ces sépultures romaines que les vivants conservaient pieusement au milieu d'eux, et qu'ils pouvaient à toute heure du jour saluer au passage!

Pompéi n'était qu'une ville de troisième ordre; mais, en ce temps-là, chaque municipe, petit ou grand, était un État fermé, une patrie complète, ayant ses Dieux *indigètes*, ses institutions, ses lois, ses ancêtres. Entre ces murs osques, qu'on peut parcourir en trois quarts d'heure, vivait une population qui, autant et plus peut-être que le peuple souverain de l'immense Rome, sentait son être à part et rapportait tout à l'enceinte qui délimitait son action et ses destinées.

Pompéi possédait trois forums : le principal, celui qui servait aux réunions politiques et où se rendait la justice, était encadré de portiques dont les colonnes, d'ordres dorique et ionique, sont aujourd'hui à terre; des soixante-deux statues qui décoraient la place, il ne subsiste plus que les socles. Tout autour s'élevaient, suivant l'usage, les divers édifices publics de la cité : la curie et l'*ærarium* (trésor public), le temple de Jupiter, la prison, le grenier public, le temple de Vénus, la patronne de Pompéi, l'école, le panthéon, etc.

Le second forum, situé au point le plus élevé de la ville, contenait l'acropole. C'est de là qu'on jouissait et qu'on jouit encore de la plus belle vue sur l'horizon lointain des montagnes et de la mer. Au sud-est du *forum Triangulaire*, comme on appelle cette *area* qui servait de place au Grand-Théâtre, s'élevait le temple de Neptune; à droite s'ouvrait le *quartier des Soldats,* ainsi nommé par les archéologues à cause de la caserne qu'on y a retrouvée.

Les rues sont petites; la plus large mesure sept mètres, y compris les trottoirs. Elles sont, comme la voie Appienne, pavées au moyen de gros blocs de lave, et bordées de montoirs et de bornes. Les fontaines n'y manquaient pas; mais de l'aqueduc qui les alimentait, il ne reste plus aucun vestige. De place en place se lisent encore sur les murs des inscriptions qui interdisaient, « sous peine de s'attirer la colère des douze Dieux, de Diane et de Jupiter », de déposer aucune ordure le long de la voie publique.

Les boutiques s'ouvraient sur la rue à peu près comme les nôtres: au dedans l'on a retrouvé les comptoirs et les gradins de pierre qui servaient d'étagères pour ranger les marchandises; au dehors, des enseignes parlantes appropriées aux divers genres de trafic : une chèvre en terre cuite, par exemple, désignait une laiterie; un serpent mangeant une pomme de pin, une pharmacie; un moulin tourné par un âne était l'emblème du meunier; le cabaret était annoncé par deux hommes qui se suivaient en portant chacun l'extrémité d'un bâton au milieu duquel pendait une amphore.

Deux espèces d'établissements qui abondaient dans chaque quartier, c'étaient les *thermopolia* (débits de boissons chaudes) et les *popinæ* (gargotes), où le menu peuple venait manger, à bon compte, les restes des sacrifices achetés aux prêtres par les petits traiteurs. Les boulangeries étaient aussi fort nombreuses. Dans l'une d'elles, découverte rue d'Herculanum, tout l'outillage, four, blé, farine, vases, meules, était si bien à sa place, qu'il n'y avait plus qu'à refaire une flambée pour reprendre la cuisson si tragiquement interrompue il y a dix-huit siècles. Dans une autre, M. Fiorelli, le directeur des fouilles, a rencontré dans un four herméti-

POMPÉI : DÉCOUVERTE DE PAINS CUITS IL Y A 1800 ANS.

quement fermé quatre-vingt-deux pains d'une livre, de forme ronde, déprimés au centre et divisés en huit lobes, tels qu'en pétrissent aujourd'hui encore les boulangers siciliens. On peut les voir au musée de Naples.

GROTTE DU PAUSILIPPE.

III. LA BAIE DE NAPLES ET LE PROMONTOIRE DE SORRENTE.

Le golfe de Naples est fermé à l'ouest par un promontoire au delà duquel s'ouvre une nouvelle baie, celle de Pouzzoles. Encore une région qui était jadis le rendez-vous d'été du beau monde romain. Marius, Cicéron, Pompée, Lucullus, Pollion habitèrent cette côte poétique; Virgile y écrivit ses *Églogues* et ses *Géorgiques*, parmi les myrtes, les palmiers, les cactus et les orangers; il voulut même y être enterré. On y montre encore son tombeau; mais rien ne prouve qu'il soit authentique. Ici vous êtes à l'entrée de la grotte du Pausilippe, le plus ancien de tous les tunnels. Il fut creusé dans le tuf volcanique, sans doute par les primitifs habitants de la Campanie, pour faciliter les communications entre Naples et Pouzzoles. Nuit et jour, des becs de gaz brûlent dans ce souterrain qu'éclairaient jadis les torches des Grecs. Un autre tunnel, à peu près de la même longueur (680 mètres environ) et connu sous le nom de Grotte de Séjan, a été percé au temps d'Auguste dans ce même promontoire du Pausilippe, admirable côte vineuse, où s'entassent encore de splendides maisons de plaisance.

Pouzzoles (*Puteoli*) faisait jadis un trafic important. De nombreux navires affluaient dans sa baie; les trésors de toutes les parties du monde, grains d'Égypte, huile et vin d'Ibérie, cuivre, étain, fer, tapis de Syrie, toiles d'Alexandrie, emplissaient les immenses magasins qui se dressaient sur sa rive. Aujourd'hui la ville n'est plus peuplée que de mendiants.

C'est près de Pouzzoles qu'émergea, lors du tremblement de terre de 1538, l'énorme cône de 130 mètres de hauteur qu'on appelle le Monte Nuovo; le village de Tripergola, qui était une station balnéaire très fréquentée, fut enseveli sous les cendres; en revanche, entre la falaise de l'ancien littoral et la mer se forma une plaine basse nommée la *Starza*, que le flot s'est remis à ronger très sensiblement depuis quelques années.

La même révolution géologique a eu pour résultat de modifier la figure du lac Lucrin, en comblant le *grau* naturel par où il communiquait avec la mer. Aujourd'hui, comme du temps des

CÔTE PRÈS DE BAÏES.

Romains, on conserve dans le Lucrin des huîtres fort appréciées des gourmets. A côté est le fameux Averne, qui, en dépit des sombres légendes recueillies par Virgile, n'a vraiment rien d'effrayant. Des collines couvertes de châtaigniers, d'orangers et de vignes entourent ce pittoresque bassin. Vu sa profondeur actuelle, 50 mètres environ, il a dû cesser depuis longtemps de communiquer avec les enfers; les oiseaux peuvent planer impunément sur ses eaux et se reposer sur ses rives; il est même peuplé de poissons.

Plus près de la côte est le lac de Fusaro, espèce de nappe marécageuse, que l'on considère comme l'Achéron des anciens; c'était jadis le port de la ville de Cumes. Dans les environs, l'on montre au voyageur l'antre de Cerbère, le ruisseau dormant du Cocyte, la rivière du Styx, qui fait prosaïquement tourner un moulin, l'antre de la Sybille, toute la mythologie infernale de Virgile. De Cumes même, l'antique cité chalcidique, il ne reste que quelques vestiges au bord de la mer. Baïes enfin, Baïes la voluptueuse, n'est plus également qu'un pauvre village où, autour d'un castel ruineux, s'amarrent mélancoliquement quelques barques.

Après avoir contemplé du cap Misène l'admirable panorama de l'immense golfe, prenez une barque, et commencez la visite des îles par Procida et Ischia. Procida est toute petite; c'est l'ancienne Prochyte. Elle est habitée exclusivement par des pêcheurs de thon et de corail. Ischia, séparée de Procida par un bras de mer dont la traversée demande un peu plus d'une demi-heure, s'appelait jadis Pythecusa. C'est sous ses montagnes que la Fable plaçait ce géant Thyphon qui, en se retournant, faisait jaillir une colonne d'eau et de feu. Le monstre existe bien en effet : c'est le volcan l'Épomée, qui rivalise presque avec le Vésuve pour la hauteur. Ce volcan, entouré d'une douzaine de cônes latéraux, a eu plusieurs éruptions; la dernière date de l'an 1302; elle a été si violente, que depuis lors nulle végétation n'a repoussé sur la montagne; le géant « à la poitrine velue » dont parlent Homère et Virgile, s'est trouvé du coup épilé. On a remarqué qu'il y avait eu alternance entre les explosions du Vésuve et celles de l'Epomeo; tant que celui-ci s'est agité, le cratère napolitain est resté coi; depuis que l'Épomée est rentré dans le repos, le Vésuve a recommencé de flamber.

Filons maintenant, sous un souffle de mistral, vers l'extrémité de la côte orientale. Voici Castellamare, l'antique Stabies, où périt Pline l'Ancien. Que de verdure et que d'orangers ! Apercevez-vous

UNE COUR A ISCHIA.

la délicieuse route en corniche qui suit les contours de la mer ? Castellamare est une sorte de *Baiæ* moderne, le lieu favori de villégiature des riches Napolitains; toute la côte est bordée de maisons de campagne aux appartements clairs et aérés, où pénètre à toute heure du jour la brise marine. Mais ce rivage n'est pas seulement une station d'oisifs; un peuple actif et industrieux habite tous les étages des collines. Voyez : les chemins fourmillent de chariots et de bêtes de somme; les jardins sont pleins de maraîchers; de tous les côtés, sur la grève ou au large, des pêcheurs étendent ou jettent leurs filets. Peut-être même, pour achever le charme du paysage, y a-t-il là-haut, dans la montagne, quelque vilain compagnon de la bande sinistre qui exploite en ce moment la contrée. Promeneur attardé, pique ton âne campanien, si tu veux regagner à temps l'*albergo*...

De Castellamare à Sorrente serpente toujours le même chemin en corniche. Quel coup d'œil ! les massifs d'oliviers argentés, les noirs fourrés d'orangers et de limoniers, et, perdues dans tout cela, ou suspendues, on ne sait comment, au rocher grisâtre, les blanches bourgades à toits plats : Vico Equense et sa grotte, Meta et ses deux ports, puis les huttes versicolores disséminées sur la rive abrupte, — une succession charmante d'idylles ! — La plus merveilleuse est encore Sorrente, la patrie du Tasse.

Celle-là est tout un poème. De la ville haut perchée sur le roc, une route conduit, à travers des gorges splendides, jusqu'à la grande Marine, où sont les cabanes des pêcheurs. Ici tout est joie, danse et chant. Le marin ne quitte son croc ou son filet que pour prendre le tambourin, et ces réjouissances des fils bronzés de la grève sont le principal point de mire et le grand étonnement des jolies dames et des beaux messieurs qui là-haut, éventail en main ou lorgnon à l'œil, restent appuyés des heures entières sur le parapet de l'hôtel.

Deux heures de trajet en barque, et nous sommes à Capri. Cette île, l'ancienne Caprée, forme avec Ischia les bords extrêmes de la baie de Naples. Elle apparaît de loin comme un énorme bloc de rochers. Le soleil ruisselle à flots sur ses falaises grises et abruptes. Par deux endroits seulement, elle est abordable.

Capri fut d'abord une île grecque. Les marins de la belle Taphos y vinrent, à la recherche d'une patrie nouvelle, des côtes lointaines de Leucadia; ils y apportèrent avec eux les ceps, les divinités et la langue de l'Hellade; puis la petite colonie ne tarda pas à s'unir par

SITE PRÈS DE LA BAIE DE NAPLES.

la communauté de mœurs et d'idiome avec Neapolis, qui lui faisait face de l'autre côté de la baie, et, durant des siècles, ses destinées se confondirent avec celles de la grande cité. Plus tard, l'empereur Auguste, séduit par la délicieuse situation de Capri, acheta l'île des Napolitains et se plut à en faire le refuge de sa vieillesse attristée. Il n'y bâtit ni palais de marbre ni somptueuses villas; il se contenta d'y habiter dans une simple demeure champêtre, parmi les fleurs, la verdure, les sentiers ombreux et retirés. Là, il dormait l'été porte ouverte, sous un péristyle enguirlandé de pampres et de festons odorants, au murmure des fontaines jaillissantes. De la terrasse de ce logis, le regard du maître du monde embrassait un panorama bien fait pour adoucir les ulcérations de son âme aigrie. C'est dans ce paradis qu'il vécut les meilleurs de ses derniers jours; c'est aussi en vue de cette délicieuse région, à Nola, qu'il mourut, en pleine fête, en pleine sérénité de cœur et d'esprit, l'an 14 de notre ère.

Douze ans après abordait aux mêmes rives l'homme sinistre qui devait faire de la poétique Caprée la sombre citadelle de la tyrannie et du crime. Tibère, *Timberio*, comme l'appellent les Capriotes, agrandit pour les besoins de ses effroyables débauches les modestes habitations de son prédécesseur; il éleva fastueusement douze villas dédiées aux douze grands dieux; le nom de cet hôte redoutable en est resté à Capri : on l'appelle encore « l'île de Tibère ».

Quant aux Capriotes d'aujourd'hui, ce sont d'honnêtes et modestes travailleurs, qui partagent leur temps entre la culture du sol, la pêche et la chasse aux cailles. Peu d'entre eux connaissent bien Naples. Les femmes vont pieds nus, et ne brillent pas par la propreté. Au rebours des hommes, qui vivent satisfaits de leur sort, elles ne laissent pas d'avoir un grain d'ambition. Depuis qu'un Anglais riche et désabusé, dit M. Maxime du Camp, s'est marié avec une Capriote qui n'était point laide, toutes les filles de l'île s'imaginent volontiers qu'elles sont en passe de devenir des pairesses d'Angleterre.

L'île de Tibère n'a que deux petites villes, l'une à l'est, Capri, l'autre à l'ouest, Anacapri. C'est à mi-chemin entre ces bourgades que se trouve, au pied d'un rocher à pic, de 400 mètres d'altitude, la merveille de la mer napolitaine, la fameuse Grotte d'Azur (*Grotta*

JEUNE FILLE DES RIVAGES DE SALERNE.

Azurra). L'entrée en est si basse et si étroite, que, pour la franchir, on est obligé de désarmer l'aviron et de se courber au fond de la barque, sans quoi l'on se heurterait aux parois. Encore faut-il que le temps soit calme, sinon l'accès du couloir devient impossible. La féerique caverne forme une sorte de petit port intérieur, qui mesure une cinquantaine de mètres de long sur une trentaine de large. L'eau de cet antre obscur, au lieu d'être noire, comme on le croirait, offre une ravissante couleur bleu de ciel, dont les reflets frissonnent aux murs humides du rocher; tout est d'azur, mer, barque et voûte; on dirait d'un palais de turquoise baigné par un lac de saphir. Qu'un matelot se jette à l'eau, son corps apparaît blanc comme de l'argent mat, avec des ombres veloutées aux plis des muscles; en revanche, ses épaules, son cou, sa tête, tout ce qui demeure hors des flots, est d'un noir cuivré : une statue moitié bronze et albâtre plongée dans une vasque de perles. Sur le côté droit de la grotte est creusé une sorte de débarcadère donnant entrée dans un souterrain qui est situé au-dessus du niveau de la mer et se prolonge, en s'élevant graduellement sur un espace de 80 mètres environ, jusqu'à un cul-de-sac où le thermomètre ne marque pas moins de 43 degrés centigrades au-dessus de zéro. On suppose que cette excavation faisait jadis communiquer les villas de la côte avec la mer. Qui a découvert ou retrouvé la Grotte d'Azur? Les uns disent que ce furent deux Anglais qui, en se baignant, se trouvèrent poussés près de l'ouverture; d'autres, et notamment les gens de Capri, prétendent que le Christophe Colomb de l'étrange caverne fut, en 1822, le pêcheur Angelo Ferrara. La vérité est qu'elle était connue depuis longtemps : un historien de Naples en parle au XVe siècle; seulement un voile de légendes sinistres s'était étendu sur elle, et les pêcheurs terrifiés n'osaient approcher de ce lieu maudit, habité, disait-on, par des monstres mâles et femelles, ennemis jurés des jeteurs de filet et de harpon.

Au sud du promontoire de Sorrente s'ouvre le golfe de Salerne, presque aussi beau que celui de Naples. Après avoir rangé les petits îlots des Sirènes virgiliennes (*I Galli*), — celles d'Homère sont sur les côtes de Sicile, — on arrive à Amalfi, un des coins de l'Italie les plus visités. Quel singulier coup d'œil présente de la mer ce rivage, ici dévasté et solitaire, ailleurs couvert de vignes, d'oliviers

RUINES DU TEMPLE DE NEPTUNE A PÆSTUM.

chatoyants et de blanches maisons perdues dans la verdure sombre des orangers, des grenadiers et des caroubiers!

Amalfi fut, au moyen âge, une puissante république commerciale, dont le fameux code nautique était adopté de tous les marins de la Méditerranée; ses navires ouvrirent même, dit-on, la route de l'Orient à Pise, Gênes et Venise. La Costiera d'Amalfi, comme on appelle toute la partie du golfe de Salerne qui s'étend d'est en ouest, de Cetara à Positano, représente à peu près l'ancien territoire de la cité.

La voisine d'Amalfi, Salerne, n'est pas moins déchue qu'elle. La vieille cité de Robert Guiscard, la ville « hippocratique », dont l'école était célèbre par toute l'Europe bien avant l'an 1000, conserve du moins l'avantage d'être située au débouché des routes de la Campanie. Une voie ferrée l'unit à Naples par Pompéi.

Quant à Pæstum ou Posidonie, la ville de Neptune, l'ancienne dominatrice du golfe, elle a disparu pour jamais. Les eaux stagnantes ont envahi son sol, célébré jadis par les poètes romains comme une merveille de fraîcheur et de végétation. La « cité des roses » n'est plus que la cité de la malaria; seuls, pourtant, les débris de ses temples, si beaux à voir au soleil couchant, suffisent à la sauver de l'oubli.

CHAPITRE XII

POUILLE, CALABRES ET SICILE

I. — DE NAPLES A REGGIO

Dans la région montagneuse du Napolitain, que traverse le chemin de fer allant à Foggia, les villes sont rares. La plus considérable est Bénévent, qui occupe le point central du bassin du Calore. C'était autrefois une enclave des États de l'Église. Les tremblements de terre, si fréquents dans cette région, lui ont fait plus de mal encore que les hommes. De sa grandeur passée, il ne lui reste guère qu'un arc de triomphe en marbre de Paros, le mieux conservé de l'Italie après celui d'Ancône. Il fut, comme celui-ci, érigé en l'honneur de Trajan. Un peu plus loin vers l'est, après une série interminable de tunnels, la voie traverse Ariano, autre *emporium* naturel entre les deux versants de la Péninsule. Campobasso, le chef-lieu de la province[1], n'a pas l'avantage de se trouver, comme les deux cités que je viens de nommer, sur le tracé du chemin de fer.

A Ponte di Bovino, on sort de la montagne pour entrer dans la plaine d'Apulie ou *tavoliere di Puglia*. C'est un pays plat, sillonné à peine de quelques terrasses basses, et dont l'aspect rappelle celui de la Campagne de Rome.

Il embrasse, dans la Capitanate et une partie de la province de Bari, une étendue de vingt-cinq lieues de long sur douze environ de large. Desséché en été, il se couvre en hiver d'herbages abondants que viennent paître les innombrables troupeaux descendus des montagnes voisines. J'ai parlé ailleurs de ces bergers à demi sauvages, quelque peu cousins des brigands, qui *transhument*,

---

1. C'est le Sannio (l'ancien Samnium).

suivant les saisons, d'un district de pacage à l'autre. Qui veut bien connaître ces singuliers nomades, doit traverser les plaines de la Pouille. C'est par millions que l'on compte les têtes de bétail qui émigrent dans cette région presque exclusivement pastorale.

Sur ce versant de l'Adriatique, les centres de commerce ne font pourtant pas défaut, grâce à la voie ferrée qui court vers Brindisi et Otrante. Tels sont : Foggia, peuplée de près de 30000 âmes; San Severo, Cerignola, Apricena, Lucera. Mais si l'on s'avance vers le golfe de Manfredonia et vers le Monte Gargano, — le Garganus battu de l'aquilon dont parle Horace, — on retrouve des districts solitaires, inhospitaliers, et littéralement fermés au voyageur qui tient à ses aises. Et pourtant quels sites enchanteurs présentent les contours mollement recourbés de ce promontoire qui figure l'éperon de la botte italienne! D'un côté, ce sont les îles bleues de Tremiti, le lac de Lesina, celui de Varano, au fond duquel repose, dit-on, une antique cité ensevelie; en deçà Vico, Peschici, Rodi, tous nids pareils à ceux de la Sabine, et qui ne mériteraient pas moins que ceux-ci d'attirer des bans entiers de paysagistes. Sur la côte croissent en bordure des forêts d'orangers et de limoniers; il y a même sur les pentes inférieures du Gargano une véritable futaie vierge avec des chênes quinze fois centenaires, et tout un monde de lianes, de broussailles, d'épines et de plantes grimpantes, comme en Amérique. Dans les clairières mystérieuses de ces forêts paissent, l'été, les troupeaux revenus des plaines apuliennes, et l'on voit, au passage, briller à travers la sombre frondaison de grandes flambées, qui sont sans doute des feux allumés par les pâtres, à moins que ce ne soient les bivouacs de bandits campés là sans souci de la maréchaussée.

En continuant de longer les pentes boisées du Monte Sant' Angelo, on arrive à l'antique *Sipontum*, rebâtie sous le nom de Manfredonia par Manfred. C'est un port d'escale des bateaux à vapeur qui font le service d'Ancône à Messine. Une cathédrale ruinée et de vastes catacombes rappellent encore l'importance de cette ancienne colonie romaine. Passé Manfredonia, on entre sur une côte plate, sillonnée de lagunes insalubres, qui ressemble au littoral des Marais Pontins. Ce territoire putride s'étend jusqu'à l'embouchure de l'Ofanto (*Aufidus*), près du joli port de Barletta, à l'ouest

CHAMP DE BATAILLE DE CANNES.

duquel se trouve le célèbre champ de bataille Cannes, le Champ du Sang (*Campo di Sangue*), comme on l'appelle. Les autres grosses villes de la côte, en descendant encore vers le sud, sont Trani, Molfetta, Bari, Monopoli et Fasano, où l'on pénètre dans la Terre d'Otrante.

A l'intérieur, en remontant le cours de l'Ofanto, on rencontre Canosa (*Canusium*), avec son château moyen âge, Lavello, Melfi et enfin Venosa, la patrie d'Horace : cette dernière, située à un point très important du monde romain, sur la grande route qui reliait le Samnium à Tarente, a été jadis un *emporium* considérable; il n'y reste que des traces insignifiantes d'antiquité; en revanche, on a mis à découvert, dans le voisinage, des catacombes juives très curieuses, qui paraissent dater du IVe siècle de notre ère.

Nous sommes ici au pied du mont Volture, volcan éteint qui dépasse en diamètre et en hauteur le Vésuve lui-même. Depuis sa dernière éruption, antérieure à l'époque historique, ses flancs ont eu tout le loisir de se parer d'épaisses forêts de chênes et de hêtres où, de tout temps, ont cohabité fraternellement ours et bandits. Sur les pentes du mont sont les deux petits lacs cratériformes de Monticchio et quelques nids rocheux. La perspective qu'on découvre d'en haut rappelle assez celle du Monte Cavo; la ressemblance est complétée par la présence d'un cloître à l'aspect romantique, le couvent de capucins de San Michele.

A l'angle nord de la péninsule d'Otrante, Brindisi, l'ancienne *Brundusium*, où mourut Virgile, commence à redevenir la grosse intermédiaire du commerce de l'Orient avec l'Occident et semble destinée à être un jour une des stations les plus importantes de l'Adriatique. Cette ville, où aboutissait autrefois la route principale de l'Italie, la voie Appienne, est aujourd'hui, par le fait, la grande tête de ligne du chemin ferré le plus considérable de l'Europe, celui qui relie les Indes à la Grande-Bretagne par Turin, le Mont-Cenis, Paris et Calais. La rade de Brindisi est excellente; deux îles et une ligne de roches l'abritent des mauvais vents. Le port, où l'on pénètre par un goulet, dessine dans l'intérieur des terres deux baies allongées en forme de bois de cerf, d'où le nom, d'origine messapienne, que porte la ville, dit M. Élisée Reclus.

Plus bas, au delà de Lecce, l'ancien chef-lieu administratif de la province, se trouve sur la même côte orientale le port iapygien d'Otrante, bien autrement déchu encore. Ce n'est plus en réalité qu'une crique de pêche que désole la malaria. Une route pittoresque, qui longe une suite de villas et d'enclos, conduit d'Otrante au promontoire de Santa Maria di Leuca, qui forme le talon de la botte italienne. De là, comme d'Otrante, on aperçoit, par un temps clair, les côtes de la Grèce et les monts Acrocérauniens. En remontant par la rive opposée, on rencontre d'abord Gallipoli, plantée au milieu des flots sur un rocher qu'un pont rattache au continent; puis, sur une autre île, entre la « petite mer » (*mare piccolo*) à l'est et la « grande mer » (*mare grande*) à l'ouest, la vieille cité grecque de Tarente. Celle-là non plus n'a pas gardé grand vestige de sa splendeur passée. Ses petites rues étroites, entassées sur le rocher calcaire où s'élevait autrefois l'Acropole, suffisent amplement à contenir sa population, la plus indolente, dit-on, de toute l'Italie moderne.

Qui reconnaîtrait, dans ce pays dénué d'industrie et presque de civilisation, les rivages tant célébrés de la Grande-Grèce? Qu'est devenue la puissante Sybaris, dont les murs embrassaient un pourtour de dix kilomètres et qui commandait à vingt-cinq cités? Ses ruines mêmes ont péri; les putrides marécages de la « plaine fiévreuse » ont dévoré ses palais de marbre. Qu'est devenue Héraclée, qui eut l'honneur d'être la ville de congrès des cités doriennes et achéennes de toute la région? A sa place est un pauvre village (Policoro), à demi enfoncé dans le sol blet et spongieux. Où sont et Métaponte, et Locres, et cette fameuse Crotone, dont on disait : *Aliæ urbes, si ad Crotonem conferuntur, vanæ nihilque sunt?* — « Auprès de Crotone, toutes les autres villes ne sont rien. »

Crotone, ou Cotrone, comme on l'appelle de nos jours, n'est plus que l'ombre d'une ombre. De son ancienne prospérité témoignent seuls une colonne en style dorique et des pans de murs au cap Nau, près d'un phare autour duquel se groupent mélancoliquement quelques maigres villas modernes.

La presqu'île des Calabres, qui se projette ici entre la mer Ionnienne et la mer Tyrrhénienne (Brutium), est toute différente, comme aspect, de la précédente. L'Apennin y forme trois massifs principaux : le plus septentrional, dont le mont Pollino occupe le centre, est de beaucoup le plus sauvage et le plus abrupt. Au sud, séparé de lui par la profonde vallée du Crati, est un deuxième relief moins élevé, mais plus large à la base : c'est le plateau de la Sila, avec sa parure de forêts gigantesques. Jusqu'à ce jour, les touristes ne s'y sont guère hasardés; les routes manquent, mais non les bandits. On appelait jadis ce district le « Pays de la Résine », et maintenant encore ces forêts entrecoupées de riches pâturages alimentent de bois de construction la plupart des chantiers maritimes de l'Italie. Sur la côte, la flore dépouille son caractère alpestre : ce ne sont plus que bois d'orangers, futaies d'oliviers, haies de citronniers.

Au-dessous de la Sila se recourbent, d'un côté, la baie de Squillace, de l'autre le golfe de Santa-Eufemia. La Péninsule n'est plus ici qu'un isthme étroit, disposé en petits gradins, au pied desquels dorment d'anciennes plages qui attestent les reculs successifs de la mer; puis, au delà de cet étranglement, la côte se relève en un bourrelet, celui de l'Aspromonte (l'âpre mont), pour s'abîmer enfin momentanément, parmi les bouquets de palmiers, de dattiers, d'agavés et de cannes à sucre, dans la dépression du détroit de Messine.

Là les routes sont rares, presque impraticables, et les villes faciles à compter. Toutes ne présentent qu'un écheveau de rues sales, étroites et en escalier : telle est Cosenza, au confluent du Crati et de cette petite rivière du Busento (Bucentaure), dans le lit de laquelle dort le roi des Goths Alaric. Telles sont aussi, sur le versant opposé de l'Appenin, Cantazaro, un autre chef-lieu de province; Squillace, dans le golfe du même nom; puis, de l'autre côté de l'Aspromonte, Palmi, Seminara, Bagnara, Scilla et enfin Reggio Calabro, ou la « ville du Détroit », assise au milieu d'un paysage merveilleux de fertilité, d'où l'on jouit d'un large point de vue sur la mer et les côtes de Sicile.

La civilisation commence à peine d'effleurer ces régions, où la misère des populations n'a d'égale que leur stupidité. Pythagore et son école n'ont plus que faire ici. Le paysan de la Calabre ou *Cafone* est sans pareil en Europe pour la sauvagerie, l'ignorance, la superstition. On connaît le type de ce paria. Chapeau pointu sur

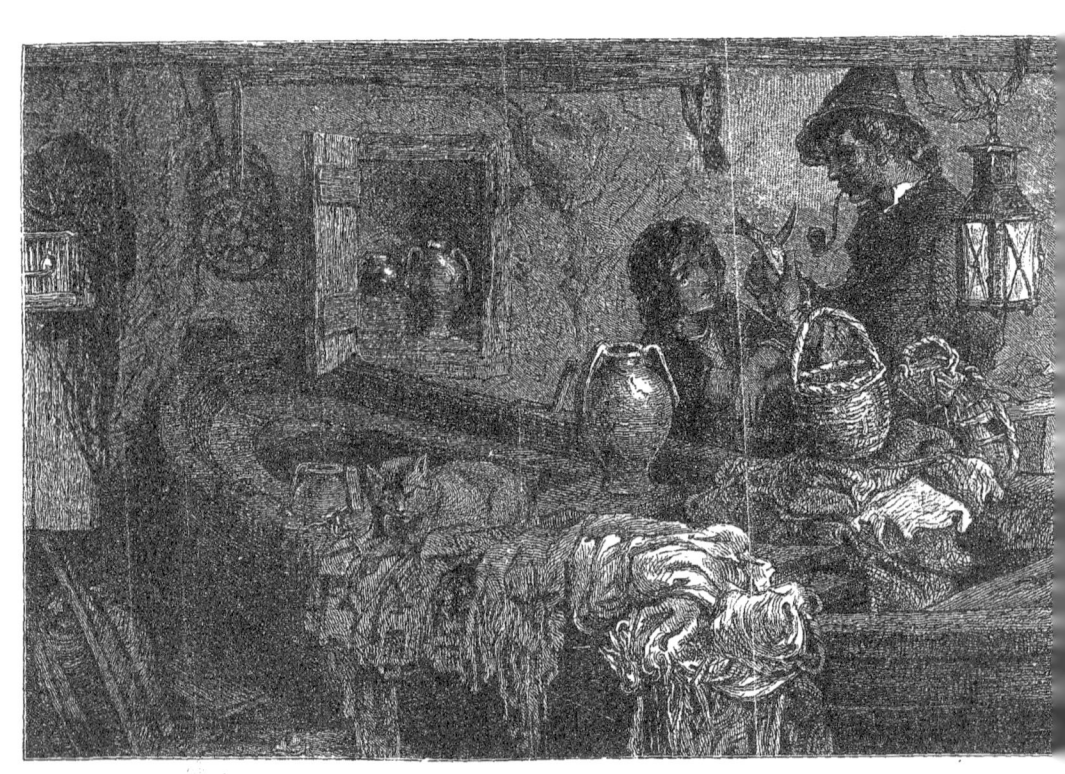

HUTTE DU LITTORAL CALABRAIS.

la tête, fusil à l'épaule, longues guêtres enroulées aux jambes, il vague du matin au soir par monts et par bois. La nuit, il se retire dans sa hutte avec sa famille grelottante de fièvre. Le seul moment de l'année où la campagne s'anime véritablement, c'est à l'époque de la vendange. Dès la pointe du jour, on voit alors de longues caravanes de jeunes filles au teint basané et à l'œil noir défiler, avec leurs corbeilles sous le bras ou sur la tête, par les longs sentiers sinueux vers les riantes collines ou les vastes enclos. Là elles s'assoient par terre, près des cuves, et, en attendant que le soleil ait séché les grappes encore humides de rosée, elles déjeunent en babillant comme des nichées d'oiseaux insouciants. Après quoi, la troupe se répand dans la montagne : les unes détachent le fruit savoureux, les autres le portent à la cuve; toutes chantent, et de la colline opposée répondent d'autres chanteuses. Vers le soir, les jeunes gars du village arrivent pour faire les yeux doux, *gli occhi dolci*, aux vendangeuses. Le travail cesse; chaque ouvrière reçoit son salaire avec un panier de raisins dorés, et les couples reprennent le chemin des hameaux en entonnant derechef dans leur patois, au bruit des timbales et des castagnettes, une sorte d'hymne tout grec encore d'inspiration dont voici à peu près le sens :

« Béni soit Celui qui a fait le monde, le ciel arrondi, les étoiles, la mer et les vagues, les barques qui sillonnent la mer et les blanches colombes qui guident les navires !... »

Mêmes scènes lors de la cueillette des olives, aux mois d'octobre et de novembre. Tous les habitants d'une montagne se réunissent encore comme pour une fête sacro-sainte. Ce sont là des jours de joie, trop rares, hélas! où l'âme de ce peuple farouche s'épanouit à l'aise, oublieux du fardeau de la vie, et s'enlève momentanément dans les hauteurs sereines de l'empyrée.

II. — LA SICILE A VOL D'OISEAU

La Sicile est la terre par excellence des antiques légendes et de la mythologie. Avant d'être habitée par les hommes, elle l'a

PAPYRUS EN SICILE.

été, dit-on, par les dieux. Cérès en fit son séjour de prédilection; Vénus y visitait volontiers les sommets de l'Éryx; Éole était le roi des Sept-Iles. Enna surtout, sur l'emplacement de laquelle s'élève aujourd'hui la pauvre et abrupte bourgade de Castrogiovanni, fut, de toute ancienneté, le point central et sacré de la Trinacrie, le « nombril » de l'île, comme l'appelaient les Romains. C'est dans ses plaines fleuries, parmi ses lacs, ses bois murmurants, ses sources limpides, que Proserpine passa ses premières années. On y montre encore au voyageur la caverne béante d'où le dieu des Enfers, Pluton, sortit tout à coup sur son char pour enlever la fille de Cérès. Là, du mont Artesino, situé au point de rencontre des lignes qui divisent la Sicile en trois grandes vallées, le regard embrasse tout le pays avec les complexes ramifications de ses monts et de ses défilés.

Ailleurs, près d'Aci Reale, sur la côte orientale, sont les célèbres îles des Cyclopes, qui forment, avec le promontoire septentrional de Catane, un des sites siciliens le plus souvent reproduits par la gravure. Depuis des siècles, les bords de ce fleuve Acis, qu'adoraient autrefois les nymphes, ont bien changé; le vallon a perdu en partie sa riante végétation; les prairies aux herbes savoureuses, où le géant de la Fable faisait paître ses brebis, se sont presque desséchées; mais la légende du puissant Cyclope dépeint par Homère plane toujours sur les énormes falaises du littoral.

Tous les grands peuples batailleurs du globe, Grecs, Phéniciens, Carthaginois, Romains, Sarrasins, Normands, Espagnols, ont tour à tour envahi et possédé cette terre fortunée des vieux Sicanes. Là, en effet, le soleil a des ardeurs inconnues dans le reste de l'Europe, le sol une fécondité dont n'approche même pas celle des heureux pays napolitains en deçà du Phare. Dans les plaines et les vallées basses, la végétation est quasi tropicale : le palmier africain de haute futaie, le dattier, le bananier, la canne à sucre y croissent en pleine terre; le papyrus du Nil y incline sur maint ruisseau, parmi les gigantesques roseaux, ses bouquets de fibres soyeuses; le figuier de Barbarie couvre les campagnes du littoral; la moindre coulée de lave, aux environs de l'Etna, se revêt d'épais fourrés de cactus. Vous y voyez aussi des giroflées hautes comme des arbustes, des orangers de la taille des chênes, des lauriers aux parfums enivrants, des aloès aux feuilles d'acier aiguisées comme des sabres à deux tranchants. D'inextricables massifs d'arbrisseaux entourent le tronc de chaque arbre; des lianes entremêlent aux branches leurs guirlandes; d'innombrables oiseaux gazouillent partout dans ces feuillages odoriférants, et une vie intense d'animalcules, coléoptères énormes, salamandres, lézards, scorpions, mille-pieds, grouille et frissonne sous vos pas.

Dans les vastes pâtis des montagnes de l'intérieur errent d'innombrables troupeaux de bœufs et de chevaux; déjà, dans l'antiquité, on prisait fort les chevaux de Sicile. Dans les huttes du littoral habite une population de hardis pêcheurs. Ce sont eux qui approvisionnent de thons, d'espadons, etc., les marchés de Palerme et de Messine. Les plus aventureux s'en vont, durant de longs mois, dans les mers tempêtueuses qui séparent la Sicile de l'Afrique, récolter le corail purpurin, tandis que leurs frères, attachés par leur labeur au « plancher des vaches », fouillent péniblement les entrailles du sol volcanique pour en extraire le soufre précieux.

Dans les grands ports de la côte, le spectacle et le genre de vie sont plus variés. C'est là, en tout cas, que l'on saisit le mieux la complexité de ce peuple sicilien auquel tant d'immigrations, grecques, romaines, lombardes, sarrasines, albanaises, ont apporté leurs alluvions successives.

Le mal ici, c'est le manque de routes, et, partant, le brigandage. Tout le monde a entendu parler de la *Maffia*, cette association secrète, analogue à la *Camorra* napolitaine, et qui fleurit surtout à Palerme. Il fut un moment, après l'annexion de la Sicile au nouveau royaume d'Italie, où l'on n'osait plus littéralement sortir de la ville sans craindre d'être assassiné ou capturé par quelque bande de malandrins; aujourd'hui encore, le pays est loin d'être sûr, et plus d'un propriétaire qui veut aller récolter son blé, son raisin, ses citrons, ses olives, est obligé de payer un droit de passage aux routiers. Cet état de choses ne laisse pas du reste que d'être exploité avec plus ou moins de succès par des gens de peu de scrupule, clercs et laïques. Je me rappelle notamment avoir lu dans un journal de Palerme l'anecdote suivante, qui vaut à elle seule tout un poème.

« L'abbé R..., chargé de l'administration des biens de la famille de M..., devait, l'autre jour, apporter 34000 francs à un commerçant palermitain.

» Cette grosse somme fait venir l'eau à la bouche de l'abbé; il mande deux de ses neveux et convient avec eux que, le lendemain, il se fera escorter par un domestique de M..., et que, à un certain endroit de la route, ils se présenteront masqués, l'attaqueront et lui enlèveront l'argent dont il est porteur.

» Tout marche à merveille. L'agression a eu lieu dans toutes les formes. L'abbé est volé en apparence, et le domestique battu en réalité, afin qu'il puisse mieux témoigner du fait.

» Malheureusement, de pareils tours ne réussissent pas toujours. Cette fois, la police avait tout deviné : on appréhenda l'abbé et ses complices, et la somme entière fut retrouvée. »

Faisons maintenant le tour de l'île, du nord au sud et de l'est à l'ouest, en partant du Phare de Messine. Ce fameux détroit, que depuis Ulysse tant de navigateurs ont franchi, dessine, à partir du cap del Faro, qui fait face à Scilla (Calabre), une large baie arquée jusqu'à Messine. Sa largeur minimum n'excède pas trois kilomètres; plus d'un cheval l'a traversé à la nage, et il serait aisé d'y construire un pont; ce n'est, je crois, qu'une affaire d'argent. Près de la pointe du Phare, on aperçoit l'écueil de Charybde; sur la rive opposée, celle de Calabre, au-dessous des roussâtres déchiquetures de l'Aspromonte, se déroule un charmant cordon de villes et de villages : Scilla, San-Giovanni, Reggio, etc. Tournez-vous : voici, dans le massif trinacrien, la chaîne des Pélores aux sommets hérissés de pointes, aux flancs couverts de verdure.

Du point où nous sommes, la route descend à Messine au moyen de lacets rapides, et l'on entre dans la ville par la rue Garibaldi. Messine « la noble, » jadis appelée Zancla, en sicilien *faucille*, à cause sans doute de la forme de son rivage, est une véritable cité internationale. Son port, formé d'une plage basse qui se recourbe vers la côte septentrionale, est un des plus beaux du monde; la nature seule en a fait les frais; l'homme s'est contenté d'y ajouter des brise-lames. La ville possède du reste peu d'antiquités; c'est avant tout, comme Livourne, une cité de commerce et de transit, l'étape forcée des navires à vapeur qui font le service entre l'Europe occi-

DÉTROIT DE MESSINE.

dentale et les diverses contrées du Levant. Un chemin de fer la relie à Catane et à Syracuse.

Entre Messine et Catane, au delà du cap d'Alessio, que la voie ferrée traverse par un tunnel, se trouve, sur un vaste rocher, à la base singulièrement déchiquetée par la mer, l'antique *Taurome-*

LE CAP D'ALESSIO, AVANT LE PERCEMENT DU TUNNEL.

nium, aujourd'hui Taormina. La ville actuelle ne se compose guère que d'une longue rue, mais elle a gardé du moyen âge quelques palais remarquables, entre autres le palais Corvaja, et, de l'antiquité, les ruines célèbres de son magnifique théâtre gréco-romain, creusé en partie dans le roc et qui pouvait contenir plus de trente mille spectateurs, dix fois ce que compte d'habitants la Taormina mo-

VUE DE MESSINE.

derne. Au pied même du rocher abrupte où s'élève la ville, commence le domaine de l'Etna, dont la cime est pourtant éloignée d'environ 18 kilomètres. De ce côté, le courant de laves le plus rapproché s'avance dans la mer sous la forme d'un éperon allongé qui porte aujourd'hui le nom de cap di Schisô; c'est sur ce promontoire que les immigrants ioniens fondèrent, il y a bientôt trente siècles, la première colonie grecque de la Sicile.

Deux villes importantes séparent Taormina de Catane, Giarre et Aci Reale. Giarre possède dans ses environs deux curiosités naturelles : le *châtaignier des Cent-Cavaliers*, et celui de la Nave. Aci Reale, dont j'ai déjà parlé à propos des vieux mythes grecs, est très prospère et ne renferme pas moins de vingt-cinq mille âmes. Elle s'élève, dans une position splendide, sur un plateau formé de sept coulées de laves superposées et se terminant, du côté de la mer, par une falaise de plus de cent mètres d'altitude. On descend de là, par un chemin en spirale, la Grande Échelle (*Scalazza*), à un pittoresque hameau de pêcheurs, au nord duquel on peut visiter, dans un fouillis de roches amoncelées, une superbe caverne qui rappelle un peu la fameuse grotte basaltique de Fingal, dans l'île de Staffa. Ce vaste porche, où le flot, en s'engouffrant, arrache à l'air comprimé toutes sortes de râles et de sanglots, s'appelle la Grotte des Colombes.

Catane, dont le nom signifie « la ville au-dessous de l'Etna », est avant tout une cité marchande, comme Messine, et, comme elle aussi, elle est sans cesse menacée par les tremblements de terre et les éruptions du volcan. Cinq ou six fois elle s'est vue à moitié détruite ou engloutie par l'un de ces deux fléaux. La ville est d'un aspect fort agréable; ses rues sont larges et bien percées, elle a pour ceinture de beaux jardins remplis d'arbres exotiques aux parfums pénétrants, et d'innombrables villas, avec vergers et châteaux d'eau rustiques bâtis sur des aqueducs où coulent les ruisseaux venus de l'Etna. De ses cent cinq églises, peu méritent d'être visitées; ses ruines antiques n'offrent aussi qu'un médiocre intérêt à qui a vu les restes majestueux de Pæstum et de Taormina. Quant à son port, créé jadis par la lave, puis à moitié comblé par elle, il est loin de suffire et il suffira de moins en moins aux besoins du commerce local. Catane est, en effet, le chef-lieu et le

CATANE.

débouché des districts les plus industrieux et les plus peuplés de toute la Sicile; toutes les denrées des campagnes environnantes y affluent naturellement, et, de plus, la ville est appelée à devenir le centre du réseau des chemins de fer siciliens, comme elle est déjà le point de jonction des principales routes carrossables de l'île.

C'est de Catane ou d'Aci Reale que l'on fait généralement l'ascension de l'Etna. On se rend d'abord au gros village de Nicolosi, situé à 689 mètres d'altitude, entre deux grands courants de laves, au centre d'une espèce de cirque que dominent les deux cônes volcaniques nommés *Monti Rossi*, à cause de la couleur rougeâtre des scories qui les recouvrent. De là, en trente-cinq minutes, on atteint le sommet du mont, dont la hauteur à pic, variable comme celle du Vésuve, est actuellement de 3 300 mètres.

Ce « pilier du Ciel », comme l'appelaient les anciens, occupe, entre les vallées de la Cantara et du Simeto, un espace de terrain d'environ 1200 kilomètres et mesure trente-cinq lieues à sa base. La déclivité générale de la montagne est très faible, grâce aux épanchements de laves qui, de tous les côtés, en prolongent et en adoucissent les pentes; toutefois une falaise plus ou moins marquée sépare presque partout son pied de la plaine environnante.

Au-dessus de cette falaise s'étend un plateau bombé, surmonté d'un talus latéral qui aboutit à la gibbosité du milieu, le *Mongibello*. Celle-ci, à sa partie supérieure, présente un petit plateau incliné, le *Piano del Lago*, qui lui-même est dominé par le cône terminal où s'ouvre la bouche du grand cratère, d'un pourtour de 300 mètres environ. Autour de l'orifice, la respiration est souvent gênée par les vapeurs d'acide chlorhydrique, et l'on ne peut que plonger un regard furtif dans l'abîme. Mais la vraie jouissance ici n'est point de fouiller de l'œil les entrailles du monstre, c'est de contempler l'horizon circulaire des trois mers d'Ionie, d'Afrique et de Sardaigne, étreignant de leurs flots d'azur le grand massif triangulaire des monts de Sicile, tout hérissé de villes et de châteaux forts. Par un ciel clair, on peut même, de cette pyramide élevée, découvrir les côtes du continent africain.

Ce qui fait la figure caractéristique de l'Etna, c'est la nichée innombrable de petits cônes ou volcans secondaires, témoignages d'éruptions anciennes, qui sont épars sur ses flancs. On n'en compte pas moins de sept cents. Tous n'ont pas conservé leur forme naturelle et primitive; plusieurs ont été sensiblement ébréchés, déprimés par les intempéries, ou ont à moitié disparu sous des coulées de laves plus récentes. Il en est qui se sont recouverts de forêts; d'autres ont vu leurs cratères se métamorphoser peu à peu en jardins, en doux nids de verdure parmi lesquels scintillent au soleil de jolies maisons de campagne.

La plupart de ces cônes parasites se trouvent dans ce qu'on appelle la « région boisée » de l'Etna, *il Bosco*, intermédiaire entre la « région déserte », celle où se dresse la gibbosité centrale du Frumento, et la région cultivée et peuplée qui est au-dessous. Sur cette dernière, qui occupe la bande circulaire de la montagne jusqu'à l'altitude moyenne de 800 mètres, on ne compte pas moins de 65 villes ou villages, habités par 300 000 habitants.

L'histoire a enregistré une centaine d'éruptions de l'Etna; quelques-unes ont duré plusieurs années. La plus considérable fut celle qui, en 1669, envahit lentement la ville de Catane, en rasa une partie et y jeta dans la mer un promontoire de lave de près d'un kilomètre. Les flots, vaporisés au contact de ces brûlantes coulées, s'élevèrent avec d'affreux sifflements et retombèrent en pluie salée sur toute la campagne voisine. Quatre villes ou villages périrent, et ce fut alors qu'émergea le double cône des Monti Rossi.

En 1819, jaillit un nouveau courant de laves, qui mit neuf mois à se déverser sur les pentes du volcan. Quelques années après eut lieu une découverte des plus curieuses : on trouva sous l'Etna une couche énorme de glace, qui s'était sans doute conservée là sous un lit de laves depuis un temps immémorial. Aujourd'hui, les gens de Catane s'approvisionnent encore à cette glacière cachée sous la cendre et les scories. En juillet 1863, puis au commencement de 1865, nouvelles éruptions.

La vallée du Simeto, qui contourne le pied méridional de l'Etna, mériterait d'être parcourue à petits pas. La rivière s'est frayé en maint endroit une route des plus pittoresques à travers les coulées de laves. Tel est, par exemple, le défilé qui se trouve en amont de l'aqueduc qu'on appelle le Pont d'Aragona. Le fleuve ici n'a pas même achevé son travail d'érosion ; on le surprend pour ainsi dire à l'œuvre, réduit encore, faute de mieux, à cabrioler en cascades : l'une de ces chutes, à cause de son extrême étroitesse, se nomme le Saut de la Puce (*Salto del Pulicello*). Sur l'autre revers du volcan, c'est-à-dire dans la vallée de la Cantara, où l'on arrive par l'angle nord-ouest du mont, en franchissant le col ombreux de Bronte, le paysage n'est pas moins intéressant. Là se trouve, entremêlée aux champs de blé, aux enclos d'oliviers et de vignes, toute une végétation alpestre que les coups de cognée intempérants des charbonniers-bûcherons n'auront malheureusement que trop vite abattue et stérilisée. Il faut avoir fait ce « tour de l'Etna » à travers les îlots de laves, les forêts de chênes et de châtaigniers, les amas de scories tordus, les crevasses béantes, les débris de cônes d'éruption, les traînées volcaniques de toute nature, les dunes de sables noirâtres aux efflorescences de soufre et de sel marin, pour se représenter, d'une manière exacte, les effets de ce qu'on appelle une inondation etnéenne.

En continuant notre voyage sur la côte de la mer Ionienne, nous trouvons Syracuse. Cette vieille cité dorienne, dont Cicéron vantait la grandeur et les richesses, n'est plus qu'un morne chef-lieu de province. La ville moderne tient tout entière dans l'îlot d'Ortygie, où coule la célèbre fontaine Aréthuse, et qui ne représentait autrefois qu'un quartier de Syracuse. Ce port fameux, où l'on vit combattre des flottes entières, est maintenant presque vide. Le chemin de fer rendra-t-il un peu de vie à la glorieuse patrie d'Archimède ? Il est permis de l'espérer, bien que sa côte ne soit pas des plus salubres. Chaque année, en attendant, une foule d'étrangers y viennent admirer les grandioses débris de son passé, ses fameux murs des Épipoles, ses temples, ses théâtres, ses profondes carrières ou *latomie*, taillées jadis par les esclaves, et où l'on remarque, entre autres curiosités, l'étrange caverne connue sous le nom d'*Oreille de Denys*; enfin ses catacombes, imparfaitement déblayées encore et qui sont les plus considérables qu'il y ait au monde.

A partir de Syracuse, il n'y a plus de chemin de fer; mais une grande route de voiture va par l'intérieur jusqu'à Girgenti. Quant

UNE PENTE DE L'ETNA.

au chemin du littoral, par Terranova et le port de Licata, outre qu'il est absolument désert, dépourvu de tout gîte convenable, il n'offre comme sites qu'un attrait médiocre.

Girgenti, l'ex-Agrigente, qui compta, ainsi que Syracuse, ses

OREILLE DE DENYS.

habitants par centaines de mille, n'occupe plus que l'emplacement de son ancienne Acropole. La limite de sa primitive enceinte du côté de la mer demeure indiquée par les ruines de ses grands temples; quant à la ville moderne, sale et mal ordonnée, elle ne possède qu'un édifice intéressant : c'est la cathédrale du XIIIe siècle

ETNA : ARBRES DANS LA LAVE.

qui couronne sa colline; encore ce monument a-t-il été construit avec les débris profanes d'un temple de Jupiter; son baptistère même n'est autre chose qu'un sarcophage antique dont les bas-reliefs représentent les amours d'Hippolyte et de Phèdre.

Plus à l'ouest, au delà de Montallegro, de Siacca et de Menfrici, on rencontre les restes de Sélinonte : trois temples de style dorique; plus loin encore, passé Marsala, célèbre par son vin et par l'expédition de Garibaldi au mois de mai 1860, dorment, sur une colline solitaire, environnée de montagnes et de rochers gris, les ruines augustes de Ségeste : un temple à trente-six colonnes dans un état si merveilleux de conservation qu'on le dirait presque bâti d'hier, et un fragment de théâtre.

Non loin de là, en face des îles Ægates ou des Chèvres, près desquelles les galères de Rome infligèrent à celles de Carthage la défaite qui mit fin à la guerre *inexpiable*, est l'antique cité punique de Trapani (*Drepanum*), d'où une route carrossable mène à Palerme par Acalmo et Monreale. Acalmo, ville toute musulmane d'aspect, n'est peut-être pas le plus sûr gîte que l'on puisse choisir; Castellamare, qui lui fait face au bord de la mer, n'est pas mieux famée. Tout ce canton est une sorte de quartier général du banditisme sicilien; à ce seul symptôme, on sent qu'on approche de Palerme. Monreale, habitée par une population toute sarrasine, est surtout célèbre par son couvent de bénédictins, dont le cloître se compose d'une incomparable colonnade de 216 piliers merveilleux. A moins d'une lieue de là est une autre maison du même ordre, le couvent de San Martino, auquel on arrive par une belle route bordée d'oliviers, d'aloès et de figuiers d'Inde; il ressemble à une gigantesque caserne et barre littéralement la vallée.

Attention maintenant! Voici enfin, au fond de son golfe ravissant, entre les sommets rocheux du Monte-Pellegrino et le cap Zaffarana, la capitale de la Sicile, Palerme l'Heureuse. La voici adossée à sa belle campagne, la Conque d'or (*Conca d'Oro*), comme on l'a poétiquement surnommée. De l'écheveau emmêlé des rues de l'immense ville s'élancent toutes sortes d'édifices, chefs-d'œuvre de sculpture et de mosaïque : la fameuse cathédrale, dédiée à sainte Rosalie, la chapelle Palatine, le Palais Royal, etc... Le long de la mer s'étend la promenade de la Marina, que commande au nord la haute forteresse naturelle du Pellegrino. Cette montagne où jadis Hamilcar Barca résista, trois années durant, à tous les efforts d'une armée romaine, n'a pas moins de vingt kilomètres de circonférence. L'escalade du piton central est pénible; mais aussi

PORCHE DE LA CATHÉDRALE DE PALERME.

quel panorama s'y déroule aux regards! Tout en bas s'étale la cité, avec ses rues, ses places, ses routes qui s'enfoncent au loin dans les vallées ou se tordent en lacets aux pentes des montagnes, ses blanches villas nichées dans des bauges de verdure : la Zisa mauresque, la Favorita chinoise, le palais champêtre du prince Belmonte.

La voie ferrée de Palerme à Termini traverse la plus belle partie de la Conca d'Oro. A droite, les escarpements rocheux du mont Griffone; à gauche, vers le littoral, un splendide ourlet de verdure. En un endroit, on franchit le torrent de San Leonardo sur un pont d'une seule arche, décoré de bas-reliefs, qu'on vante avec raison comme une des merveilles de la Sicile.

Termini, *la Splendissima*, jadis les Thermes d'Himéra (*Thermæ Himerenses*), s'élève de l'autre côté du torrent, sur une haute terrasse escarpée que projette vers la mer, en forme d'éperon, la montagne voisine. L'anse qui s'arrondit à sa base sert de port à la vieille cité, dont les maisons s'étagent en amphithéâtre. Les eaux chaudes auxquelles cette colonie grecque avait dû son nom jaillissent dans la ville même, tout près du rivage. Ce fut à elles que le divin Hercule, las d'avoir chassé devant lui les bœufs du Soleil, vint, paraît-il, redemander la souplesse de ses membres. Quelle plus belle « réclame », soit dit en passant, pourraient inventer pour leurs ondes thermales, quand ils s'occuperont d'en faire valoir les vertus curatives, les médecins et industriels de la petite ville?

Au sortir de Termini, point où s'arrête le chemin de fer côtier, la route de voiture redescend dans la plaine et traverse le torrent du Fiume Torto. A droite, dans le lointain, la petite ville haut perchée de Monte-Maggiore; puis, du même côté, un plateau nu et désert qui s'est fait un nom dans l'histoire. C'est sur cette terrasse qu'était autrefois la grande cité grecque d'Himera, devant laquelle périt Hamilcar. Plus loin, au pied d'un énorme rocher à pic surmonté d'une citadelle en ruines, se trouve la ville de Cephalu, une des localités les plus importantes de cette côte (12 000 habitants). Elle possède une cathédrale du XIIe siècle et des ruines de murs cyclopéens qui ne sont pas près de céder au temps.

Il n'y a que quelques années, pour se rendre de Cephalu à Milazzo, le touriste prenait d'ordinaire la route de mer. Bien que le bateau à vapeur ne partît que tous les huit jours, c'était encore une façon d'aller préférable à l'horrible trajet à dos de mulet, sur un bât brûlant, à travers les lits de torrents cailloux. Aujourd'hui, en attendant mieux, une route carrossable a remplacé presque

PALERME.

partout, sans préjudice des éboulis, le vieux sentier de pure essence sicilienne.

Mais que de rampes à gravir et à redescendre! que de promontoires aux pans bizarres, que de forêts aux chevelures étranges il faut traverser! Les localités sises sur cette section de la côte portent les noms harmonieux de San Stefano, Caronia, Acqua Dolce, Santa Agata, Naso, Brolo. Du Capo d'Orlando, qui, entre ces deux dernières, baigne dans les flots son mince pédoncule, la vue, par un beau jour, est incomparable. En face, le groupe des îles d'Éole ou de Lipari; à gauche, le rivage déchiqueté qui va vers Palerme; à droite, un immense horizon jusqu'aux montagnes de la Calabre; au sud enfin, la chaîne des monts Neptuniens toute constellée de blanches bourgades, et, par-dessus ce rempart avancé, la cime neigeuse de l'Etna.

Franchissez deux golfes encore, vous voici aux ruines de Tyndaris; peu de chose d'ailleurs, le rocher qui portait la ville s'étant, je ne sais à quelque époque, abîmé avec elle dans les flots. De l'antique Mylæ, — aujourd'hui Milazzo, — il reste moins encore, ou plutôt, à y bien regarder, il ne reste rien; mais la longue péninsule granitique qui se projette là, à dix kilomètres en pleine mer, jusqu'à la hauteur de l'île Vulcano au cratère fumant, n'a rien perdu de son intérêt légendaire et de sa richesse géologique. Dans les découpures de ses falaises s'ouvre une grotte gigantesque qui traverse, dit-on, toute la presqu'île sur une profondeur de plus de mille mètres; au-dessous de la citadelle de Milazzo, on montre au touriste une autre caverne, qui serait tout simplement celle où, aux temps brumeux de l'Odyssée, se retiraient pendant la nuit les bœufs du Soleil. Puis à côté de la fable se place l'histoire. C'est dans cette même baie de Mylæ, à deux pas du phare de Messine, que le consul romain Duilius remporta, grâce aux éperons de ses galères, sa fameuse victoire navale sur les Carthaginois. Un certain nombre d'années plus tard, en juillet 1860, la petite armée de Garibaldi battait, sur cette même côte, les troupes napolitaines du général Bosco; seulement, cette fois, ce n'était plus Rome qui préludait impétueusement à la conquête de l'Italie : c'était, par un bizarre caprice de la politique et de la fortune, l'Italie elle-même qui se préparait à reconquérir Rome.

San Pier d'Arena (mi-novembre). — C'est fini; adieu, Italie! nous voici revenus tout là-bas au nord, sur la côte du Ponant. Le ciel est toujours serein, la mer toujours azurée; mais l'âpre souffle des Alpes nous arrive au visage par l'énorme déchirure du col de Giovi. On en est presque tenté de regretter les effluves suffocants du vent africain. Derrière nous, à deux pas, s'éteignent les sourds bourdonnements de Gênes, la grande ville. *Partenza!* il nous faut regagner le pays des longues pluies et des mornes frimas. Déjà le sifflet de la machine retentit, et le train s'ébranle près de la grève parsemée de rocs jaunes, pour s'enfoncer à travers l'Apennin.

A notre gauche, cependant, au pied du railway poudreux, grouille pieds nus, sur le flanc des barques à sec, tout un menu peuple de pêcheurs et de lazzarones. Au départ des wagons qui défilent lentement sur la rampe, une soixantaine de marmots en bonnet de laine, dont la chemise effiloquée découvre le torse hâlé, accourent au talus. A leurs gesticulations, à leurs cris, on devine ce dont il s'agit. De toutes les portières tombe une pluie de gros et de petits sous. Sur chaque pièce fond incontinent un essaim de nos jeunes mendiants. Ils se poussent, ils se cognent, ils se rossent : toute une bousculade insensée, à la faveur de laquelle le billon, s'il n'a pu être attrapé au vol, s'enfouit misérablement au plus profond de la fine arène; mais, dans ce plongeon même, il est poursuivi et traqué sans merci. Chaque combattant ramène prestement à lui une montagne de sable, y plonge fiévreusement les doigts, dans l'espoir d'y trouver la pièce inhumée : labeur ingrat, au travers duquel s'abat d'ailleurs inopinément la patte envieuse du voisin. Le monticule ainsi disputé se disperse en de vains tourbillons; d'une seconde à l'autre, le conflit s'accroît et s'exaspère... Ah! vainqueurs et vaincus auront fièrement mordu la poussière... Mais le train du nord n'assiste pas au dénouement de cette lutte héroïque ; une tranchée rocheuse lui dérobe soudain le champ de bataille... Au revoir, belle côte ligure; dans quelques heures nous serons à Turin, presque au pied du sombre tunnel de Modane.

FIN

TABLE DES MATIÈRES

Pages

Chapitre premier. — Les passages des monts et la région des lacs subalpins.

I. — Préliminaires historiques	5
II. — L'hémicycle alpestre	9
III. — Les lacs subalpins	14
IV. — Vérone, Vicence et Padoue	24

Chapitre II. — Venise et ses lagunes.

I. — Coup d'œil général	35
II. — Les canaux et les édifices	42
III. — La banlieue vénitienne. — Chioggia	50

Chapitre III. — La plaine du Pô.

I. — Milan	53
II. — Turin	61

Chapitre IV. — La côte ligurienne.

I. — La ville de Gênes	67
II. — La rivière du Ponant	73
III. — La rivière du Levant	78

Chapitre V. — L'Émilie.

I. — La région du marbre	83
II. — La voie Émilienne	86

Chapitre VI. — A travers la Toscane.

I. — Le chemin de fer de Pracchia	100
II. — Florence	106
III. — Des bords du Serchio aux rivages du Latium	120

Chapitre VII. — Les routes de Rome par les Marches et l'Ombrie.

I. — Le versant de l'Adriatique	149
II. — Les routes du centre	152

TABLE DES MATIÈRES.

Chapitre VIII. — Rome.

	Pages.
I. — La ville antique...	165
II. — La ville pontificale..	188

Chapitre IX. — Le tour du Latium.

I — Les voies romaines...	205
II. — La campagne de Rome.....................................	210
III. — Du Soracte aux monts Albains............................	218
IV — De Tivoli au lac Fucin.....................................	225

Chapitre X. — En zigzag de Rome a Naples.

I. — Les marais Pontins...	231
II. — Les Abruzzes...	237

Chapitre XI. — Naples et ses côtes.

I. — La ville..	249
II. — Le Vésuve et Pompéi......................................	261
III. — La baie de Naples et le promontoire de Sorrente.........	274

Chapitre XII. — Pouille, Calabres et Sicile.

I. — De Naples à Reggio...	285
II. — La Sicile à vol d'oiseau..................................	292

FIN DE LA TABLE DES MATIÈRES

MÊME LIBRAIRIE

L'Evangile médité avec les Pères, par Th.-M. Thiriet, O. P. — T. 1. La naissance et l'enfance de Jésus. 1 vol. in-8° raisin.......... 7 fr.
T. 2. Commencement du ministère public de Jésus. — Sermon sur la montagne. 1 vol. in-8° raisin.......... 7 fr.
T. 3. Le ministère public de Jésus. — Les Paraboles. 1 vol. in-8° raisin. *Sous presse*.......... 7 fr.

"LES SAINTS"

Collection publiée sous la direction de M. Henry Joly, de l'Institut

VOLUMES PARUS

Saint François de Borgia, par Pierre Suau.
Saint Colomban, par l'abbé Eug. Martin.
Saint Odon, par Dom du Bourg. *Deuxième édition.*
Le Bienheureux Curé d'Ars, par Joseph Vianey. *Dixième édition.*
La Sainte Vierge, par René-Marie de la Broise. *Troisième édition.*
Les Seize Carmélites de Compiègne, par Victor Pierre. *Deuxième édition.*
Saint Paulin de Nole, par André Baudrillart. *Deuxième édition.*
Saint Irénée, par Albert Dufourcq. *Deuxième édition.*
La Bienheureuse Jeanne de Lestonnac, par l'abbé R. Couzard. *2e édition.*
Saint Léon IX, par l'abbé Eug. Martin. *Deuxième édition.*
Saint Wandrille, par Dom Besse. *Deuxième édition.*
Le Bienheureux Thomas More, par Henri Bremond. *Deuxième édition.*
Sainte Germaine Cousin, par L. et F. Veuillot. *Deuxième édition.*
La Bienheureuse Marie de l'Incarnation, par E. de Broglie. *2e édition.*
Sainte Hildegarde, par l'abbé Paul Franche. *Deuxième édition.*
Saint Victrice, par l'abbé E. Vacandard. *Deuxième édition.*
Saint Alphonse de Liguori, par J. Angot des Rotours. *Troisième édition.*
Le Bienheureux Grignion de Montfort, par Ernest Jac. *Deuxième édition.*
Saint Hilaire, par le R. P. Largent. *Deuxième édition.*
Saint Boniface, par G. Kurth. *Troisième édition.*
Saint Gaëtan, par R. de Maulde la Clavière. *Deuxième édition.*
Sainte Thérèse, par Henri Joly. *Sixième édition.*
Saint Yves, par Ch. de La Roncière. *Troisième édition.*
Sainte Odile, par Henri Welschinger. *Troisième édition.*
Saint Antoine de Padoue, par l'abbé A. Lepitre. *Quatrième édition.*
Sainte Gertrude, par Gabriel Ledos. *Troisième édition.*
Saint Jean-Baptiste de la Salle, par A. Delaire. *Quatrième édition.*
La Vénérable Jeanne d'Arc, par L. Petit de Julleville. *Cinquième édition.*
Saint Jean Chrysostome, par Aimé Puech. *Quatrième édition.*
Le Bienheureux Raymond Lulle, par Marius André. *Troisième édition.*
Sainte Geneviève, par l'abbé Henri Lesêtre. *Quatrième édition.*
Saint Nicolas Ier, par Jules Roy. *Troisième édition.*
Saint François de Sales, par Amédée de Margerie. *Sixième édition.*
Saint Ambroise, par le duc de Broglie. *Cinquième édition.*
Saint Basile, par Paul Allard. *Quatrième édition.*
Sainte Mathilde, par Eugène Hallberg. *Troisième édition.*
Saint Dominique, par Jean Guiraud. *Quatrième édition.*

Chaque volume se vend séparément. Broché. **2 fr.**
Avec reliure spéciale..... **3 fr.**

www.ingramcontent.com/pod-product-compliance
Lightning Source LLC
Chambersburg PA
CBHW071253160426
43196CB00009B/1274